문화산업의 노동은
어떻게 지식이 되었나

✢ 이 책은 MBC재단 방송문화진흥회의 지원을 받아 출간되었습니다.

이 도서의 국립중앙도서관 출판예정도서목록(CIP)은 서지정보유통지원시스템 홈페이지(http://seoji.nl.go.kr)와 국가자료공동목록시스템(http://www.nl.go.kr/kolisnet)에서 이용하실 수 있습니다.
CIP제어번호 : CIP2016011879

방송문화진흥총서 166

문화산업의 노동은 어떻게 지식이 되었나

한찬희 지음

한울
아카데미

달빛요정역전만루홈런 이진원과 최고은에게
이 책을 바칩니다.

차례

20세기 후반 문화산업은 여러 나라가 주목하는 분야가 되었다. 선진 자본주의 국가의 탈산업화와 서비스산업 중심의 경제구조 재편으로 인해 영국과 미국 등 해외 여러 나라들은 새로이 산업으로서의 문화를 주목하기 시작한 것이다(김평수, 2014). 한국의 상황도 크게 다르지 않았다. 한국의 대중문화가 다른 나라에서도 각광을 받기 시작했다. 이른바 한류라는 현상이다. 한류는 다른 나라 대중들이 한국의 문화를 소비하는 현상이지만, 한국의 입장에서는 상품의 수출이다. 한류를 만들어내는 문화산업은 국가경제에 도움을 주는 산업으로서 국가적인 차원에서 문화를 장려하고 진흥한 것은 어제 오늘의 일은 아니다.

2000년대 들어 정부는 문화를 국가경쟁력 관점에서 보고 산업적으로 성장시키려는 정책을 펴기 시작했다. 이른바 글로벌 시대에 국가경쟁력을 제고하기 위해 문화를 문화콘텐츠산업으로 규정하고, 대중문화 콘텐츠를 국가 경제의 성장동력으로 삼겠다는 의도였다. 이러한 정책은 한류를 통해 해외로 수출된 문화콘텐츠가 가져다줄 경제적·문화적 파급효과를 염두에 둔 것이었다(박준흠, 2004). 2000년대 이후 참여정부, 이명박 정부를 거쳐 지금의 박근혜 정부까지 문화산업을 바라보는 이러한 시각에는 별다른 변화가 없다.

특히 이명박 정부에서는 문화의 개념이 콘텐츠로 축소되어 문화산업의 경쟁력, 정확히는 콘텐츠산업의 경쟁력 제고를 문화정책의 비전으로 제시했다(최영화, 2014). 문화에는 다양한 측면이 있음에도 단순히 콘텐츠로만 한정되었다. 문화가 무엇이며 어떻게 발전시켜야 하는가에 대한 고민이 없었다는 것을 보여준다. 고민한 것이 있다면 국가 경제의 성장동력 정도일 것이다. 박근혜 정부에서도 상황이 다르지 않다. 박근혜 정부는 문화융성을 경제부흥, 국민행복, 평화통일의 기반구축과 함께 4대 국정기조 중 하나로 천명했다.[1] 문화융성을 위한 3대 전략과 10대 과제를[2] 보면 이전 정부와는 다른 철학을 반영한 듯 보인다. 그러나 문화융성은 일자리 창출, 무엇을 의미하는지 이해하기도 힘든 코리아 프리미엄의 창출, 관광 경쟁력 강화 및 활성화 등으로 귀결되었다. 문화를 성장동력 내지는 관광상품 정도로 바라보고 있다는 점에서는 박근혜 정부도 과거 정부와 크게 다르지 않았다.

박근혜 정부의 국정철학이나 국정기조가 창조경제로 수렴되는바, 창조

---

1 청와대 홈페이지. http://www1.president.go.kr/policy/principal01.php(2014년 9월 9일 접속)

2 3대 전략으로는 ① 문화 참여 확대, ② 문화·예술 진흥, ③ 문화와 산업의 융합이 있고, 10대 과제로는 ① 문화재정 2%·문화기본법, ② 문화 참여 기회·문화격차 해소, ③ 문화다양성 증진, ④ 생활문화공간 조성, ⑤ 예술인 지원, ⑥ 문화유산보존 강화, ⑦ 인문정신문화 진흥, ⑧ 콘텐츠산업 육성, ⑨ 고부가 관광 실현, ⑩ 스포츠 활성화가 제시되었다(청와대 홈페이지).

경제는 상상력과 창의성이 바탕이 되는 산업의 새로운 패러다임이라고 할 수 있다(한국저작권위원회, 2013). 창조 또는 창의성 개념을 문화산업과 연결시켜 정책적으로 육성하고자 하는 기획 의도가 보이는 부분이다.

창조 또는 창의(creativity)라는 개념과 창의산업(creative industries)이라는 개념은 1997년 영국의 블레어 정부 시절 등장했다. 창의산업은 기존의 산업과 다른 신경제3 현상의 역동성이 적용되는 산업으로 언급되었다. 블레어 정부는 개인의 창의성, 기술, 재능 등을 통해 부와 고용을 창출할 수 있는 산업으로서 창의산업을 제시했다. 여기서 강조된 것은 상업적 성과 여부, 영국의 국가 브랜드 향상과 수출품목으로서 창의산업이 차지하는 위치였다(Cunningham, 2002). 그리고 지적재산권의 설정을 통한 잠재적 부와 고용 창출의 가능성도 제시되었다.

지적재산권은 창의산업에서 중요한 개념이다. 문화산업에서는 지적재산권 중에서도 저작권을 특히 중시하는데 한국저작권 위원회는 저작권이 콘텐츠를 만든 저작자의 권리를 보호해주어 창작 의욕을 높여주기 때문에 문화예술 발전과 콘텐츠 산업의 성장을 견인하고, 창조경제 시대를 주도

---

3 신경제(new economy)란 1990년대 미국의 경제 상황을 지칭하는 말로서, 노동생산성 증가, 높은 고용률, 낮은 인플레이션의 지속으로 인해 미국 경제가 새로운 가능성의 시대로 접어들었다는 것을 표현한 말이다. 신경제라는 말로 대표되었던 미국의 장기호황에 대한 여러 분석 가운데, 강남훈(2002)은 이를 정보혁명으로 나타난 새로운 경제구조라고 지적했다. IT 분야에 대한 투자로 인해 나타난 생산성 증가, 금융 분야의 구조조정, 노동시장의 유연성 제고 등을 통해 작동되었던 경제 상황이었던 것이다. 여기서 중요하게 나타나는 개념이 시장의 확대와 국가의 축소, 금융자본주의, 신자유주의와 같은 개념들이고, 노동과 같은 개념은 지식이나 정보와 같은 개념으로 대치되어 사용되기 시작했다. 결과적으로 정보혁명은 정보라는 이름으로 노동을 은폐하고, 지식과 창의성이 필요한 산업에 주목했고 해당 산업은 문화산업 또는 창의산업으로 나타나게 되었다.

적으로 이끌어가는 동력이라고 설명한다(한국저작권위원회, 2013). 이러한 입장은 저작권을 담당하는 주관부서가 자신의 업무를 주요 국정목표와 결부시키려는 노력으로도 볼 수 있다. 그러나 반대로 생각해보면 현 정부가 가지고 있는 이른바 문화산업 그리고 저작권에 대한 인식의 빈곤함을 보여주기도 한다. 정부가 주장하는 저작권 강화의 실상이 어떠한지 다음의 사례를 통해 알 수 있다.

2010년 11월 6일 달빛요정역전만루홈런(본명 이진원)이라는 예명을 사용하는 무명 가수가 사망했다. 사망 5일 전인 11월 1일 자택에서 뇌출혈로 쓰러진 채로 발견되어 병원으로 옮겨져 치료를 받았으나 결국 사망했다. 6장의 앨범을 발매했고 수년간 인디신(indie-scene)[4]에서 활동해온 무명 가수의 죽음에 몇몇 언론이 주목했다. 그가 발매한 음원이 특정 사이트에서 배경음악으로 인기를 얻었지만, 일정액에 도달하지 못했다는 이유로 돈을 지불받지 못한 사실이 전해졌다(김정환, 2010.11.6). 언론은 생활고를 겪는 무명가수의 죽음을 애도하며, 합리적이지 못한 음원사이트들의 수익배분 구조에 대해 비판의 목소리를 높였다.

창작자의 권리를 보호한다는 저작권 강화의 명분은 창작자를 고용하고 있는 법인과 창작물을 유통시키는 기업의 수익성 유지를 위한 명분이 된다.

이진원의 비보가 전해진 후 3개월 뒤 한 명의 무명작가가 자택에서 숨진

---

4 인디신은 인디(indie)와 신(scene)의 합성어다. 인디는 소규모 독립자본을 뜻하는 인디펜던트(independent)에서 파생한 말이지만 이를 넘어 특정 집단의 문화적 표상과 실천을 지칭하는 말이 되었고, 신은 해당 실천이 나타나는 공간을 지칭한다. 이른바 홍대 앞이 인디신으로 불리는 지역이다. 인디신에 대한 개념적, 이론적 논의는 이 연구의 범위를 넘어서기 때문에 다른 논의가 필요하지만, 인디신을 문화적 실천과 공간을 지칭하는 개념으로 사용하기에 큰 무리가 없다.

채 발견되었다. 단편영화의 감독이자 시나리오 작가로 활동했던 최고은이다. 최고은도 이진원과 마찬가지로 창작활동을 했지만 무명의 작가가 벌어들일 수 있는 수입은 제한적이었다. 최고은은 생활고와 지병에 시달리다 끝내 사망한 것으로 전해졌다. 그의 죽음 이후 열악한 영화 제작 현실을 비판하는 목소리가 줄을 이었다. 전국영화산업노동조합도 성명을 통해 창작자가 생존의 벼랑으로 몰리고 있는 문화산업의 생산 구조를 비판했다(유재혁, 2011.2.9; 채은하, 2011.2.9).

2014년 현재 대한민국은 여전히 문화강국이다. 2000년대부터 정부가 대중문화를 산업적으로 성장시키기 위한 정책을 펼쳐왔기 때문이다. 1990년대 말에서 2000년대 초반 한류 현상5이 등장한 이후 문화산업이 가져올 경제적 효과에 주목하여 만들어진 정책이었다. 중앙정부, 지방자치단체, 산하단체들이 정책의 주체로서 나섰다. 최근 박근혜 정부에서는 창조경제 시대를 견인할 분야로서 문화산업의 중요성이 거론되기도 했다(김규찬 외, 2013).

문화산업이 정부의 정책 지원을 받으면서 성장한 지 15년이 지났다. 이 시간 동안 문화산업은 비약적인 성장을 거듭했다. 수백억 원의 매출액을 올리는 영화가 제작되기도 했고, 수십억 원의 저작권 수입을 받는 창작자들도 등장했다. 사실 이러한 측면에서 문화산업의 진흥이나 저작권 강화는 계속되고 있지만, 현재 문화산업 현장에 창작자들의 생산권리와 노동에 대한 권리가 제대로 자리 잡았다고 보기 어렵다. 오히려 현장에서 노동

---

5 한류는 현상이라기보다 담론에 가깝다고 할 수 있다. 왜냐하면 이른바 문화상품의 수익 극대화를 위한 정부의 정치경제적 기획이 더 큰 영향력을 발휘하고 있기 때문이다.

자들은 작품 또는 콘텐츠의 성공을 위해 불공정한 계약 관행을 받아들이며 생산 활동을 하고 있다.

이들은 주로 방송사나 제작사 등의 법인에 고용되어 있기 때문에 작가라는 직업을 갖고 있지만 임금노동자에 가깝다. 따라서 콘텐츠가 지속적으로 발생시키는 가치(저작권이나 저작인접권과 같은 수익)는 법인에 귀속된다.

『구름빵』이라는 동화책은 2004년 출간되어 50만 부 이상 팔렸고, 뮤지컬과 애니메이션으로도 제작되어 그동안 4400억 원의 수익을 올렸다. 이 수익 중 작가가 받은 저작권료는 1850만 원으로 알려졌다(구영식, 2014. 10.22; 민지형, 2014.8.28). 콘텐츠의 성공과는 달리 실제 창작자는 예상 외로 적은 수익을 배분받았다. 무명의 작가가 출판사와의 출판계약을 자신이 원하는 방향으로 협상하기가 쉽지 않았기 때문이다. 『구름빵』의 경우 저작권이 출판사에 귀속된 상태이고, 최근에야 작가에게 저작권을 반환하려는 움직임이 있다.

저작권으로 인해 저작자가 고정적인 저작권 수입을 벌어들이는 경우가 없지는 않다. 유명 작곡가들은 한 해에 수억 원대의 저작권료를 받는다. 작가들의 경우도 수십억 원의 인세를 받기도 한다. 그러나 이것이 문화산업 전반에 걸쳐 있는 현상이라고는 할 수 없다. 소수의 유명 작곡가, 작가에게 해당되는 경우이기 때문이다. 저작권 수입을 받더라도 『구름빵』의 사례처럼 성공에 비해 형편없는 비율을 받는 경우가 더 많다. 그러나 수억 원대의 저작권료를 받는 사례가 대중에게 알려지면서 저작권 강화는 일반적인 수준에서도 필요한 것으로 인식된다. 단속 강화의 명문도 된다. 반면 현실은 이와 다르다. 문화산업의 진흥과 규제들에는 많은 경우 콘텐츠를 창작한 창작자들의 권리는 찾아보기 어렵다. 이 권리는 노동에 대한 권리이며 지적행위에 대한 권리이기도 하다.

문화체육관광부는 미래를 향한 세계적인 한국으로 도약하기 위해 국민 생활과 현장에서 문화융성의 실천을 정책의 목표로 설정하고, 2017년 콘텐츠산업의 매출액을 120조 원, 수출액을 100억 달러로 제시했다.[6] 행정당국이 정책의 목표를 설정하고 발전적 미래를 제시하는 것이 문제가 되지는 않는다. 그러나 문화가 산업의 영역으로 포섭되고 관 주도로 정책을 발전시켜 나가면 부작용이 발생할 가능성이 높다. 이를테면 문화 부문에서 이윤추구가 지배적 위치를 차지하게 되어 시장성을 갖지 못한 문화콘텐츠 또는 창작물들은 몰락할 수 있고, 정책적으로 육성된 문화는 이윤을 위해 제조된 상품으로서만 기능하여, 문화가 획일화되고, 이 과정에서 이른바 문화상품을 소비하는 대중은 탈정치화될 수 있다(아도르노·호르크하이머, 2001).

현 정부의 국정목표인 창조경제를 규정하는 핵심 단어는 성장동력이다.[7] 즉, 국가의 여러 산업 분야의 성장을 도모한다는 것이다. 문화 분야도 다르지 않다. 문화산업도 성장(또는 육성)시킨다는 것이고, 이에 따라 문화체육관광부는 구체적 수치까지 제시하게 되었다. 성장제일주의 경제발전은 노동자들의 초과착취를 발생시킨다. 문화산업이라고 예외가 될 순 없다. 문화 창작물이 이윤을 최대의 목적으로 삼는 기업 활동에 편입될 경우 문화산업의 노동자라고 할 수 있는 창작자들이 착취를 당하게 된다. 저임금 고노동의 착취뿐만 아니라 노동이 상품화 과정에 종속되어 창작에 제약을 받기도 한다. 이는 문화 창작물이 변질될 수 있는 가능성을 내포하고 있다. 문화 창작물의 변질은 창작이라는 지적(정신적) 노동의 소외이기도 하

---

6 문화체육관광부 홈페이지. http://www.mcst.go.kr/web/s_policy/plan/goal.jsp 2014년 8월 18일 접속.
7 대통령이 직접 언급한 내용이다(신용호, 2013.4.4).

며 노동자로서 창작자들이 자신의 생산물로부터 소외되는 것이다.

국내 음악산업을 보면 취향과 안목이 세분화되지 않고 큰 단위로 동질화되어 있다. 모바일 중심으로 음악산업이 재편되었기 때문에 서비스 형식에 맞추어 음악을 창작하는 경향이 심화되었기 때문이다. 이동성이 강조되어 감상용 음악은 들어설 자리가 없어졌다. 생산에 참여하는 창작자들이 시장논리 속에서 몰개성적인 창조라는 모순적인 노동을 강요받는다. 디지털음원에 적합한 음악을 창작하는 경향은 문화적 획일화에 따른 퇴행이다(이충한, 2008; 한찬희, 2011). 창작의 결과는 시장논리, 자본논리에 철저하게 종속되어 있어 창작자들이 개입할 여지가 적다. 창의력을 바탕으로 한다는 지적·창작 노동을 했음에도 그 창작물로부터 이들은 멀어진다. 오로지 자본의 논리만 따른 결과이다.

문화산업의 노동자들은 육체노동과 지적 노동을 병행한다. 문화산업은 양적인 측면에서 비약적으로 발전했고 그 속에서 문화산업 노동자들은 창조행위를 하는 전문가이며 자율성을 가진 전문가로 자리 매겨졌다. 가령 방송계의 경우 수많은 학생들이 방송국에 진입하기 위해 높은 경쟁률의 입사시험을 치른다. 이른바 지식기반경제 같은 경제정책을 통해 미디어 분야의 노동은 새로운 경제를 대표하는 노동이 되었기 때문이다(서동진, 2012).

그러면 문화산업의 창작행위가 지적 노동인가, 육체노동인가? 과거에 산업생산물을 생산하는 노동과 큰 차이를 찾아볼 수 있을까? 질문에 대한 답을 구하기 전에 문화산업에서 과거에 산업생산물이 되지 못했던 영역, 가령 지식·정보·문화 등 무형의 생산들이 물질의 형식을 띄고 소비되면서부터 이미 문화산업의 노동은 지적 노동으로 표상되기 시작했다고 볼 수 있다. 덧붙여 노동자들도 끊임없는 창작을 가능하게 하기 위해 자신의 지적 능력을 계발하기 시작했을 것이다.

방송 분야에서 프로그램이 상업적 성공을 거두면 해당 프로그램은 문화 트렌드를 이끄는 것으로 평가되고 창작자는 부와 명성을 얻는다. 그러나 이는 일면의 모습일 뿐 문화산업의 많은 노동자들이 성공하지 못한다. 오히려 이들은 해당 분야 노동이 얼마나 힘들고 고된지 잘 알고 있다. 자기계발에 더 매진하기도 한다. 고강도의 육체노동과 자기계발이 수반되면서 이들에게 요구되는 직업윤리적 태도는 문화산업의 전문가라는 점이다. 가령 바리스타는 다채로운 커피의 맛과 커피숍이라는 문화적 공간을 제공하는 예술적 이미지가 있지만 실상은 커피를 만드는 고된 육체적 노동자일 뿐이다. 주방이라는 노동 공간에서 음식을 만드는 노동행위도 셰프와 그를 보조하는 스태프들의 창조행위로 나타난다. 요즘 세간에서는 셰프라는 직업의 표상이 해외의 저명한 요리학교를 나오고, 특급 호텔에서 근무한 경력을 가진 전문가로 묘사된다. 음식을 만드는 노동행위(경제적 생산행위)가 문화를 표상하게 되었다.

　이처럼 전문가 의식이 작동하면서 이들은 기꺼이 힘든 육체노동을 감내 (해야만) 한다. 몇몇 성공담들은 이들에게 동기를 부여한다. 전문가 의식의 고취라는 심리적 태도를 스스로 만들고 소비해야 한다. 이는 노동을 하는 일터를 넘어서 일상적·사회적 삶까지 생산에 포섭된 것으로 볼 수 있다. 문화산업에는 이러한 유형의 노동자들이 많다는 것은 물론이고, 흥미로운 것은 이들이 저임금과 고노동을 특별한 저항 없이 수용한다는 점이다. 오히려 담담하게 받아들이는 태도를 보이기도 한다(김순영, 2007). 이들은 불안정한 고용상태를 유지하고 있으면서도 이러한 태도를 보이며 노동과정에 참여하고 있다.

　왜 그럴까? 문화산업은 국가의 성장동력으로 평가되는데, 그 안에서 불안정한 고용상태가 지속되고 저임금 고노동이 강요되며 개발독재 시절의 노동착취가 반복되는 것이다. 대한민국은 문화강국이라고 하는데, 그 안에서 노동을 하는 사람들은 이른바 열정 페이를 강요받는 노동자에 불과한 것은 아닌가? 나는 물음에 대한 답을 찾고자 이 글을 쓰기 시작했다. 답은 국가성장도 노동착취로 달성된다는 불행하고 불안한 답일 수도 있다.

문화산업과 노동을 보는 시각

먼저 미디어산업과 문화산업에 대한 이야기를 하고자 한다. 왜냐하면 이 글은 문화산업의 이야기지만 미디어산업의 이야기기도 하기 때문이다. 사실 미디어산업과 문화산업을 구분하는 두 산업 간의 경계가 모호하다. 미디어는 대중들의 주목을 끌기 위해 문화(상품)를 필요로 하며 문화는 미디어를 통해 매개되어야 대중들에게 전달될 수 있다. 따라서 두 산업은 상호 의존적이다. 경제학 관점에서도 두 산업은 규모의 경제(economies of scale), 네트워크 외부성(network externality), 경험재(experience goods) 등의 특성이 동일하게 적용된다. 두 산업의 노동자는 모두 지적 노동을 수행하며 상대적으로 자유로운 경제적 주체로 묘사된다는 점에서 같다. 미디어산업과 문화산업은 명칭상으로는 다르지만 성격상으로는 유사하다고 할 수 있다. 이러한 맥락에서 미디어산업과 문화산업을 별개의 산업으로서 접근하지 않았다.

미디어는 상징의 생산, 배포, 소비 시스템 속에서 작동하며 희소한 사회적·문화적 자원을 필요로 한다. 현대 사회에서 이러한 자원은 대체로 자본주의 생산양식의 구조적인 제한 속에서 배치되고 사용된다. 따라서 미디어를 문화산업으로서 설명하는 것은 자본주의 시장 경쟁과 교환 아래에서 상징이 상품 형태로 생산되고, 배포되고, 소비되는 현실을 지적하는 작업이기도 하다(Garnham, 2000). 이러한 관점에서 이 글은 문화산업의 구조와 성과, 생산자와 소비자 사이의 관계에 관심을 가지고 서술되었다. 특히 구조적인 측면에서 누가 문화-미디어 자원에 대한 접근권을 가지고 있으며, 그것이 어떠한 성과 또는 효과를 나타나게 하는지 고려할 필요가 있다. 이는 문화-미디어 자원의 소유권에 대한 분석의 시작이기도 하다.

1. 문화산업이라는 대상

1) 무엇이 만들어지는가?

자본주의 발달과정에서 상품과 서비스는 개인들의 삶에서 분리되어 영리 목적의 생산과 교환의 법칙에 종속되어갔다. 미디어도 다르지 않다. 미디어는 그 자체로는 상품이 되지 않지만, 정보라는 내용을 담을 경우 상품이 된다. 정보 자체가 교환가치를 갖는 상품이 되기 때문이다.

엄밀한 의미에서 미디어는 형식이고 정보는 문화적 가치를 가지는 내용이다. 즉, 무형의 어떤 것이 미디어라는 형식을 통해 제공되면 상품이 되는 것이다. 이러한 측면에서 미디어는 상품을 교환하는 중요한 매개물이다. 미디어 산업과 문화산업에서 유통되는 정보, 즉 상품은 비물질 영역이 물질 영역으로 전환되면서 나타난다. 이른바 예술 활동으로서 작가들의 작품을 들 수 있다. 이 작품은 그 자체로는 상품이 되지 않는다. 시장에서 거래될 수 있는 외양 또는 합의된 형식을 갖춰야만 상품이 된다. 즉, 저작자의 작품이 복제 가능한 매체(media)에 담길 때 문화산업에서 거래되는 상품이 된다. 판매를 목적으로 대량생산이 가능해져야 비로소 상품이 되는 것이다.

미디어상품, 더 넓은 의미에서 문화상품은 자본주의적 상품 생산이 갖는 일반적인 특징으로서 생산성 증대를 통한 이윤추구 경향을 보인다. 그리고 문화상품만의 경제적 특수성이 있으며 — 생산성 증대와 이윤을 가능하게 하는 — 이에 따르는 모순도 동시에 야기한다. 문화상품은 수용자 확보를 위해 시장점유율 확대의 동기를 갖는다. 문화상품은 소비과정에서 소모되지 않고 다시 재사용이 가능하다. 이러한 측면에서 문화상품은 희소성이 없다. 즉, 공공재적 특성을 띤다. 따라서 문화산업의 기업들은 수용자 확보라는 동기와 모순되게 접근을 제한하여 희소성을 부여하고자 한다 (Garnham, 1990). 저작권은 상품에 희소성을 부여하는 대표적인 장치이다. 가령 문화라는 공공적 가치를 갖는 대상에 저작권이 설정되면 배재성이 발생하고 이용에 따르는 대가를 지불해야 한다. 디지털 기술은 이러한 접근 제한을 돕는 하나의 장치로서 기능한다. 이들은 복제의 문제에도 민감하기 때문에 저작권이라는 장치를 통해 상품에 대한 접근과 이용을 통제하려고 한다.[1]

---

1 자본의 논리는 자본가 계급 중에서 가장 많은 부를 축적한 사람에게 소유를 집중시키게 하고 미디어 시스템을 통제하게 한다. 왜냐하면 미디어를 소유하고 통제하는 것은 지배계급의 이데올로기적 권력을 증가시킬 수 있기 때문이다. 따라서 지배계급은 미디어 회사의 소유를 통해 이익을 얻고 나아가 그들의 부는 강화된다. 또한 지배계급은 그들의 우월한 자원과 커뮤니케이션 망을 가지고 그들의 헤게모니를 조직화할 수 있다. 결과적으로 커뮤니케이션에 관한 정부의 정책은 접근과 이용의 통제에 호의적인 방향으로 설정된다. 저작권 정책도 같은 맥락에서

문화산업에서 생산되는 상품의 생산 영역은 기술 집약적이다. 노동자들의 노동은 기술에 의해 대체된다. 노동 집약적인 산업의 경우 산업이 성장할 경우 임금 노동자의 양도 증가하게 된다. 산업의 성장이 노동의 수요를 불러일으키기 때문이다. 주류 경제학의 표현을 빌리면 수요의 증가는 가격을 상승시킨다. 여기서의 가격은 노동자들의 임금이다. 그 어떤 자본가라도 이러한 상황을 반길 리 없다. 반면 기술 집약적 산업에서는 노동 수요보다 기술 수요가 더 크다. 그러면 여기서도 동일한 질문이 가능해진다. 기술 수요는 기술의 가격을 상승시키는가? 그 반대의 답이 가능하다. 기술은 항상 새로운 기술을 필요로 하고 새로운 기술은 오히려 옛 기술의 가격을 하락시킨다. 기술 자체에 대한 생산도 노동 인력보다 기술에 의해 생산된다. 문화산업에서는 이 과정이 더 심화된다. 문화산업에 도입된 기술은 상품 생산을 증가시키는데, 이 증가는 노동 투입이 최소화된 형태를 띠게 된다. 물론 최초 생산에는 노동 투입이 크지만 그 이후 생산물에 대해서는 노동 투입이 적게 발생한다. 여기서 자본은 적은 노동 투입을 통해 잉여가치를 발생시킨다. 잉여가치는 잉여노동을 통해 발생하는데 적은 노동 투입은 잉여노동의 증가를 의미한다.

　잉여노동을 증가시키기 위해서 자본가가 선택할 수 있는 방법은 노동시간의 연장이다. 자본가 입장에서는 제일 쉬운 선택이다. 그러나 노동시간이 연장되면 노동자들이 자신들의 생산력을 재생산하는 데 필요한 시간이 줄어들게 된다. 이 방법은 생산성이 낮아질 수 있고, 과도한 노동시간에 대해 노동자들의 저항이 있을 수가 있기 때문에 자본가들은 쉽게 노동시간을 연장하기 어렵다. 반면 하루의 노동시간이 고정되어 있는 경우 잉여노동을 증가시키기 위해 필요노동시간을 감축시키는 방법이 있다. 이 과정을

볼 수 있다(Bettig, 1996).

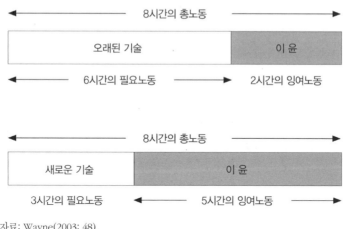
〈그림 1-1〉 기술 도입과 필요노동의 변화

자료: Wayne(2003: 48).

카를 마르크스(Karl Marx)는 다음과 같이 설명한다.

노동력의 가치를 저하시키기 위해서는 노동력의 가치를 결정하는 생산물이 생산되는 산업 부문에서 노동생산성이 상승해야 한다. 노동생산성의 증가와 그에 상응하는 상품가격의 저하도 노동력의 가치를 저하시킨다. 노동력의 가치는 노동력의 재생산에 필요한 노동시간이 감소함에 따라 저하한다(마르크스, 2001: 427).

필요노동시간을 감소시키기 위해서는 노동자가 필요로 하는 재화와 서비스의 가치를 하락시켜야 한다. 노동자에게 필요한 재화나 서비스의 가치가 하락하는 것은 노동자에게 지불해야 하는 임금의 하락을 뜻한다(김수행, 2002). 자본가는 잉여노동시간을 증가시키고도 노동자에게 지불해야 하는 임금을 하락시켰기 때문에 자본가가 얻는 이윤은 더욱 커진다. 자본가는 이와 같이 필요노동시간을 단축시켜 상대적 잉여가치를 증가시키고자 한다. 이러한 필요노동시간의 하락은 기술의 도입으로도 가능하다. 〈그림 1-1〉은 기술 도입으로 인한 필요노동시간의 단축과 잉여노동시간 증가를 도식화한 것이다.

하루 8시간의 노동을 할 때 기존의 기술을 사용하면 필요노동시간은 6시간이고 잉여노동은 2시간이다. 자본가의 입장에서는 이윤을 생산하는 잉여노동시간의 증가가 필요하다. 새로운 기술이 도입되면 필요노동은 3시간으로 줄고 잉여노동은 5시간으로 증가한다. 자본가들은 이윤을 얻기 위해 생산을 증가시키고자 한다. 이 경우 확대된 분업과 기계의 전면적인 도입으로 인해 노동의 생산력은 상승한다(마르크스, 1999). 자본주의 사회에서 잉여가치의 증대를 위한 가장 중요한 원천은 생산성 향상이다. 생산성 향상이란 노동자들에게 필요한 재화의 가치가 하락한다는 것을 의미하며, 또 이것은 노동력의 가치가 하락한다는 것을 의미한다. 왜냐하면 재화의 생산에 필요한 노동시간이 줄어들기 때문이다. 따라서 생산성 향상은 주로 생산의 기계화와 새 기술의 도입에서 비롯한다(그린, 2006).

피터 드러커(Peter Drucker)는 기술의 진전 이후 나타난 정보혁명과 디지털혁명은 생산부문에서 자동화가 심화되었음을 보여주며, 노동의 기존 패러다임도 지식노동(knowledge work)으로 변화되었다고 주장했다(드러커, 2007). 노동이 가치의 원천이 아니라 지식이 가치의 원천이며, 지식이 중심이 되는 사회의 필요성 내지는 당위성을 강조한 입장이다. 이러한 입장은 기술 도입이 생산성의 향상과 그에 따른 노동의 가치 저하를 가져온 사례를 극단적으로 밀고 나간 것이라고 할 수 있다. 왜냐하면 모든 가치는 노동에 의해 창출되고 모든 잉여가치는 직접노동의 착취에 의해 창출되기 때문이다. 마르크스는 잉여가치를 생산하여 자본을 증식시키는 노동을 생산적 노동으로 그렇지 않은 노동을 비생산적 노동으로 구분한다. 이 기준으로 볼 때 자본의 통제 하에서 생산영역에서 수행되는 노동은 생산적 노동이다(파인, 1985).

잉여가치의 생산은 노동이 자본에 실질적으로 포섭된 결과로서 자본주의 생산과정의 특성이다. 따라서 동일한 노동이라도 자본주의적 생산관계 하에서는 생산적 노동이 되며 자본주의적 생산관계에 편입되지 않은 노동은 비생산적 노동이다(김향우, 2008). 여기서 조심해야 할 점은 생산노동을 하는 사람만을 노동자로 보고 다른 범주의 노동자를 자본가 계급이나 부르주아 계급으로 보는 것은 잘못된 시각이다(파인·해리스, 1985). 가령 가사 노동은 자본주의적 생산관계에 편입되지 않았기 때문에 비생산노동이다. 그렇다고 가사 노동자들이 자본가 계급이나 부르주아 계급인 것은 아니다. 나아가 가사 노동은 자본주의적 생산관계에 편입되면 잉여가치를 발생시키는 생산적 노동이 된다.

비물질 영역에서 생산되는 상품도 자본주의 생산관계 하에서 생산적 노동이 된다. 무형의 재화인 서비스 상품의 경우도 생산적 노동이 되며 잉여가치를 생산한다. 잉여가치의 생산에 있어서 노동의 결과물이 무형재화인지 유형재화인지는 중요한 문제가 아니다. 자본주의는 무형의 정보마저도 유형의 결과물로 만들어내며 상품을 집적하기 때문이다. 제국으로 규정되는 자본주의 사회에서 생산 노동과 비생산 노동의 구분은 불필요하다. 왜냐하면 노동은 공장 밖으로 이동했고 정확한 노동일(시간)의 측정은 어렵다. 따라서 노동은 생산과정에서뿐만 아니라 생산과정 밖인 사회적 삶에서도 착취를 당할 가능성이 높아졌다(네그리·하트, 2001).

정보기술에 의해 만들어지는 상품도 크게 다르지 않다. 컴퓨터 프로그램과 같은 소프트웨어는 비물질 서비스 생산이다. 그러나 CD라는 유체물에 저장되어 유통되고, 네트워크상에서는 확장자라는 규약을 가지고 유통된다. 이러한 상품들은 초기 생산비용과 이후 재생산 비용에 큰 차이가 있기 때문에 대량으로 유통되면 될수록 잉여가치는 커진다. 문화상품으로 볼 수 있는 방송 프로그램, 영화, 음악도 초기 생산비용에 비해 이후 재생산 비용은 적다. 특히 지상파 프로그램의 경우 제작 후 다른 플랫폼을 통해 유통되는데, 이때는 네트워크를 통해 전송만 될 뿐이다. 프로그램이 네트워크를 통해 재전송되는 것은 컴퓨터상에서 파일이 복사되는 것과 유사하게 추가 노동력과 비용이 거의 들지 않는다. 이는 문화산업 분야에서 생산되는 상품이 가지는 기본적 속성이다.[2]

자본주의는 정보와 문화도 상품으로 만들어 가치를 생산하는데, 이러한 상품을 복제하는 데 필요한 비용은 영(0)으로 수렴하는 경향이 있다. 왜냐하면 문화산업에는 규모의 경제가 작동하고 네트워크 외부성이 적용되기 때문이다. 따라서 초기 생산비용이 높고 그 이후 단위의 생산을 위한 비용, 즉 한계비용은 영에 가까워 초판 이후의 제품 생산에 드는 비용은 급격히 감소한다. 전반적으로 봤을 때는 평균비용이 하락한다. 또한 한 사람의 소비자가 얻을 수 있는 효용은 매우 적을 수 있지만 소비자가 늘어날수록 그 효용가치는 기하급수적으로 늘어난다. 이러한 상품에 투영된 가치는 노동자들의 노동이라기보다는 그 정보를 이용하는 사람들의 관심이나 주목에 기인하는 것으로 보인다. 일반적인 상황에서 문화상품은 '메시지', '정보', '이미지', '의미', '오락', '교육' 등으로 개념화되기 때문이다. 그러나 이 개념들은 주관적 정서상의 목록이고 관념적으로 나타날 뿐이다.

오히려 문화상품은 상품을 소비해줄 소비자를 많이 확보할 수 있는 가치가 우선될 수 있다. 그러면 문화산업에서 생산되는 가치는 무엇인지, 가치의 근원은 어디에서 발생하는지 살펴볼 필요가 있다. 문화산업의 자본 축적과정을 이해하기 위해 우선 자본주의 생산양식에서 축적이 어떠한 과

---

2 영화, 드라마, 음악, 소설 등 특정한 기술력에 기인하여 규모의 경제가 실현되는 상품 모두 해당된다.

정으로 진행되는지에 대한 과정을 살펴봐야 한다. 문화산업의 자본도 축적이라는 측면에서는 자본 일반의 축적과정과 같다. 이는 자본주의 생산양식에서 나타나는 경향이기 때문이다. 문화산업에서는 임금노동자의 착취라는 일차적 잉여가치 실현 외에 문화를 소비하는 소비자로부터 이차적 잉여가치를 실현한다. 후자의 경우 소비과정이 재생산과정에 배치된 결과로써 나타난다. 이러한 두 가지 잉여가치 실현을 이해하기 위해 자본 축적과정을 살펴보고자 한다.

자본의 축적(accumulation of capital)은 잉여가치를 자본으로 사용하는 것, 즉 잉여가치를 자본으로 [재]전환시키는 것이다. 이때 잉여가치는 자본으로부터 발생한다. 자본에서 잉여가치가 발생하며, 발생한 잉여가치가 자본으로 사용될 때 자본은 축적된다(마르크스, 2001). 풀어 말하면 기존의 자본에 새로운 자본을 추가하는 것이며, 이때 새로운 자본은 기존의 자본에서 발생하는 것을 말한다. 이해를 위해 두 가지 유통 형태를 고찰할 필요가 있다. 하나가 상품(C) - 화폐(M) - 상품(C)으로 표현되는 상품의 교환이고, 다른 하나는 화폐(M) - 상품(C) - 화폐(M)로 표현되는 화폐의 교환이다.

첫 번째 경우에서 상품(C)을 가지고 있는 한 사람이 자신이 필요로 하는 상품을 구매하려고 한다. 이 사람은 상품 구매를 위해 자신이 가지고 있는 상품을 화폐(M)와 교환한다. 교환된 화폐를 가지고 구매하고 싶은 상품을 구매하면 C - M - C 과정이 된다. 이 양극의 상품은 서로 다른 상품이다. 동일한 상품이면 교환할 이유가 없기 때문이다. 그러나 가치는 동일하다. "왜냐하면 상품 유통 그 자체로는 교환되는 재화나 서비스에 가치를 부가할 수 없기 때문이다"(파인·사드-필호, 2006: 56). 가령 앞의 상품이 쌀이라면 뒤의 상품은 채소이다. 쌀 생산자가 채소가 필요해서 쌀을 화폐와 교환하고 화폐를 다시 채소와 교환하는 경우라고 하겠다. 임금노동자가 자신이 필요한 생필품을 얻기 위해 자신이 가지고 있는 노동력을 판매하는 경우도 같다. 자신의 노동력(C)이 임금(M)과 교환이 되고, 이 임금을 가지고 노동자는 생필품(C)을 구매한다. 노동력의 교환이나 쌀의 교환이나 두 상품의 가치는 동일하고 차이가 있다면 질적인 차이일 뿐이다.

두 번째 유통 형태인 M - C - M의 경우 화폐가 상품으로 교환되고 이 상품이 다시 화폐로 교환되는 과정이다. 이때 앞의 화폐와 뒤의 화폐는 동일한 가치를 갖지 않는다. 동일한 가치라면 교환될 이유가 없기 때문이다. 그러나 역으로 동일한 화폐라는 측면에서 질적으로 같다. 10만 원으로 쌀을 구매하고 그 쌀은 다시 10만 원에 파는 사람은 아무도 없다. 따라서 10만 원으로 구매한 쌀을 11만 원에 다시 판매된다. 이 과정은 M - C - M′으로 표현된다. 앞의 M과 뒤의 M은 양적인 차이가 있다. 최초 유통에 투입한 것보다 더 많은 화폐가 끌려나온 것이다. 여기서 M′ = M + ΔM이다(Δ은 증가분). M′은 최초에 투하한 화폐에 어떤 증가분을 더한 것이다. 이 증가분은 잉여가치로 표현된다(마르크스, 2001).

화폐의 유통은 1회로 끝나지 않는다. M의 상태에서 유통을 거쳐 증가한 M′는 다시 유통이라는 운동을 시작한다. "그러므로 각 순환의 최종 결과는 그 자체가 새로운 순환의 출발점을 이룬다." 상품 유통의 경우 사용가치라는 목적을 획득하면 운동은 종료되지만 화폐는 유통 자체가 그 목적이기 때문이다. "가치의 증식은 끊임없이 갱신되는 이 운동의 내부에서 일어나며, 자본의 운동에는 한계가 없다"(마르크스, 2001: 196). M′ - C - M″은 M′ - C - M″이 되고 다시 M″ - C - M‴이 된다. 이와 같이 자본은 양적인 증식을 통해 축적된다. 그러나 자본의 증가가 M - C - M′이라는 운동에서 온다고 해서 자본이 자기 스스로 가치를 만들어낸다고 이해해서는 안 된다. 자본의 축적에서 새로운 자본이 기존의 자본에서 발생한다고, 자본 자체의 힘으로 자본이 축적된다고 생각하면 이는 명백한 오해이다. 왜냐하면 기존의 자본에서 발생한 새로운 자본은 잉여가치이고 잉여가치는 노동자들의 잉여노동에서 나오기 때문이다.

위의 자본의 운동과정만 보면 돈이 더 많은 돈을 증식시키는 것으로 보인다. 그러나 돈이 자체 동력으로 무엇을 하는 것은 아니다. 아무것도 생산하지 못한다. 그 이윤은 노동력에서 나오는 것이다. "구르면서 점점 커져가는 눈덩이처럼, 자본은 그 자체로 화폐의 집적인 동시에 거대한 상품의 집적이고, 생산수단의 집적인 동시에 가변자본인 노동력의 집적이다"(이진경, 2004: 220). 자본가는 노동자로부터 노동력을 구매한 후 노동력을 작업 속에 투입한다. 노동력의 사용가치는 노동력이 상품을 생산하기 위한 작업에 투입되는 것을 넘어서 노동력에 지불되는 것보다 더 많은 가치를 생산하는 데 있다(하비, 1995).

상품의 가치는 생산에 들어간 노동량에 의해 결정되는데 이 노동량은 노동시간으로 환원되고, 노동시간은 필요노동시간과 잉여노동시간으로 구분된다. 여기서 말하는 노동량은 평균 생산 조건에서 평균 노동 강도와 평균 노동 숙련도를 사용하여 상품을 생산하는 데 필요한 노동량이다. 노동력의 가치는 그것의 생산에 필요한 노동량 ― 필요노동시간 ― 에 의해 결정된다. 가령 노동자는 자신의 생활조건을 재생할 만큼의 가치와 자신의 노동력을 교환한다. 자본가는 노동자에게 필요한 만큼의 화폐를 지불하고 노동력을 구매한다. 이 화폐의 가치는 노동자의 생활조건을 재생하는 만큼의 가치이기 때문에 노동자는 그 만큼의 필요노동시간 동안 노동을 하면 된다. 그러나 자본가는 노동자의 노동력을 구매하면서 노동력을 사용할 수 있는 권리를 얻는다. 자본가는 노동자에게 필요노동시간 이상 노동하게 한다(마르크스, 1993).

노동자는 임금을 받고 하루의 노동시간 동안 노동 대상에 일정한 양의 노동을 투여함으로써 새로운 가치를 첨가한다. 이 새로운 가치는 두 가지 측면에서 볼 수 있는데 하나는 노동력 가치 ― 자본가가 지불한 임금 ― 등가물의 재생산이고 다른 하나는 자기 자신의 등가물을 재생산하고 남은 그 이상의 초과분이다(마르크스, 2001). 가령 노동자가 자신의 임금을 생산하는 데 필요한 노동시간이 5시간이라면 5시간만 노동하면 충분하지만 , 노동자는 하루에 10시간을 노동한다고 가정하자. 자신의 임금을 재생산하기 위해 필요한 노동시간 이상을 노동하는 노동자들의 노동에서 자본가들의 이익, 즉 잉여가치가 발생한다. 노동자는 하루에 5시간씩 자본가를 위하여 노동을 하는 것이다. 필요노동시간에 대한 잉여노동시간의 비율을 착취율이라고 한다. 이 경우 착취율은 5시간/5시간 = 1, 100%가 된다. 이러한 착취는 자본주의 생산양식 외에 봉건제도나 노예제도에도 나타난다. 봉건제도나 노예제도는 착취라는 게 분명하지만 자본주의 생산양식에서는 착취가 은폐되어버린다. 자유로운 교환이라는 이름으로 노동자의 노동력이 착취되는 사회는 자본주의 사회뿐이다(파인, 1985).

노동자들이 노동을 통해 상품에 구현한 가치는 착취와 관계를 맺는다. 이 착취는 잉여가치로서 자본가에게 전유되고 자본 증식의 결정적 원천이다. 잉여가치율은 자본에 의한 노동력의 착취도로 표현된다(마르크스, 2001). 착취율은 $e=s/v$로 구할 수 있다. s는 잉여노동시간이고 v는 필요노동시간이다. 이윤을 창출하는 것은 사람들 사이의 일정한 사회적 관계 — 자본가와 임노동자 사이의 관계 — 이고, 생산에서 발생하는 착취가 교환의 자유로 위장된다(파인·사드-필호, 2006).

자본의 본성은 이윤 극대화이기 때문에 착취율을 높이려는 시도는 항상 행해진다(파인, 1985). 가령 잉여노동시간이 6이고 필요노동시간이 5인 경우 착취율은 6시간/5시간($e = s/v$) = 1.2로 위에서 예로 든 5시간/5시간보다 높다. 이윤을 높이려면 노동시간을 연장해서 이 비율을 높이면 된다. 노동시간을 연장하여 증가된 잉여가치를 마르크스는 절대적 잉여가치라고 부른다(마르크스, 2001).

노동일(시간)의 연장은 자본축적을 위해 자본가가 선택할 수 있는 가장 쉬운 방법이다. 그러나 하루가 24시간이라는 점을 고려하면 노동시간의 연장은 오히려 노동자들의 건강을 악화시켜 자본가 입장에서는 생산성이 저하되는 결과를 가져오게 된다. 따라서 자본가는 신기술 도입을 통해 필요노동시간을 단축시켜 잉여가치를 증대시키려고 하게 된다.

위에서 살펴본 것처럼 문화산업에서 생산되는 문화상품의 가치도 노동을 통해서 발생한다. 이용자들의 관심이나 주목도 상품의 가치를 생산 또는 증가시키지만 그 원천은 노동자들의 노동력에 있다.

2) 경제적 대상인가, 정치적 대상인가?

미디어 정치경제학 연구는 사회의 권력관계와 지배구조 재생산에 미디어의 메시지와 제도가 어떠한 기능을 하는지에 주목한다. 따라서 미디어 정치경제학은 미디어 제도의 소유와 통제, 그 안에서 나타나는 생산·유통 및 소비과정, 미디어와 자본주의 재생산 간의 관계에 대한 분석을 주로 다룬다(문상현, 2009). 초기 미디어 정치경제학의 대표 연구자라고 할 수 있는 댈러스 스마이드(Dallas Smythe)는 사회 안에서 권력화 과정의 모든 측면을 강조했다(Smythe, 1960, 1981). 그는 미디어 영역에 있어서 생산, 유통, 소비에 초점을 맞춤과 동시에 자본, 조직, 통제의 역할에도 관심을 가졌다.

미디어 정치경제학의 기원은 캐나다의 경제학자 해럴드 이니스(Harold Innis)에 의해서 전개된 '지식 독점(knowledge monopolies)'이라는 개념에서 찾아볼 수 있다. 이니스는 성직자, 국왕, 관료, 군인, 과학자 등 지배계급이 특정 지식에 접근할 수 있는 독점적 권한을 갖고 있다는 사실을 설명하기 위해 이 용어를 만들었다(Graham, 2007). 이러한 개념은 미디어 산업에서 생산된 상품 또는 정보의 소유에 대한 이해를 돕는다. 문화산업도 크게 다르지 않다. 아도르도와 호르크하이머(Adorno & Horkheimer, 2001)가 말한 문화산업에 대한 논의도 문화산업에서 생산된 정보, 즉 문화상품의 생산과 흐름에 대한 문제를 지적하고 있기 때문이다.

21세기 미디어 환경에서 정보 접근이 제한적이기 때문에 지식이 독점된다는 주장은 지지되기 어렵지만, 미디어가 발달하면서 정보 격차가 발생한다는 주장은 설득력을 갖는다. 계층 간, 지역 간, 아날로그와 디지털 간에 정보의 질과 접근 및 활용에서 정보 격차가 발생한다. 정치경제학 관점에서 이 격차의 원인은 생산수단의 소유와 경제력 문제에 있다. 전자의 측면에서 생산수단을 소유한 사람은 생산되는 정보가 자신에게 귀속되며 시장에서 거래를 통해 경제적 이익을 추구한다. 반면 정보를 생산한, 즉 자신의 노동력을 투하해서 정보를 생산한 노동자는 생산된 정보로부터 소외된다. 경제력 문제는 시장에서 정보를 원하는 가격에 구매할 수 없는 경우이다. 이와 같이 생산과 분배의 통제가 생산수단의 소유주에게 집중될 경우 사회적 불평등이 양산된다는 견해가 정치경제학에서 보는 관점이다.

이 논의를 문화산업으로 가져오면 자신의 노동력을 투하해서 생산한 문화상품은 생산수단을 소유한 사람에게 귀속되며, 문화상품을 생산한 노동자는 문화상품에서 소외된다. 문화상품은 특유의 경제적 속성으로 인해 저가 구매가 가능해서 구매를 못하게 되지는 않지만 소유권이라는 속성(가령 저작권 등)은 구매하기 어렵다.

이와 같은 미디어 정치경제학은 좁은 의미에서 미디어 자원을 포함한 자원의 생산, 분배, 소비를 구성하는 권력관계를 연구하는 학문이다. 두 번째로 거시적인 측면에서 미디어 정치경제학은 사회적 삶에 있어서 통제와 생존을 연구하는 학문이다. 통제는 정치적 측면의 분석이며, 생존은 경제적 측면의 분석이다(Mosco, 2006).

경제적인 측면에서 미디어 정치경제학은 모든 종류의 가치들이 어떻게 생산되고, 배포되고, 교환되고, 소비되는지를 연구하며, 정치적인 측면에서 권력이 어떻게 생산되고, 배포되고, 교환되고, 수행되는지를 연구한다. 이러한 측면들이 역사 속에서 주어진 장소와 시간과는 어떠한 관계가 있는지를 파악한다. 그러므로 미디어 정치경제학은 일반적인 정치경제학이라는 구조 안에서 커뮤니케이션이 어떠한 방식으로 작동하는지를 이해하는가와 관련이 있다(Graham, 2007). 미디어 정치경제학은 정치적인 측면과 경제적인 측면을 모두 고려하여 의미 혹은 가치들이 만들어지고 소비되는 과정을 탐색하는 이론으로 정의된다.

미디어 산업의 경제 및 구조를 연구하는 데도 미디어 정치경제학은 적용된다. 미디어 정치경제학은 체제에 대한 미디어 소유권의 효과를 강조하면서 미디어 산업의 구조에 연구 초점을 맞추기 때문이다(Graham, 2007; Riordan, 2002). 이때 미디어 산업의 구조는 상품의 생산과 분배를 위해 희소 자원을 배분한다(Smythe, 1960). 따라서 생산, 배포, 교환, 소비와 같은 요소들의 순환관계를 연구하며 콘텐츠, 테크놀로지, 경제구조 안의 정보흐름 등도 연구한다. 그러나 생산에서 소비까지 전체 과정에서 특히 소비과정이 종종 기술되지 않고, 주로 소유관계에 중점을 두고 연구된다. 즉, 누가 만드는가라는 문제가 중요하게 다루어진다. 미디어 정치경제학은 미디어 등 공공영역에서 의미 생산이 자본주의 논리에 종속된다는 입장에서 미디어 산업의 경제적 관계와 권력과의 관계에 초점을 맞추어 연구하기 때문이다.

미디어 정치경제학도 마르크스주의 이론을 수용하여 미디어 상품이 생산, 분배, 소비되는 과정을 자본주의의 역학관계로 분석한다. 존 스토리(John Storey)에 따르면 마르크스는 다음과 같이 말했다.

역사의 각 시기는 특정한 생산양식을 중심으로 이루어졌으며, 이것은 한 사회가 생필품을 생산하기 위해 조직된 방식이라고 한다. 각각의 생산양식들은 생필품을 획득하는 방식들도 다르지만 또한 노동자들과 비노동자들 간의 관계도 다르며, 이에 따라 사회제도 역시 상이하다. 여기서 핵심은 사회가 자신의 존재방식, 곧 특정한 생산양식을 만드는 방식이 궁극적으로 그 사회의 정치적, 사회적, 문화적 형태, 더 나아가 미래의 발전까지도 결정짓는다는 것이다(스토리, 1994: 145).

이는 고전적 마르크스주의자들의 토대와 상부구조에 대한 설명이다. 경제적 토대가 상부구조인 정치, 사회는 물론이고 문화의 형태도 결정짓는다고 이해한다. 특정한 생산양식이 특정한 역사적 계기에 내재하고 있다면 그러한 생산양식은 "생산력과 생산관계 및 상부구조를 포괄하는 개념으로서 현실로 존재했던 사회들을 구분 짓는 틀로서 역할을 한다"(김수행, 1988: 15).

마르크스의 시각에서 매스미디어는 지배계급에 의해 소유된 생산수단이다. 생산수단을 소유한 지배계급은 무엇이 만들어지는지 결정할 수 있다. 이러한 관점에서 매스미디어는 지배계급의 지배적 이데올로기를 확산시킬 수 있게 된다. 이러한 개념은 마르크스와 프리드리히 엥겔스(Friedrich Engels)의 지배 이데올로기에 대한 고전적 개념에 기초한 것으로서 사회적 존재가 사회적 의식을 결정한다는 유물론적 입장을 설명한다. 미디어 산업에 대한 정치경제학 접근은 미디어 경제구조의 정치적 성격에 중점을 두는 경향이 있다. 즉, 매스미디어는 경제구조에 의해 구성되고 그 소유권은 대부분 통제방식에 영향을 주는 것으로 고려된다. 결과적으로 미디어 산업은 이윤추구를 목적으로 삼는다(Lee, 1998).

미디어 정치경제학 연구는 기본적으로 마르크스주의의 논의들을 단초로 자본의 축적과정과 이윤의 증대에 영향을 미치는 구조, 축적과 이윤의 증대로 발생하는 격차에 관심을 두고 있다. 정치경제학자들은 자본주의 내에서 생산과 소비가 어떻게 만들어지는지 이 과정에서 국가와 계급 적대는 어떠한 역할을 하는지 분석한다. 이러한 관점에서 미디어·커뮤니케이션 분야도 마찬가지로 경제적 기초가 무엇이고, 자본축적이 어떻게 이루어지는지를 분석한다. 이러한 과정 속에서 권력구조와 권력 행사 사이에 어떠한 관계가 있는지를 파악하는 것이 미디어 정치경제학의 입장이다(김승수, 2009). 미디어 정치경제학의 접근은 이와 같은 과정을 드러내고자 하는 작업이다.

미디어도 하나의 제도로서 사회구조를 구성하고 있으며, 현실 사회의 정치와 경제적 활동을 표상하고 있으므로 역시 생산력과 생산관계가 조응하는 토대의 영향력을 받는다. 미디어 자체의 생산 역학으로 보면 소유권이 미디어의 내용을 결정한다. 미디어 정치경제학자들은 이러한 문제를 제기하며 미디어 산업 내의 생산, 배포, 소비의 각 계기들에 관심을 가졌다. 이들은 미디어 기업의 소유권이 문화 활동을 침해하는 다양한 방법들을 통해 많은 통찰을 보여주었다. 그레이엄 머독(Graham Murdock)과 빈센트 모스코(Vincent Mosco)의 저작들은 이 분야에서 가장 의미 있다. 이들의 연구는 불평등한 권력관계에서 어떻게 그리고 어떠한 생산이 발생하며, 상업적 압력이 대립하는 견해나 이단적 사상의 유통을 어떻게 제한하고, 소수 미디어 기업에 의한 생산의 통제가 국가 차원뿐만 아니라 전 지구적 차원에서도 어떻게 사회적 차별과 정보 불평등을 유발하는지를 밝혔다(Negus, 2002).

미디어의 주요한 재원인 광고도 유사한 접근으로 분석할 수 있다. 광고가 미디어의 주요한 재원이라는 것을 부정하기 어렵다. 그 때문에 광고주들은 미디어 산업의 경제를 점진적으로 지배하며, 그들의 역할을 통해 직접적으로 문화산업에 연관되지 않더라도 문화적 행동양식을 통제할 수 있다(Golding & Murdock, 1991). 따라서 미디어 산업에서 광고는 산업 전체를 지배한다고 해도 과언이 아닐 것이다. 또한 광고로 인해 문화산업도 생산물의 생산은 물론이고 유통, 배포, 소비, 순환 등에 영향을 받고 있다.

미디어 정치경제학은 미디어 산업의 구조에서 상품의 생산, 배포, 소비의 여러 과정을 분석하고 연구한다. 이러한 관점에서 문화산업의 생산과 축적, 그리고 소유관계에 따른 문화산업의 생산물은 어떻게 나타나는지 살펴보고자 한다.

3) 생산, 소비, 노동

미디어 정치경제학 연구에 대한 주된 비판은 소유와 통제에만 관심을 두어 미디어 상품의 메시지 차원보다는 경제적 차원에 집중한다는 점이다 (Wasko, 1994). 정치경제학 연구들이 경제적 차원 혹은 경제적 구조에 관심을 두는 이유는 상품의 메시지 또는 내용이 경제적 구조에 의해서 결정된다고 생각했기 때문이다. 그리고 정치경제학자들은 문화적 생산품과 관련해 개인의 소비행위보다는 생산 측면에 더 많은 관심을 갖기도 했다(조항제, 1994; Riordan, 2002). 이러한 측면에서 미디어의 생산물은 소유 및 통제와 관련이 있는 것으로, 즉 생산물이 소유나 통제에 의해 결정되는 것으로서 간주되었다. 이에 대한 전거(典據)는 마르크스의 저작에서 찾아볼 수 있다.

인간들은 자신들의 생활을 사회적으로 생산하는 가운데, 자신들의 의지로부터 독립되어 있는 일정한 필연적 관계들, 즉 자신들의 물질적 생산력들의 일정한 발전 단계에 조응하는 생산관계들에 들어선다. 이러한 생산관계들의 총체가 사회의 경제적 구조, 즉 그 위에 법률적 및 정치적 상부구조가 서며 일정한 사회적 의식 형태들이 그에 조응하는 그러한 실재적 토대를 이룬다. 물질적 생활의 생산방식이 사회적, 정치적, 정신적 생활 과정 일반을 조건 짓는다. 인간들의 의식이 그들의 존재를 규정하는 것이 아니라 거꾸로 그들의 사회적 존재가 그들의 의식을 규정한다(마르크스, 1992: 477).

마르크스의 이러한 논의는 물질적 생산관계를 통해서 상부구조 — 법 관계, 국가 형태, 사회적 의식 형태 — 를 파악하고자 하는 역사 유물론적 방법론의 개진이다. 마르크스의 입장은 (경제적) 토대가 상부구조를 결정하는 결정론으로 읽혔고, 자본주의 사회의 모순이 경제적 모순에 기인하는 것으로 이해되었다. 따라서 미디어 정치경제학은 조잡한 경제 환원론에 빠졌고, 의미를 위한 투쟁의 개념을 결여했다고 비판을 받아왔다(조항제, 1994).

미디어 정치경제학에 대한 비판은 내용이 구조에 의해서 결정되기 때문에 사회적 관계 속에서 나타나는 행위에 대한 설명이 부재하다는 점이다. 문화영역의 자율성이 물적 토대에 의존한다는 이른바 경제 결정론 또는 토대 결정론이라는 것이 대표적인 비판 지점이다. 미디어 소유 및 통제구조가 미디어의 생산과정과 내용물에 어떤 영향을 주며, 이데올로기적 기능은 무엇인지를 규명하고자 했던 정치경제학적 입장에서는 미디어에 대한 국가나 자본의 소유와 통제에 초점을 두는 건 어찌 보면 당연하다. 미디어 정치경제학은 시장자유주의를 비판적으로 이해하고 분석하는 유력한 이론적 자원의 하나였고 그 나름의 성과를 가져오기도 했다(이남표, 2007). 그러나 1990년대 이후 마르크스주의 이론이 쇠퇴하고 같은 맥락에서 문화영역에서 발생하는 의미생산과 소비행위에 대하여 기존의 정치경제학적 이론은 충분한 설명력을 갖지 못했다.

따라서 자본주의에 대한 폭넓은 이해를 위해서는 일상 속에서 사람들의 관계에 더 집중할 필요가 있었다. 그리고 소비의 의미에 좀 더 관심을 가질 필요가 있었는데, 이 소비는 과잉생산의 위기로 인해 발생하는 소비일뿐만 아니라, 쾌락(pleasure)에 기인하는 소비였다. 정치적·경제적·사회적으로 소외된 사람들은 소비를 통해 쾌락을 충족시키고, 역으로 이 쾌락은 소비를 통해 완성된다. 따라서 자본주의 사회에서 계급 불평등, (여성) 억압의 재생산을 이해하기 위해서 소비는 중요한 지점이다. 소비는 소비 관습을 지시하며, 인종·계급·성별·종교·민족·장애-비장애·연령 등으로 구별되는 공동체와 다양한 그룹들은 주체들이 어떻게 경제적으로, 사회적으로, 젠더 역할로 만들어지는지 이해하기 위한 의미 단위로서 이용된다(Riordan, 2002).

소비가 관심을 받게 된 이유는 미디어 정치경제학이 소비를 폄하했기 때문이다. 소비는 대중의 수용행위(대중문화)인데, 미디어 정치경제학에는 이 행위를 무시하는 일종의 엘리트주의가 있었기 때문이다. 또한 경제구조를 강조하는 분석 틀에서 소비는 부수적인 것에 머무르기도 했다(조항제, 2008). 그러나 소비행위는 단순한 소비를 넘어 하나의 생산으로서 기능하기도 하는데, 여기서 생산은 물질적 생산이 아닌 준거집단의 문화로서 자기만족, 자기과시 등의 의미를 만들어내는 비물질적 생산이다. 사회성이 트렌드 소비를 통해 생산되는 것으로 표상되는 경우가 그러하다. 예를 들면 한때 영국에서 유행했던 펑크(punk) 스타일이 노동자 계층 젊은이들의 대명사로 통했지만 그 자체로 노동자 계층의 경험을 대변하고 있지는 않다(Dworkin, 1997). 이러한 부분에서 기존의 미디어 정치경제학의 설명에는 공백이 발생한다.

같은 맥락에서 문화연구 학자들은 정치경제학이 이데올로기와 담론이 생산되는 방법, 그리고 저항을 가능하게 하는 방법을 간과했다고 말한다.

문화산업이 커뮤니케이션 시스템이라는 점을 정치인들이나 학자들이 동의했지만, 문화산업에 대한 연구는 문화의 소비나 구성의 의미에 집중한 연구나 산업의 경제구조에 관한 연구들만이 수행되었다(Golding & Murdock, 1991).

이러한 비판에 직면하여 미디어 정치경제학자들은 점진적으로 소유권과 통제에 대한 관심사를 넘어서 정치경제학과 문화연구 사이의 관계를 고려하기 시작했다. 여기에는 텍스트 연구와 수용자에 대한 연구가 포함된다. 따라서 미디어 정치경제학 계통의 연구 범위는 과거 지적되었던 비판의 지점보다 복잡해지고 다양해졌다. 경제적·정치적 분석은 이데올로기적 독해와 문화 분석에 주요하고 필수적인 배경으로 고려되었다(Steeves & Wasko, 2002).

구조보다 행위의 중요성을 강조하는 이론들의 등장으로 인하여 미디어 정치경제학 연구는 소유보다는 소비를 통해 이데올로기와 담론이 생산되고 그를 통해 저항이 발생하는 계기로 연구의 초점이 변화하게 된다. 이러한 연구는 미디어의 상징과 경제 사이의 상호작용에 중점을 두는 작업이고, 문화상품을 조직화하고 금융화하는 각기 다른 방법들이 문화상품에 대한 수용자들의 접근과 공중 영역 안에서 담론과 재현의 범위에 대한 추적할 수 있는 결과를 어떻게 나타내는가를 보여주는 작업이다. 문화상품을 결정하는 경제 구성체의 작동원리를 파악하고 수용자들이 문화상품을 소비하는 맥락, 의미 들을 연구하는 작업을 피터 골딩(Peter Golding)과 머독은 비판적 미디어 정치경제학이라고 규정했다. 문화연구의 전통을 공유하며 권력의 구성과 작동에 관심을 두는 이 관점은 사회에 대한 신마르크스주의와 관점을 공유한다(Golding & Murdock, 1991).

토대 환원론이라는 혐의를 받는 상부구조와 토대에 대한 해석도 수정된다. 마르크스(1992)는 자신이 수행한 정치경제학의 일반적 결론을 정식화했는데, 이 정식화에 토대와 상부구조에 관한 언급이 포함된다. 레이먼드 윌리엄스(Raymond Williams)는 "마르크스에서 마르크스주의로 변화하는 과정에서, 해설적이고 교훈적인 형식으로 발전하는 과정에서, 어휘들이 엄정한 개념을 가리키게 되고 사회적 삶의 가시적인 영역을 표현하는 것으로 왜곡되었다"고 말한다(윌리엄스, 1982: 96). 마르크스가 사용했던 어휘들은 관계적인 의미였으나 마르크스주의로 변화한 이후에 폐쇄된 범주를 지칭하게 되었다는 것이다. 마르크스주의 내부에서 토대와 상부구조라는 명제에 대하여 불만이 제기되었다. 주요한 불만은 상부구조 개념에 대한 것이고, 나아가 토대와 상부구조가 갖는 관계, 즉 토대와 상부구조의 결정 관계도 문제시되었다. 결정이라는 단어는 환원론적 의미를 함축하고 있고, 토대가 상부구조를 결정하면 "어떠한 문화적 활동도 실재적이거나 유의미할 수 없기"(윌리엄스, 1982: 103) 때문에 경제적 내용에 의한 효과나 표현으로 환원될 수밖에 없다.

따라서 마르크스주의 이론 안에서 토대와 상부구조라는 도식과 결정 개념에 제한과 수정이 가해졌다. 경제 결정이라는 개념은 유연하게 고려되었다. 모든 것들이 사실상 경제적인 힘들과 직접적인 관계가 있다는 결정의 함의와 함께 최종 심급에서 결정이라는 마르크스의 개념을 유지하는 대신에, 결정을 최초 심급에서의 작동으로 고려한다. 달리 말하면 경제적 힘들을 커뮤니케이션이 발생하는 일반적인 환경의 주요 특징들을 규정하는 것으로 고려하지만, 커뮤니케이션 행위의 본질을 완전히 설명하는 것으로는 고려하지 않는다. 사실 이 관점은 오래전에 엥겔스에 의해 제시되기도 했다. 엥겔스는 상부구조가 무시되고 경제 결정이 유일한 결정으로 해석되는 점에 우려를 나타냈다.

역사에서 결정적 계기는 현실적 생활의 생산과 재생산이다. 우리는 이 이상의 것을 주장한 적이 없다. 상부구조의 다양한 계기들, 이 모든 계기들은 상호 작용하며 상호 작용 속에서 경제적 운동은 무한히 많은 우연들을 통해서 필연적인 것으로서 자신을 관철해간다(엥겔스, 1997: 508).

마르크스와 엥겔스는 상부구조의 다양성과 그 상호 작용을 무시하지 않고 역사 변혁의 하나의 계기로서 고려했다. 마르크스주의는 토대와 상부구조 중 토대를 강조하는 입장과 계급투쟁의 역할이나 이데올로기의 작동을 강조하는 입장에 따라서 차이가 있다(서커, 1999). 마르크스주의 미디어 이론이 받은 비판은 능동적 수용자관을 결여했다는 점과 토대를 강조한 경제 환원론이라는 점으로 정리할 수 있다.

그러나 소비의 능동성을 강조하거나 상부구조의 상대적 자율성을 아무리 강조한다고 해도 자본주의 생산체제 안에서 발생하는 노동착취와 계급 억압이 해결되지는 않는다. 오히려 "스탈린주의에 의해 왜곡 억압되었던 고전 마르크스주의 전통을 복원"하는 작업이 필요하다(정성진, 2005: 93). 마르크스와 엥겔스에게 역사는 끊임없는 계급투쟁의 역사였고, 프롤레타리아트 계급에 의해 민주주의를 쟁취하는 혁명이 목표였다. 이들이 수동적이거나 능동적이 되는 것은 특정한 구조에 위치지어질 때다. 그래서 구조라는 게 영향력을 줄 수밖에 없고 억압적이고 불합리한 구조는 폐지해야 한다. 이 실천은 프롤레타리아트 계급에 의해 수행되어야만 한다. 자본주의 구조 아래서 자본가에 의한 노동착취는 경제 효율성이라는 이름으로 은폐된다. 지배계급의 이익은 사회의 이익을 대의(representation)하는 것으로 보인다. 자본주의라는 구조와 이데올로기를 통해 지배계급의 이익이 사회의 이익으로 대의되는 상부구조, 이 두 가지를 전복하는 것이 마르크스주의의 진정한 목표이다.

1990년대 중반 정치경제학 진영과 문화연구 진영에서 이론적 논쟁이 있었는데, 경제적인 것을 강조하는 마르크스주의 입장과 텍스트의 다의성을 해석하고 능동적 수용자를 강조하는 문화연구 입장이 서로 비판적 견해를 제시한 것이다. 정치경제학 진영에서는 문화연구 진영에 대해 미디어가 가지는 영향력을 간과하고 수용자들의 능동적 역할만을 강조한다며 비판했다. 반대로 문화연구 진영에서는 경제구조에 대한 지나친 강조는 아래로부터 위로 전개되는 의미들, 수용자의 저항 능력에 대한 가치를 폄하한다며 정치경제학 진영을 비판했다(김지운·방정배·정재철·김승수·이기형, 2011).

두 진영 다 타당한 논리를 전개하면서 자신들의 입장을 제시했다. 양쪽 의견 중 어느 입장이 옳고 그른가를 판단하는 문제도 아니다. 무엇보다 정치경제학이나 문화연구나 자본주의 비판의 기획으로서 이론적 위치를 세워왔다는 점을 고려하면, 어느 한쪽의 논리가 타당하기 때문에 분석의 유효성을 갖는다고 말할 수도 없다. 무엇보다 중요한 것은 자본주의 비판의 기획이라는 이론적·정치적 목적을 갖는다는 부분이다.

미디어 정치경제학이 가지는 한계에도 불구하고, 일각에서는 미디어 정치경제학의 필요성을 주장하기도 한다. 그 이유로 디지털 시대에 자본의 운동 양상과 작동과정에 대한 새로운 이해가 필요하다는 것을 든다. 그동안 미디어 정치경제학은 원론적인 측면에서 지나치게 추상적이었으며 각론적인 부분에서는 소유와 통제구조에 집중했고, 경험적 사례에 매몰된 부분이 한계로 지적되었다(임영호, 2014). 물론 경제 분석이 중요하고 경제 분석 자체를 비판할 이유는 없다. 2000년대 중반 이후부터 인문·사회과학의 문제들도 경제학적 분석도구를 이용하여 설명하려는 경향이 확산되기도 했다(류동민, 2009). 오히려 일련의 사회적 현상을 경제적으로 설명하려고 한 것이다.

미디어 정치경제학도 기본적으로 경제 분석에서 시작한다. 그러나 임영호의 지적처럼 원론적 반복이나 특정 사고에 매몰될 필요는 없다. 따라서 원론의 반복을 넘어서고, 소유와 통제구조, 경험적 사례에 매몰되지 않는 시각이 필요하다. 그렇지 않은 경우 과거 연구의 답습이라는 비판에서 자유롭지 못하기 때문이다.

2. 문화인가, 산업인가?

1) 문화산업 비판

문화라는 개념은 오래된 개념이며 다의적 개념이다. 윌리엄스는 문화가 가지는 사회적 기능과 의미를 설명하기 위해 문화를 세 가지 범주로 제시했다(윌리엄스, 2007). 첫째는 이상으로서의 문화로, 보편적 가치를 담고 있고 인간의 완성 과정으로서 문화이다. 둘째는 기록으로서의 문화로, 인간의 경험을 기록하는 지적 상상력이 발휘된 작품이라는 의미이다. 셋째는 사회적인 정의로서 문화이다. 이는 예술이나 학문 그 밖의 모든 일상에서 의미를 표현하는 삶의 방식으로서의 문화이다. 문화는 그 나름의 독자적 영역을 확립하며 문화의 가치는 보편적이고 인간주의적이고 해방적인 논리와 관련된다. 문화는 자본주의나 시장의 가치에 대립하는 저항이 되기도 하며, 희망과 열망을 표현하기도 한다(스원지우드, 2004). 그리고 문화는 자율적 영역에서 기능하게 된다.

이러한 문화개념과 더불어 문화는 산업으로도 존재했다. 이른바 문화산업이다. 문화산업이라는 단어는 테오도어 아도르노(Theodor Adorno)와 막스 호르크하이머(Max Horkheimer)에 의해 처음으로 정식화된다(아도르노·호르크하이머, 2001). 이들이 문화산업이라고 지칭한 대상은 이른바 대중문화였다. 대중문화는 산업 측면에서 대중을 기만하는 정치적 도구로 기능한다고 보았기 때문에 문화가 아닌 문화산업이라는 단어를 사용했다. 윌리엄스의 논의를 따르면 문화는 예술도 포함하기 때문에 문화산업이라는 개념은 20세기 중반 당시의 대중문화를 비판하기 위해 사용되었다.

아도르노와 호르크하이머는 후기자본주의의 대중문화는 대중의 개성을 상실시키며 문화적 퇴행을 가져온다고 지적했다. 이는 문화산업의 발달이 자본의 집중에 따른 것이며 이로 인해 문화적 동질화가 발생했다는 점을 비판한 것이다. 이들은 문화산업이 문화적 동질성과 예측 가능성을 만들어낸다고 보았다. 영화, 라디오, 잡지와 같은 대량문화의 산물들은 전체적으로나 부분적으로나 동일한 성질로 이루어져 있으며(문화적 동질성), 유사한 형태를 가진 대량문화의 산물들은 별다른 어려움 없이 내용과 형태를 예측할 수 있다(예측 가능성)는 것이다. 나아가 대중문화는 사회 권위를 유지시키는 역할을 한다고 주장했다(스토리, 1994).

이와 같이 대중문화 또는 문화산업으로서 대중문화에 대한 논의가 시작된 시기는 대략 20세기 초중반 자본주의가 독점자본주의로 심화되는 도중이었다. 이러한 변화를 비판적으로 분석한 사람들은 아도르노, 호르크하이머, 발터 벤야민(Walter Benjamin) 등이 있었다. 이들은 마르크스주의 이론을 근간으로 자본주의의 경제적 논리가 사회, 문화 전반에 확산되어 있다고 파악했다(이수완, 2006). 마르크스주의 이론은 문화와 경제적 생산에 관하여 토대와 상부구조 모델을 가지고 설명하고자 했다. 즉, 경제적 토대가 문화라는 상부구조에 영향을 준다는 것이다. 이 경우 문화는 토대에 종속되기 때문에 자율적인 문화 영역이라는 것은 존재하지 않게 된다. 윌리엄스의 문화개념에 정면으로 배치되는 것이다. 그리고 문화는 행위자들의 행위를 통해 다양한 측면에서 구성되기 때문에 문화산업을 비판하는 아도르노 등의 주장은 실효성이 없다는 의견도 있다.

아도르노는 대중문화가 대중의식을 획일화시킨다고 하지만, 반대로 대중문화는 항상 권력관계의 일부였고 권력에 저항하거나 탈피하려는 다양한 형식들을 발전시켜왔다. 따라서 대중문화를 권력관계로서 파악하지 말고 대중의 의식을 통해 사회적 차별성을 조절하는 형식으로 볼 필요가 있다. 지배 권력을 지나치게 강조하면 대중문화는 존재의 가능성조차 부정되기 때문이다. 따라서 대중문화는 투쟁의 장이며, 지배세력의 힘을 인정하면서도 저항하는 대중의 전략에 초점을 둘 필요가 있다(피스크, 2002). 나아가 안토니오 그람시(Antonio Gramsci)의 경우는 고급문화와 대중문화라는 이분법을 위계질서 사회의 이데올로기적 표현이라고 기각한다(스윈지우드, 2004).

20세기 중반 아도르노와 호르크하이머가 제시했던 문화산업은 수십 년이 지난 후 글로벌 문화산업으로 변했다. 이른바 세계화는 문화산업의 양태를 바꿨으며, 상부구조도 하부구조에 스며들어 영향을 주었다. 문화산업이 상품을 통해서 작동했다면, 글로벌 문화산업은 브랜드를 통해 작동한다. 상품은 동일성의 논리를 통해서 작동하지만 브랜드는 차이의 논리를 통해서 작동한다. 상품은 그것이 갖고 있는 교환가치의 추상적 등가물인 화폐를 통해 구매할 수 있지만 브랜드는 구매할 수 없다. 상품이 생산된다면 브랜드는 생산의 원천이다. 문화산업에서 문화는 상품화되지만 글로벌 문화산업에서 문화는 사물화된다. 문화는 재현에서 사물이 되며, 이 사물을 통해 특정한 행위(소비)를 하게 된다(Lash & Lury, 2007).

다른 측면에서 보면 정보화·디지털화의 시대에는 문화상품의 복제뿐만 아니라 유통과 교환이 이전보다 비교할 수 없을 만큼 자유로워졌다. 온라인상에서는 이용자들이 자유롭게 문화상품을 창작하고 공유하는 것 또한 가능하게 되었다. 문화의 이용을 넘어 생산도 가능한 이른바 프로슈머의 개념도—오래전에—등장했다. 이러한 변화는 아도르노와 호르크하이머가 비판한 조건들을 상쇄했다고 볼 수 있다. 그러면 이들의 주장은 기각되는 것인가? 오히려 정반대의 현상이 나타났다. 미디어 분야는 기술발전에 따른 융합의 심화로 인해 독점이 심화되었다. 한국의 이동통신사만 보더라도 자본력을 동원해 방송 영역과 통신 영역을 수직 계열화시켰고 자신들의 네트워크를 통해 문화상품을 유통시키고 있다. 여기서 유통되는 문화상품은 대개 최고 경영자의 주관적 의도가 반영되어 있다.

아도르노와 호르크하이머가 제시한 문화산업은 인격적인 물체는 아니지만 사물화된 의식, 즉 자본주의 사회 안에서 포박당한 이데올로기적인 위치로서 제시된다. 따라서 이들의 입장에서는 계몽을 통해서 문화산업이라는 개념을 해체할 필요가 있었다. 이러한 측면에서 문화산업이라는 개념은 문화와 관련된 산업을 가리키는 지시어라기보다는 이데올로기에 가깝다. 문화산업은 미적인 실천을 포함하고 있는 일반적인 이데올로기다. 따라서 문화산업 비판은 문화의 산업화 또는 상업화를 비판한다기보다 문화산업이 문화를 어떠한 방식으로 표상하고 생산하는가에 대한 원리를 비판한다.

문화연구는 문화를 특정한 시대, 특정한 계급의식의 반영으로 보다가 실천으로서의 문화로 관점을 전환시켰다. 노동계급의 생활조건이나 이데올로기가 중상 계급과 차별성이 없어지게 되면서 과거의 계급이 사라진 것처럼 보였고, 현대화된 대중문화가 새로운 미래의 상징으로 여겨졌다. 상업문화가 범람함에 따라 노동자들도 상업문화를 향유했다(스토리, 1994). 과거 문화는 상부구조에 속하는 것이었다면, 이른바 세계화 시대의 문화는 상부구조 밖으로 흘러나와 하부구조에 스며들고 이내 장악하게 되었다. 문화산업의 작동방식도 달라지게 만들었다(Lash & Lury, 2007). 따라서 문화와 관련된 모든 실천들, 즉 경제적·정치적·이데올로기적 실천들은 서로에게 영향을 주게 되었다. 자본가들이 찢어진 청바지에 빈티지 패션을 하며, 노동자들은 고급 레스토랑에서 식사를 하기도 한다.

이른바 소비자본주의 시대에 나타난 양식으로 자본가에게는 쿨(cool)한 이미지가 부여되며 노동자들은 나름대로 경제적 풍요를 즐길 수 있는 계급이 되었다는 면을 보여준다. 이 과정에서 자본가와 임노동관계에 의한 노동착취는 감춰진다. 이러한 맥락에서 문화연구의 문제 틀은 문화적 실천의 상대적 자율성 문제와 밀접하게 관련되었다(홀, 1996). 문화가 실천이라면 그 의미는 무엇인지 파악할 필요성으로 문제가 옮겨졌다. 사실 문화나 문화가 가지는 다양한 맥락에서 하나의 본질적인 의미를 찾아내는 과정은 쉬운 과정은 아니다. 문화의 의미는 그 텍스트가 갖고 있는 내부적 요인과 텍스트를 둘러싸고 있는 외부적 요인들이 맺고 있는 관계에서 생성되는 것이다. 즉, 문화는 관계에 의해서 의미가 생겨나는 것이다.

가령 노동의 자유라는 단어를 사용할 때, 이 단어가 어떠한 사회적 맥락에 배치되는가에 따라 의미의 해석이 상반되게 나올 수 있다. 이러한 관계를 고찰하여 텍스트의 내적인 의미를 분석하기도 한다. 이 작업은 텍스트 내에 숨어 있는 지배 이데올로기를 밝혀내는 작업이다. 이 작업을 통해서 본질에 있는 이데올로기를 마주할 수 있다(김창남, 2003). 노동 행위자로서 주체의 경우도 하나의 신화로서 접근된다. 자유로운 노동 주체라는 언표 행위를 통해 자유롭고 창의적으로 일하는 주체가 구성된다. 그러나 그 이면에는 자유로움을 내세워 노동자의 노동력을 은밀하게 착취하는 구조가 숨어 있다. 따라서 문화적 실천이라는 의미와 그 안에 작동하는 이데올로기를 밝혀내는 작업이 필요하게 된다.[3]

---

3 이데올로기는 문화연구가 출현하게 된 조건이었기 때문에 문화연구는 정치적 기획이며, 이데올로기와 무관한 문화연구는 문화연구라고 할 수 없다. 그러나 한국에서 문화연구는 분과학문이 되고 전형적 방식이 만들어지면서 정치적 기획을 상실한 것 같다.

2) 이데올로기 문제들

이데올로기는 넓은 의미로 인간과 사회에 관한 인지적이고 규범적인 신념 체계, 내적으로 일관성 있게 지니고 있는 정치, 경제, 사회, 종교 등의 세계관과 다양한 신념 체계라고 설명할 수 있다. 이데올로기는 세계를 이해하고 해석하는 기본적인 인식의 틀을 제공한다(스토리, 1994). 이러한 이데올로기 문제가 두드러지게 부상한 것에는 좀 더 객관적인 근거가 있다. 첫째는 대중 의식을 형성하고 변화시키는 수단 ─ 문화산업의 극적인 성장 ─ 에서 현실적으로 진행된 발전이다. 둘째는 유럽의 선진 자본주의 사회에서 노동계급 대중이 체제에 동의를 표하고, 따라서 마르크스주의자들의 기대와 달리 이들이 부분적으로 안정화했다는 설명하기 어려운 문제들이다(홀, 1996).

문화산업의 이데올로기와 노동계급 대중이 체제에 동의했다는 분석은 저항이 발생하는 부분에 대한 설명을 제공하지 않는다. 왜냐하면 이른바 고전 마르크스주의가 이 부분에 대한 상세한 설명을 하지 않았기 때문이다. 마르크스주의 이데올로기 이론에 의하면 지배적인 관념은 항상 지배적인 계급 위치에 상응하며, 지배계급 전체는 특정 이데올로기 안에 위치하는 자신의 정신을 갖고 있다는 것이다. 이러한 이론은 실제로 모든 지배계급이 현실 역사 여건에서는 다양한 이데올로기에 의하거나 이데올로기를 수시로 바꾸어 진전을 이룩했는지를 설명하는 데 어려움이 있다(홀, 1996).

루이 알튀세르(Louis Althusser)는 이데올로기가 계급 환원주의와 거리가 멀다고 주장했다. 즉, 어떤 사회 계급의 이데올로기적 입장은 사회적 생산관계에서 그 계급이 차지하는 위치에 항상 상응하지는 않는다는 것이다(홀, 1996). 이러한 이데올로기들을 알튀세르(1997)는 하나의 주어진 사회

내에서 역사적인 존재와 역할을 부여받은 표상들의 체계라고 정의한다.[4] 그리고 이 표상들의 체계로서 이데올로기는 인식의 기능을 넘어 그 실천적 기능을 하고 있다고 말한다. 이로 인해 이데올로기는 모든 사회적 총체성의 유기적 부분을 구성하는 것이며 그 자체로 실천의 기능을 하는 구조라고 할 수 있다. 따라서 사회는 이데올로기라는 표상의 체계 없이는 존재할 수 없고 이데올로기는 우연한 것이 아니며 사회들의 역사적 삶에 본질적인 구조이다(Althusser, 1997). 그러면 이러한 이데올로기들이 계급적 환원주의와 거리가 먼 것인지 고찰할 필요가 있다. 알튀세르가 설명하는 이데올로기에서 중요한 것은 이데올로기가 실천의 기능을 한다는 점이다. 이 실천은 분명 지배계급의 이익에 위치하는 이데올로기가 있고 반대로 이 지배적 이데올로기를 넘어선 실천도 가능하다는 것을 의미한다.

알튀세르는 이데올로기의 기능에 대해서 노동력의 기술 재생산뿐만 아니라, 노동력의 지배 이데올로기에 대한 복종심과 같은 이데올로기의 실천 재생산도 노동력 재생산의 필수조건으로 드러난다고 말한다. 노동력의 기술 재생산에 대한 준비는 이데올로기적 복종이라는 형태로, 그 형태 하에서 이루어짐이 분명하기 때문이다(Althusser, 2001). 이 관점에서 보면 알튀세르의 이데올로기는 정확하게 고전 마르크스주의 이데올로기와 조응한다. 그러나 알튀세르가 고전 마르크스주의를 반복하는 입장은 아니다. 알튀세르가 이데올로기를 이렇게 설명하는 이유는 이데올로기의 기능 또는 효과에 대한 설명을 통해서 생산관계의 재생산에 대한 설명을 하기 위해서다.

자본주의 사회구성체에서는 노동이 생산의 사회적 관계 자체 내부에서가 아니라 그 외부에서 재생산된다. 노동은 단순히 기술적으로만 아니라

---

4 알튀세르는 표상을 이미지, 신화, 이념 또는 개념이라고 설명한다(1997).

사회적·문화적으로 재생산되기 때문이다. 즉, 상부구조의 영역에서도 생산된다. 생산 자체와는 직접 연결되어 있지 않지만 현대의 자본주의 생산양식이 필요로 하는 도덕적·문화적 측면을 계발하는 문화기관(대표적으로 미디어)이 필수적이다(홀, 1996). 알튀세르의 이데올로기가 사실상 지배계급의 이데올로기로 보일 수 있으나 생산의 측면에서 보면 그 기능을 설명한 것이다. 여기서 문제는 이데올로기는 항상 지배 이데올로기인 것인지, 피지배 이데올로기가 있으면 투쟁과 저항이 가능한지로 나타난다. 사실 알튀세르는 이 부분에 대해서 명확한 답을 제시하지 않았다.

그러나 이데올로기의 문제는 인간의 의식을 변화시키는 실천의 기능을 한다는 것에 그 이중적 의미가 내포되어 있다. 알튀세르가 말하는 허위의식으로서 이데올로기가 아니라는 것은 이를 뒷받침한다(알튀세르, 1997). 알튀세르의 이데올로기론은 계급지배의 재생산을 가능하게 하는 부정적인 시각과 가치중립적 시각으로 보는 가능성을 동시에 전개한 것으로 볼수 있다(박홍원, 2006). 따라서 이 부분에서는 이데올로기와 주체성 그리고 주체화의 문제가 중요하다. 알튀세르는 이데올로기가 주체라는 인식 때문에 존재한다고 주장한다. 주체에 의한, 주체들을 위한 이데올로기 말고 다른 이데올로기는 없다. 이데올로기는 주체의 범주와 그 기능에 의해 가능하다. 주체의 범주는 모든 이데올로기의 구성 범주이다. 동시에 모든 이데올로기가 주체로서 구체적인 개인들을 구성한다(Althusser, 2001).

이와 같은 주장은 이데올로기가 개인들을 사회적 주체로 탄생시킴으로써 사회관계를 재생산한다는 것을 설명하기 위한 것이다. 이 점이 알튀세르의 이데올로기가 단순한 토대의 반영이 아니라 독자적인 생산기능을 하는 하나의 생산구조라는 것이다(강진숙, 2005). 그러나 여전히 난점은 존재한다. 이데올로기에 의해 호명된 주체들이 지배관계를 가능하게 하는 주체로의 호명인지, 반대의 가능성은 없는지의 여부이다. 또 하나의 난점은 알튀세르에게 이데올로기적 국가 장치는 시민 사회의 많은 자율적인 부문들과 국가가 아무런 차이 없이 동일하다고 가정하는 부분이다. 반대로 그람시는 국가와 시민 사회의 경계를 공식화하는 데 어려움을 겪는다. 이 경계는 단순하지도 않고 모순이 없는 것도 아니기 때문이다. 그럼에도 시민 사회가 복잡한 재생산과정을 거쳐 자유로이 작동한 결과 지속적으로 이데올로기를 지배 내 구조로서 재구성하는가 하는 점이다(홀, 1996). 이와 같은 측면에서 알튀세르의 이데올로기 이론은 여러 의미를 가지지만 재고할 여지가 있음이 분명하다.

미디어 연구 역시 마찬가지이다. 보통 미디어에 대한 연구는 미디어를 중심으로 형성되는 지배 권력의 이데올로기화 작용에 관심을 기울인다. 그 결과 행위의 효과보다는 이데올로기적 효과에 더욱 주목하게 되는 것이 사실이다. 이것이 힘의 구조와 미디어의 정치학에 대한 일반적인 탐구였다(Dworkin, 1997). 물론 문화 구조라는 거시적인 틀을 모색하는 방법론이기도 하지만, 고전 마르크스주의가 비판을 받았던 토대 환원론의 기시감을 주기도 한다. 따라서 다양한 문화 및 언어활동과 그 활동들의 주체에 대하여 환원론적 설명을 넘어설 필요가 제기된다.

3) 노동계급으로서 실천

문화라는 영역은 물질적 토대에서 상대적인 자율성을 누릴 뿐만 아니라 적극적으로 물질적 토대에 개입할 수 있다는 관점에서 대중문화, 그 소비자인 대중, 그리고 노동계급 등이 연구되었다. 이러한 입장은 문화를 토대의 기계적인 결과 또는 반영이라고 간주했던 정통 마르크스주의도 아니었고, 문화의 구체성과 비환원성을 인식하고는 있었지만 문화를 경험이라는 용어로 개념화했던 초기 신좌파의 마르크스주의도 아니었다. 오히려 서구 마르크스주의를 수용하면서, 생산양식이 사회의 근본적 갈등의 원인이 된다는 견해를 고수하는 동시에 정치와 이데올로기와 문화가 각각의 독특한 구체성과 논리를 가진 것으로 여긴 것이다(Dworkin, 1997). 이러한 측면에서 영향을 준 사람은 알튀세르와 그람시라고 할 수 있다.

알튀세르의 주된 연구과제는 마르크스주의 이론의 재해석이었다. 알튀세르는 마르크스주의의 토대구조와 상부구조의 논의에서 벗어나 이데올로기를 의미의 체계에서 논의했다. 자본주의 사회의 모순을 단순히 경제적 모순의 구조에서 파악하는 것이 아니라 이데올로기의 기능에 의하여 이루어진다고 보는 것이다(최민재, 2003). 또한 사회에 대한 이론화를 시도하면서 사회구성체 개념을 도입한다. 상부구조는 단순히 토대의 수동적인 반영이 아니라 상대적 자율성을 지닌 다양한 심급들로 봐야 한다는 것이다. 그리고 사회구성체는 경제적, 정치적, 이데올로기적 실천으로 이루어지는데 이렇게 다양한 실천들은 저마다 고유한 효율성을 갖는다고 설명한다(알튀세르, 1997). 경제적 실천이 정치적 실천이나 이데올로기적 실천을 결정하는 것이 아니라 상대적인 자율성을 갖는다. 알튀세르에게 이데올로기는 하나의 자율적인 층위로서 실천 기능을 하는 것이기 때문이다.

이데올로기의 효과성에 대해서는 알튀세르가 주체 개념을 통해서 적절한 설명을 제시했다. 그러나 이데올로기가 만들어내는 주체가 항상 동일한 주체로 구성되는가 하는 문제는 남는다. 즉, 지배계급의 이익을 자신의 이익으로 동일시하는 주체가 만들어지는지, 아니면 자신의 이익과 지배계급의 이익과는 다르다는 것을 인식하면서도 지배계급의 이익에 봉사하는 주체가 만들어지는지, 아니면 전혀 다른 주체가 만들어지는지에 대한 설명이 필요하다. 구조주의적 측면에서 진리는 상대적이며 기호는 다의성을 갖고 있다. 이데올로기를 통해 구성되는 주체도 크게 세 가지로 구별할 수 있다.

이 주체는 동일시 주체, 반동일시 주체, 역동일시 주체로 구분된다(Pêcheux, 1982). 페쇠는 주체를 구성하는 호명에서 단어의 중요성을 피력했는데, 언어는 자율적인 체계이며 그 자체로는 동일하다. 그러나 모든 사람들이 그것을 동일한 방식으로 사용하는 것은 아니며 사람들은 각기 다른 종류의 담론을 가질 수가 있다(강내희, 1992). 그 때문에 단어들은 고정된 의미를 가지고 있는 것이 아니며, 사회적인 권력관계와 밀접한 관계를 맺고 있는 것으로 파악했다. 즉, 특정 단어의 의미가 결정되는 것은 권력관계 속에서 투쟁의 승패에 달려 있다는 것이다.

이러한 투쟁의 승패는 주체에게 동일시나 반동일시적 주체 형태를 띠게 함으로써 주체가 일방적으로 지배 이데올로기에 몰입되는 것이 아니라 그것을 거부할 수 있게 한다. 이를 통해 페쇠는 알튀세르의 호명 테제를 발전시켰다. 그가 구체화시킨 명제는 첫째 이데올로기적 심급은 상이한 구체적인 이데올로기들의 복합체라는 것, 둘째 이데올로기는 그 속성상 주체 범주를 포함하고 있다는 것이다(Pêcheux, 1982). 이데올로기가 주체 범주를 포함하는 것은 알튀세르와 같은 부분이지만 상이한 이데올로기의 복합체라는 측면에서 주체의 범주가 다양화질 수 있다.

강진숙(2005)은 페쇠가 구체화시킨 명제를 담론의 영역에 적용하는데 이는 다음과 같다. 첫째, 담론 구성체의 복합적 전체는 다양하고 상이한 담론 구성체들의 결합이다. 이 명제는 담론 구성체의 복합적 전체가 통일되고 단일한 형태로 나타나는 것이 아니라 다양하고 상이한 형태로 나타난다는 것을 말한다. 즉, 특정 계급의 이데올로기를 반영하는 것이 아니라 다양한 계층의 이데올로기적 특성이 담론 내에 존재한다는 것이다. 둘째, 모든 담론은 그 속성상 담론의 주체 형태를 포함하고 있다. 이 명제는 이데올로기론과 마찬가지로 담론의 주체는 대주체에 동일시를 하는 순간 주체로 구성되며 그 주체를 항상 상정하고 있다는 것이다. 왜냐하면 담론의 주체는 담론적 실천과정에서 형성되며, 단일한 형태의 주체가 아니라 담론구성체를 지배하는 대주체와 다양한 관계를 맺는 주체이기 때문이다.

이제 이데올로기의 주체는 담론의 주체로 재구성되는데 그 주체는 언급했듯이 동일시, 반동일시, 역동일시의 주체이다. 동일시의 주체는 지배 내 구조에서 지배구조의 재생산을 실천하는 주체이다. 지배계급의 입장에서는 좋은 주체라고 할 수 있다. 반동일시의 주체는 이데올로기적 자명성에 대해 반대하지만 어쩔 수 없이 따르는 냉소적 태도로 나타난다. 역동일시의 주체는 이데올로기적 실천이면서도 이데올로기가 작동하는 방식은 재생산이 아닌 변화의 측면에서 이데올로기적 주체를 통해 담론 구성체를 재편하는 방식을 진행된다. 역동일시는 지배적 이데올로기 효과를 견제하고 새로운 유형의 실천을 꾀하는 전략이다(강내희, 1992; 강진숙, 2006).

하지만 모든 대중이 자본주의적 생산양식이 요구하는 이데올로기적 관습에 맞게 재생산되는 것에 대한 구체적 설명이 결여되어 있다. 알튀세르는 이 과정에서 갈등이나 투쟁과 같은 요소들을 설정해놓지 않았는데, 이러한 이유로 문화연구자들은 그람시의 연구에 주목했다.

그람시는 자본주의 사회에서 권력관계에 대한 해석의 틀을 제공했다. 그것은 첫째 권력관계의 고전적 모델의 환원주의를 지양하는 것, 둘째 문화와 이데올로기 영역에 대해 역사를 지배집단과 피지배집단 사이의 갈등의 장으로 이해하는 것, 셋째 헤게모니를 지배계급의 지배라는 단순한 등식관계로 설정하지 않는다는 것, 넷째 서구 민주주의 사회에서 동의나 합의 도출 과정의 총체성과 모순성 양자를 동시에 이해하는 것 등으로 정리할 수 있다(Dworkin, 1997). 이러한 측면에서 문화연구가 문화를 바라보는 가장 큰 특징은 사회적 구조가 아니라 대중들의 행위에 초점을 둔다는 점이다.

문화연구의 장점은 문화의 개념과 영역을 폭넓게 정의한다는 점이다.

전통 마르크스주의의 문화 개념과 엘리트 중심의 문화 개념을 넘어섰다는 점에서 문화이론의 발전에 많은 영향을 끼쳤다. 문화를 표현의 실천으로 보게 하고 삶의 방식으로 인식하게 했다. 이러한 측면에서 대중을 능동적인 인간으로 끌어들이고 그들의 역동성을 강조한 문화연구 전통은 문화를 연구하는 흐름을 바꾸어놓기에 충분한 것이었다. 그 이전의 마르크스주의나 리비스주의가 인간의 능동성에 관심을 덜 기울이거나 관심을 보이지 않았다면, 문화주의는 대중들의 능동성과 그들의 행위 그리고 그로 인해 나타나는 의미 등에 관심을 기울였다. 이는 상대적으로 유의미한 전환이라고 할 수 있다(원용진, 1996).

딕 헵디지(Dick Hebdige)도 이전 연구자들의 접근과는 다른 측면에서 하위문화를 분석했다. 가령 펑크족 청년들의 스타일이 다른 집단과의 구별을 짓는 행위라는 해석을 제시했다. 즉, 펑크족 청년들은 다른 세대 및 집단과는 분명 다르다. 펑크 스타일이 노동자 계층 젊은이들의 대명사가 되기도 했다. 그러나 그 스타일이 노동자 계층의 경험을 대변하지는 않는다. 이는 그들의 스타일이 정체성을 재현했다거나 정체성으로 환원되지 않는다는 사실을 보여준 것이었다(Dworkin, 1997). 즉, 구조에 환원되지 않는 주체가 존재 가능하다. 따라서 주체와 구조 내 의미를 넘어선 주체의 행위에 초점을 둘 필요가 생겼다. 왜냐하면 노동계급을 구조에 종속되어 계급이해를 지속적으로 재생산하는 계급이 아니라 스스로의 역동성을 실천하는 계급으로 정립할 필요가 있기 때문이다. 여기에 에드워드 톰슨(Edward Thompson)의 연구(2000)에서 참조할 만한 부분을 제시한다.

톰슨은 계급이 역사적으로 중요한 기간 동안 수행되는 노동과정에서 발생되는 사회적·문화적 형태라고 규정한다. 톰슨이 말하고자 하는 핵심은 1790년에서 1830년 사이 영국에서 가장 두드러진 사실은 노동계급의 형성이며, 이때 가장 분명한 형태의 대중문화가 형성되었다는 것이다. 산업혁명의 공통 경험은 경제적 착취와 정치적 탄압이었으며 이는 피착취자들을 사회적·문화적으로 뭉치게 하는 역할을 했다. 산업혁명으로 인해 득을 본 자본가들에 대한 저항의 장으로 대중문화가 형성되었다는 것이다.

톰슨은 산업자본주의의 형성을 이해하기 위해서 자본가의 역사가 아니라 아래로부터의 역사인 노동계급의 경험을 매우 중요시한다. 또한 노동계급은 정해진 시간에 등장하는 것이 아니라 스스로의 능동성에 의해 형성되었다고 본다(스토리, 1994; 톰슨, 2000). 노동계급의 역사에서 경제적 요인을 중시하는 것을 넘어서서 그 요인들의 규정을 받으면서도 스스로를 변모시켜 나아간 하층 민중의 경험과 문화, 그리고 그들의 주체적인 역량과 의지가 중요하다. 계급을 생산관계의 맥락에서 구조나 범주로 취급하는 경향은 비판된다. 계급은 다수의 사건들을 사람의 경험과 의식을 통해 하나로 수렴하는 현상이기 때문이다. 그것은 사회학적 구분의 대상이라기보다는 그 스스로를 주체적으로 만들어가는 역사적 현상인 것이다. 또한 계급은 상호 관계에 의해서 이루어진다. 그것은 자신들의 이해의 동질성과 다른 세력에 대한 적대감을 인식하고 그것을 밖으로 표출하면서 형성되는 것이다(이영석, 2000.1.24).

계급은 사람들이 공유된 공통의 경험에 의해 서로 간에 이해의 동일성을 그리고 그들과 이해가 다른 사람들에 대해서는 배타적인 이해의 동일성을 느끼고 파악할 때 생겨난다(톰슨, 2000). 계급의식이 생기는 과정과 문화를 규명하기 위해서 경험이라는 단어가 사용되었다. 경험이란 서로 연관된 여러 사건이나 여러 번 되풀이되는 같은 종류의 사건에 대해서 개인이나 집단이 보여주는 정서적 반응이며, 이것이야말로 인간의 창조적 가능성의 터전이며 현실에 대한 이해를 획득하는 근거가 된다. 이를 통해 자본주의적 전유양식과 관련된 착취의 강화와 자본주의적 관계의 논리에 저항할 수 있는 가능성을 찾을 수 있다(우드, 1999).

여기에서 계급의 형성에 결정적인 것은 경험이다. 그러나 그 경험은 사회구조의 변화에 따라 자동적으로 발생하는 것이 아니라, 그것을 겪는 사람들의 전통과 문화와 주체적 행동을 통해서 다양하게 나타난다. 톰슨은 이러한 시각에서 산업혁명 초기 영국 노동자들의 역사를 재구성한다. 산업화에 따른 구조적 변화 이전에 노동민중이 가졌던 여러 전통과 문화를 밝히고, 이러한 전통 아래서 그들이 어떤 착취의 경험을 축적했으며, 또 그것에 주체적으로 저항해 나갔는가를 살핀다(이영석, 2000.1.24). 이러한 측면에서 노동계급의 역사는 아래로부터의 역사라고 할 수 있는데, 노동계급의 경험을 역사적 과정으로 소개했다는 점과 노동계급이 자신의 계급을 의식적으로 만들어왔다는 점에서 그렇다.

톰슨은 마르크스의 역사에 대한 관점 가운데서 구조적인 입장이 아니라 인간 작용으로서 역사라는 관점을 취한다. 마르크스주의의 토대 결정론의 논의에서 벗어나서, 문화와 이데올로기 영역에 대해 역사를 구성해가는 지배집단과 피지배집단 사이의 갈등의 장으로서, 역사를 이해하는 시각이 필요했기 때문이다. 그람시는 이에 관해 성공적인 연구를 수행했다는 평가를 받는다. 문화연구는 대중들의 능동성과 그들의 행위 그리고 그로 인해 나타나는 의미 등에 관심을 기울였다. 구조에 환원되지 않는 행위를 강조하며, 노동계급을 구조 내 종속되어 계급이해를 지속적으로 재생산하는 계급이 아닌 스스로의 역동성을 실천하는 계급으로 바라보기 때문이다.

3. 문화산업에서 지식노동의 재현

1) 지식노동이라고 불렸던 것들

지적 노동(intellectual labor)은 1990년대 세계경제가 확장국면에 있을 때 나타난 개념이다. 유사한 개념으로는 지식노동(knowledge work)이 있다. 우선 이러한 개념이 나타나게 된 배경을 살펴볼 필요가 있다. 자본주의는 1980년대를 거쳐 1990년대에 이르기까지 확장국면에 있었다(조원희, 2009a). 확장국면은 일반적으로 투자의 활성화 높은 고용률, 생산성 증가와 같은 상황이 지속되는 시기를 말한다. 그리고 1990년대에 있었던 경제 상황을 신경제라고 하며, 그 시기, 즉 확장국면에 나타난 여러 가지 현상을 신경제[적] 현상이라고 할 수 있다(강남훈, 2002). 그리고 신경제 현상에는 정보혁명, 정보화사회, 지식정보사회, 지식기반경제, 지식기반사회 등 이른바 정보기술(IT)의 확산으로 인해 나타난 여러 경제적·사회적 현상들을 포함한다. 신자유주의(neo-liberalism) 역시 정보통신기술(ICT)과[5] 관련이 있음을 부정하기 어렵고 신경제와 마찬가지로 20세기 후반 경제의 확장국면에 등장했다.

---

5 IT(Information Technology)와 ICT(Information & Communication Technology)는 표현상의 차이일 뿐이지 기술적으로 차이가 있는 개념이 아니다. 당연히 정치적·사회적·경제적·문화적으로도 차이가 있는 개념이 아니다. 마찬가지로 신경제와 신자유주의가 유사하다고 할 수 있다. 다만 신경제는 경제적 현상을 말하는 개념이고, 신자유주의의 경우 영국 대처 정부 시기(미국의 경우 레이건) 자본이윤율 회복을 위해 정부에 의해 주도된 정치적 기획으로 설명할 수 있다. 즉, 신경제는 경제적 개념이라고 한다면 신자유주의는 그 경제 상황을 유지시키고자 하는 이데올로기이다. 신자유주의에 대해서는 이후에 상술하고자 한다.

이러한 경제 상황에서 중요하게 강조되었던 부분이 지식과 정보를 통한 경제성장이다. 1970년대 포드주의 생산방식이 1980년대로 이후 대량생산은 유지하되 시장의 수요에 따라 상품을 유연하게 생산하는 방식으로 변화했다. 하나의 생산라인에서 여러 종류의 제품을 생산하는 범위의 경제를 실현해야 했고, 이 과정에서 업무를 조절하고 지식을 공유하는 기술 혁신이 이루어졌다. 노동자들 역시 유연한 생산과정에 적응하기 위한 유연적 전문화(flexible specialization)가 요구되었다(강남훈, 2002). 노동자에서 지식노동자로의 변화가 필요하게 된 것이다. 지식노동자 개념은 피터 드러커(Peter Drucker)가 제안한 개념으로서, 지식과 정보가 새로운 생산수단이 된 사회에서 육체노동보다 지식노동이 중요하다는 측면에서 사용한 말이다(드러커, 2007). 드러커는 사회 영역에서 기술 혁신과 지식의 이용을 중요하게 생각했는데, 지식이 기업 경영에 적용되어 조직의 혁신을 이루는 측면에서 지식에 관심을 두었다. 지식을 통해 조직의 혁신을 추구하는 경영을 지식 경영이라 했고, 노동에 기초한 생산이 아닌 지식에 기초한 생산방식으로 지식노동자에 의미를 부여했다(김영애·박양주, 2000). 이러한 측면에서 지식노동은 스스로를 결정하고 스스로 기업가의 역할을 수행하기 때문에 자기결정, 혁신, 독창성, 창조성과 같은 개념들이 밀접하게 연관된다(Brennan, 2009).

지적 노동은 20세기 후반을 지나면서 나타난 개념으로 보이지만 20세기 전반에 걸쳐 나타난 현상이기도 하다. 가령 1920년대 지적 노동자가 농업인구를 앞질렀고 1930년대에는 산업노동자도 앞질렀다는 연구가 있다(김호균, 2001). 그 만큼 다양한 지적 활동이 많은 직업군에 포함되어 있다는 의미이다. 그뿐만 아니라 1950년대 후반에 지적 노동 개념이 처음 등장했고,[6] 미국경제에서 지적 노동이 노동력의 31%를 차지하기도 했다. 지적 노동의 확산은 지속되었고 1990년대에 이르러서 지식은 경제적으로 가치 있는 것으로 여겨졌다.

지적 노동은 자본주의가 발전하면서 생산성을 증가시키기 위한 과정에서 나타났다고 볼 수 있다. 특히 테일러주의 분업화로 대표되는 과학적이고 체계적인 생산과정은 정신노동과 육체노동을 분리시켰다.[7] 테일러가 추구한 것은 작업의 과학이라기보다 다른 사람의 작업에 대한 관리의 과학이기 때문이다(브레이버맨, 1987). 정신노동은 육체노동을 효율적으로 관리하는 데 투입되는 노동이며 육체노동은 생산을 위해 투입되는 노동이다. 육체노동을 효율적으로 관리하기 위해서는 정보가 필요하기 때문에 드러커는 정보를 강조하면서 지식노동의 개념을 가져왔다.

지적 노동이라는 노동의 정체성과 관련한 개념들은 문화이론에서도 나타난다. 지적 노동이 정서적·비물질적 노동이라는 견해를 가지고 있는 안토니오 네그리(Antonio Negri)와 마이클 하트(Michael Hardt)가 여기에 해당된다(네그리·하트, 2001). 서비스, 문화상품, 지식과 같은 비물질적 재화를 생산하는 노동을 비물질적 노동(immaterial labor)으로 규정한다. 정서적 노동(affective labor)은 비물질적 노동의 다른 측면으로서 인간의 접촉과 상호작용을 말한다. 공공 의료는 돌봄 노동(caring labor)과 정서적 노동에 의존하고, 문화산업도 정서의 창조와 처리에 중점을 둔다. 이러한 노동은 신체적이며 정서적이지만 노동의 결과물 — 만족, 행복, 흥분 등 — 을 만질 수 없다는 점에서 비물질적이다. 네그리와 하트의 비물질적 노동은 노동의 가치가 과학적 지식에 의해 이루어지고 노동의 특질이 비물질화되었

---

6 그 이전에는 지적·지식 활동이라기보다 정보추구 활동으로 구분된다(김호균, 2001).

7 정신노동과 육체노동이라는 개념은 마르크스가 사용했다(마르크스, 2002). 개인이 분업에 복종하는 예속적 상태가 사라질 때 정신노동과 육체노동의 구분도 사라진다고 했다. 두 노동의 구분에 이데올로기적 효과가 있음을 지적한 것이다.

다고 말하면서 사용한 개념이다.

비물질적 노동은 지적·지식 노동과 비슷한 개념 같지만, 더 폭넓은 의미 영역을 갖는다. 지식, 정보, 소통, 관계에서 정서적 반응까지도 포괄하기 때문이다(김공회, 2012). 그리고 이러한 노동의 유형들이 가치를 생산하는가가 중요하게 고려된다. 비물질 노동의 경우 전통적 가치이론과는 다른 방식으로 가치를 생산하는 과정을 거친다(조정환, 2011).[8] 전통적 가치이론에서 가치의 실체는 인간의 노동이다. 기술발달로 인해 물질적 영역의 노동이 줄어들고, 비물질적 생산이 물질적 생산의 표준을 제시하게 된다(김공회, 2012). 노동은 더 비물질적이 되고 스스로의 가치를 지속적인 생산 혁신 과정을 통해 실현한다. 이 과정에서 지성이 일차적인 생산 역능이 될 때 지성은 생산과 삶을 일치시킨다(Nergi & Hardt, 2001).

이러한 측면에서 보면 자신의 물질적 존재조건을 재생산하기 위해 자본가에게 자신의 노동력을 판매하는 노동자들의 삶은 잘 계발된 지성과 연관된다. 물론 노동자들에게 지적능력은 필요하다. 그러나 모든 가치가 지적 능력으로 수렴되지 않는다. 물질적·육체적 노동과정이 수반될 때 가치가 만들어지며 이 가치가 자본가에게 귀속되는 점을 드러내고 문제제기해야 한다. 잘 계발된 지성인으로서 노동자의 표상은 오히려 자본주의의 모순을 은폐하는 이데올로기로서 기능한다. 지적 노동이 육체노동의 대립 항으로서 제시되는 것은 지양되어야 할 하나의 이데올로기다. 따라서 비물질 노동과 지적 노동은 등치되기 어렵다.

기술발전에 따라 산업화가 진전되었고 기업의 관리를 위해 정보를 소유

---

8 이 연구는 노동의 가치를 분석하는 것이 아니라 노동, 특히 지적 노동이 어떻게 표상되는지 그 이데올로기를 드러내고자 하는 연구이기 때문에 가치이론에 대한 논의는 연구의 범위를 넘어선다. 분명한 것은 지적 노동과 육체노동이 구분되어도 전통적 가치이론이 기각되지는 않는다는 점이다.

하고 관리하는 것이 중요하게 등장했다. 정보는 경제력이며 권력이 된다. 따라서 정보에 대한 가치는 높게 평가되며(성동규, 2006), 정보를 체계적으로 관리할 수 있는 능력 역시 중요하다. 이 관리 능력은 지식과 연결된다. 사실 이러한 지식은 노동의 본질적 특성이다. 노동을 수행하기 전에 지식이 먼저 머릿속에서 수행되며, 무엇을 생산할 것인가 어떻게 생산할 것인가의 내용을 포괄하면서 노동에는 필요한 지식이 이미 전제된다(전희상, 2009). 이처럼 노동에는 지식이 포함되지만 이 개념은 산업자본주의 이후로 분리된다. 마르크스도 생산수단의 사적 소유에 의해 정신노동과 육체노동이 분리되었다고 말한다. 기술 발전으로 노동시간이 줄어들었고 동시에 노동의 형태가 변화했다. 그리고 반대로 이전에는 노동시간이 아니었던 자유시간도 노동시간으로 포섭되기도 한다. 새로운 미디어와 테크놀로지가 우리에게 더 많은 여가시간을 가져다주었지만, 이것이 인간의 노동시간을 줄이거나 인간에게 도움을 주는 데 그치는 것이 아니라 인간의 노동력 자체를 대체하고 그 여가시간마저 노동시간으로 만들어버릴 수 있다(이희은, 2014).

테크놀로지로 인해 나타난 이 노동은 디지털 노동이라고 부른다. 인터넷 이용자들은 웹을 통해 검색, 링크, 트윗, 자료의 갱신 등 현재 가장 창조적인 작업을 하고 있다. 정부와 기업은 이러한 이용자들의 흔적을 추적한다. 이용자들의 웹상의 기록은 다시 데이터로 기록되어 인터넷에서 상품 판매를 위한 기초자료로 사용된다. 디지털 노동은 웹상의 기록이라는 내용을 생산한다. 마우리치오 라차라토(Maurizio Lazzarato)는 문화적 내용(cultural content)을 생산하는 활동으로서 비물질적 노동을 정의했는데(Scholz, 2013 재인용), 가시적이지 않고 물질적이지 않다는 측면에서 두 개념은 유사하다. 디지털 노동은 가시적이지 않고, 자유-여가시간으로 보이기 때문에 임금이 지불되지 않는다. 공장 노동자의 모습은 더더욱 아니다.

오히려 자유롭고 창의적인 이용자의 모습으로 나타난다고 할 수 있다. 그러나 현실 조건 속에서 수행되는 노동과 노동자들이 창의적이며 자유로운 노동자의 모습인지는 더욱 면밀한 검토가 필요하다.

2) 지식노동의 담론과 현실 구성

이상에서 문화산업의 분석과 지적 노동에 대한 의미를 규명하기 위해 선행 이론들을 살펴보았다. 앞으로 진행될 문화산업에 대한 논의에 앞서 이와 같은 이론들이 가지는 입장과 지적 노동에 대한 개념을 정리하고자 한다.

정치경제학에서 정의되는 노동은 노동자가 자신의 생존에 필요한 생활수단을 확보하기 위해 자본가에게 자신의 노동력을 파는 활동이다. 따라서 노동자가 노동하는 것은 생활하기 위함이다. 노동은 자본가에게는 자본을 증식시키기 위해 사용되는 도구나 상품이 되기 때문에 가치의 원천이기도 하다(마르크스, 1999; 베커만, 1989). 노동은 화폐와 교환되는 직접적 행위이며 노동자에게는 생존을 위한 수단이며 자본가에게는 이익을 제공하는 수단이다.

노동의 정의에 의하면 시청행위가 노동이라는 스마이드의 주장이 성립하기 어렵다. 노동은 자본가에게 제공되는 하나의 상품인데 시청행위가 상품으로 자본가에게 제공될 수 있는가의 문제를 가지고 있기 때문이다.[9] 그리고 마르크스는 생산과정 속에서 노동시간으로 노동과 잉여가치생산

---

9 방송사가 광고주에게 광고비를 받고 제공하는 것은 프로그램과 프로그램 사이의 시간대이다. 이 시간대는 많은 시청자들이 주목하는 지점이다. 교환이라는 측면에서 보면 방송사가 광고주에게 대가를 받고 시청자들의 주목을 판매하는 행위라고 볼 수 있다.

의 관계를 설명하는데, 시청행위(시간)는 생산과정에 포함되지 않는 문제가 있기 때문이다.

이처럼 직접적인 생산과정, 즉 물질적 행위의 노동과 구분되는 노동이 지적 노동이다. 정치경제학적 입장에 따르면, 지적 노동은 비물질적 노동 개념에 포함된다.[10] 비물질적 노동은 서비스, 문화상품, 지식과 같은 비물질적 재화를 생산하는 노동이다(네그리·하트, 2001; 라차라토, 2005). 마르크스주의에서 정신노동이라고 표현되었던 이 노동은 육체노동과 반대되는 개념으로서 제시된다(마르크스, 2002). 이는 노동생산성 증가와 공장식 생산에 따른 분업의 형태를 띠면서 나타난 개념이다.

마르크스는 생산적 노동과 비생산적 노동을 구분하는데, 전자는 자본을 증식시키는 노동을 후자는 그렇지 않은 노동으로 구분한다(파인, 1985). 사람들의 경제 활동 중에 자본을 증식시키지 않는 노동이 있다. 가령 자신의 쾌락만을 위해 소비하는 것을 비생산적 소비다. 여기서 자본 증식이 어떻게 이루어지는지가 중요하다. 왜냐하면 노동자 개인의 소비는 남의 부를 생산하기 때문이다(마르크스, 2001). 따라서 한쪽에서의 소비는 다른 쪽에서의 생산이 될 수 있다. 은행 직원의 노동 중에 은행 업무만이 자본을 증식시키고 고객을 상대하는 과정은 자본을 증식시키지 않는 비생산노동으로 구분할 수 있을 것이다. 그러나 은행 직원의 하루일과의 노동을 생산노동과 비생산노동으로 엄격하게 구분하는 것이 쉽지는 않다. 하루일과의 노동 자체가 자본주의적 생산관계 내에 이미 포섭되어 있기 때문이다.

이러한 노동 유형이 문화산업에도 나타난다. 창작의 경우가 대표적이다. 자기만족을 위해 창작을 하는지 대량생산되어 소비되는 창작을 하는지 구분이 모호하고, 지식 활동인지 육체적 활동인지 구분하기도 모호하

---

10 엄밀히 말하면 생산적 노동과 비생산적 노동이다.

다. 따라서 비생산노동이 어떠한 측면에서 자본증식 과정에 있는지 분석하는 것은 중요하다. 생산·비생산, 지적·육체적, 물질적·비물질적 영역에 많은 노동들이 있으며 이러한 개념들이 어떠한 맥락에서 작동하는지 살펴봐야 한다. 이른바 지식도 비생산노동의 일부로 보이지만 자본주의적 생산관계 내에 편입되면 자본 증식의 도구가 되기 때문이다. 생산노동과 비생산노동의 결과물이 유형의 것인지 무형의 것인지에 대한 구분은 큰 의미가 없다. 이미 자본주의는 무형의 정보도 유형의 결과물로 상품화시키기 때문이다.

한편 지적 노동의 의미는 육체노동과의 차이에 의해 발생하는 것으로 보인다. 왜냐하면 육체노동과 지적 노동은 서로 대립하며, 해석 역시 이데올로기 차이에 의해 발생하기 때문이다. 가령 전자는 일과시간 내내 거친 일을 하는 노동자로 이해되며, 후자는 고층 건물의 사무실에서 고객을 대상으로 발표를 하는 마케터 정도로 이해된다. 즉, 두 개념의 차이가 발생한다. 이때 육체노동은 열등한 것으로, 지적 노동은 우수한 것으로 바라보게 되는데 이는 이데올로기가 작동한 것이다. 따라서 문화산업에서 나타나는 지적 노동을 표현하는 여러 관점에 대한 검토와 규정이 필요하다. 이에 대한 여러 관점을 비판하는 것이 이 논문에서 견지하는 시각이기도 하다.

이러한 주장은 그람시(1993)에 의해서도 개진되었다. 노동자는 손이나 도구를 사용하여 노동한다는 것에 의해 규정되는 것이 아니라 특수한 조건과 특수한 사회관계 속에서 노동을 수행하는 것에 의해 규정된다. 가장 기계적이고 육체적인 노동도 최소한의 지적활동은 존재한다. 따라서 지적 노동은 지식, 지성 등을 사용하여 노동한다는 것의 의해 규정되는 것이 아니다. 따라서 그람시는 지적 노동을 사회적 관계 속에서 찾기보다는 지적인 행동의 본성 — 가령 천재적 자질 — 에서 찾으려고 하는 접근은 오류라고 지적한다.

지적 노동은 인지적 또는 행동적 작업을 포함하는 노동의 하위 분야를 의미하는 개념으로 보이기도 하지만 이러한 방법의 지적 노동은 존재하지 않는다. 왜냐하면 노동에 대한 개념은 인간의 직접적 행위 능력과 관련되기 때문이다. 오히려 지적 노동이라는 말 대신 가격이 책정된 업무능력이라는 시각이 존재하며, 이 능력은 시장에서 상품화되었다고 할 수 있다(Shapiro, 2009). 노동은 이미 인간의 행위이기 때문에 그 행위의 하나로서 지적 노동이라는 개념이 설정되기 어렵다는 견해이다. 달리 말하면 지적 노동력이 어떠한 맥락에서 자본가에게 판매되는지 분석해야만 지적 노동을 이해할 수 있다는 것이다.

지적 노동은 노동이라는 개념적 범주 하에서 자본주의적 생산에서 특권적 위치를 차지하는 것으로 보인다. 후기 산업사회의 정보 경제에 의해 새로운 생산양식이 산업노동을 대체했기 때문이다(Brennan, 2009). 가격이 책정된 업무능력은 계급적·제도적으로 접근한 지적 노동의 분류이다. 이 분류를 따르면 지적 노동자는 회사에 투자를 했거나 임명을 받은 사람들로서 전문직 범주 내에서 경영진, 지배인, 관리인으로서 이해된다(Shapiro, 2009). 문화산업에 존재하는 지적 노동자는 경영진도 포함되지만 일반적으로는 창작활동을 하는 작가, 작곡가 등도 포함된다. 문제는 이들 창작자들에게도 지적 노동자의 모습을 강요한다는 데 있다. 경영진이 아님에도 경영진과 같은 직업윤리적 태도를 요구하는 것이라고 할 수 있다. 이는 후기 산업사회에서 볼 수 있는 전형적인 노동 주체의 모습이다.

이 글에서는 분석을 위해 노동을 육체노동과 지적 노동으로 구분하고, 지적 노동은 비물질적인 영역에서 정보적 내용, 문화적 내용을 생산하는 노동으로 본다. 과거에 상품이 되지 않았던 문화 영역이 상품화되고, 이 상품을 생산하는 데 투입된 노동력을 지적 노동으로 보는 것이다. 지적 노동이 문화의 상품화를 가능하게 한다는 견해이다. 정리하면 지적 노동은 지식이 중요하게 강조되는 사회에서 나타나는 노동의 한 형태이며, 물질적이지 않은 문화적 내용을 생산하는 노동이라고 개념화하였다. 육체노동과 지적 노동을 구분하고 지적 노동을 개념화했기 때문에 이후의 연구결과에서 육체노동과 지적 노동의 비교가 가능하다. 이는 좀 더 구체적으로 지적 노동의 의미를 드러내기 위해서이다.

2장 디지털 시대 진입과 문화정책 그리고 노동

미디어 환경과 문화산업은 콘텐츠의 생산·배포·소비 측면에서 밀접한 관계를 가진다. 이 장에서는 미디어 환경의 변화와 그 과정 속에서 미디어를 이용하는 이용자들이 어떠한 개념으로 정립되는지를 살핀다. 이 과정에서 문화를 매개하고 이용하는 미디어 환경의 변화도 더불어 고찰한다. 미디어는 문화산업에서 이른바 문화콘텐츠를 생산 및 소비하게 하는 가장 효과적인 방법이자 도구이기 때문이다. 따라서 문화산업 구조의 변화, 지적 노동의 등장 및 변화, 미디어의 변화 과정을 유기적 관계 속에서 분석해야 한다. 그리고 문화정책, 문화산업, 지적 노동에 대한 논의를 이어갈 것이다.

1. 미디어 환경의 변화와 특성

미디어 환경을 묘사하는 단어는 많이 있다. 주로 시대 규정과 맥을 같이 하는 단어로서, 특정 기술이 미디어에 도입되어 사회적인 현상으로 나타나면, 그에 따르는 정체성 내지는 성격에 의한 규정하는 것이었다. 가령 산업사회에서 정보사회로의 전환과 같이 미디어적 성격이 아니더라도 사회 요소의 변화에 따른 사회 규정과 같은 것이라 하겠다. 미디어 환경은 다매체·다채널 시대, 디지털 시대, 방송통신융합 시대, 스마트 시대 등 여러 시대 규정이 있었다. 물론 이러한 규정은 특정 기술 도입과 그에 따르는 경제적 효과로 인한 담론의 성격을 갖고 있다.

다중미디어(cross media)는 멀티미디어(multi-media)와 다르다. 우선 멀티미디어는 미디어[1]가 제공하는 정보가 여러 형식이면서 복수의 감각에 소구되는 미디어를 말한다. 가령 TV가 제공하는 영상과 음성, 컴퓨터의 경우 영상(움직이는 것으로서), 그림, 자막, 긴 글, 음성, 다양한 파일 형식과 그 파일을 구동하는 어플리케이션 등 여러 정보와 다양한 형식을 제공하는 미디어를 멀티미디어라고 부른다. 반면 다중미디어는 서로 다른 형식의 미디어(단말기)를 교차하며 이용하는 이용행태와 관련된 개념이다(강남준·이은미, 2010).[2] 물론 이용자들이 미디어를 이용하기 때문에 정보 제공도 관련이 아주 없지는 않겠지만 이용자들이 미디어를 이용할 수 있는 환경에 더 밀접한 관련이 있다.

다중미디어는 TV를 이용하면서 스마트폰으로 인터넷 검색을 하고, 다

---

1 미디어(media)는 미디엄(medium)의 복수형이기 때문에 이미 둘 이상의 의미가 내포된다고 하겠다.

2 이러한 측면에서 다중미디어는 multi의 개념이 아니라 cross의 개념으로 접근된다. 즉, 여러 미디어를 교차하면서 사용하는 개념인 것이다.

시 컴퓨터를 통해 TV를 시청하는 형태의 이용 환경을 뜻하는 개념이다. 다매체 다채널 시대의 경우 지상파방송, 케이블방송, 위성방송 등 TV 수상기를 통해 방송을 보는 시대를 말한다. 지상파, 케이블, 위성 방송은 동시에 이용되지 않는다. 세 가지 유형의 방송을 동시에 시청하는 것은 서점에서 책을 구매하고 동일한 책을 도서관에서 대출받아서 이용하는 것과 같다.

디지털 기술이 심화되고 방송통신이 융합된 이후, 콘텐츠(방송 프로그램이나 영화, 경우에 따라서는 음악)를 TV를 통해서도 이용하고 컴퓨터와 스마트폰으로도 이용할 수 있게 되었다. 콘텐츠를 이용할 수 있는 단말기가 많아졌기 때문이다. 음악의 경우도 통신사에 일정한 비용만 지불하면 컴퓨터나 스마트폰으로 언제든지 이용할 수 있다.

영화도 인터넷으로 다운받아서 컴퓨터로 보기도 하며 TV로도 시청이 가능하다. 이러한 환경에서 중요하게 부각되는 개념은 사실 미디어에 대한 정의보다 이용자들에 대한 정의다. 다중미디어 환경이 미디어 이용행태와 관련이 있기 때문이다. 신문방송학(언론학 또는 커뮤니케이션) 분야에서 이용자 개념에 대해 격렬한 논쟁이 있었다. 일반적으로 미디어의 정보를 수용한다고 해서 수용자 개념으로 시작되었는데, 언급했듯이 미디어 환경이 변화하면서 수용보다는 이용의 개념에 더 가까워졌고, 자발성을 띤다고 해서 이용자 개념을 적극 수용하게 된다. 그리고 이 과정에서 이용자들이 수동적인지 능동적인지에 관한 첨예한 논쟁도 있었다.

능동적 이용자 개념은 심리학에서 나온 개념이기도 하다. 인지심리학과 생리심리학에서 모든 인간의 행동은 목적 지향적이며, 인지적이고 생물학적 과정이라는 논의들을 받아들여 미디어 영역에도 적용되었다(Giles, 2003). 초기 미디어 연구에서는 미디어의 내용을 그대로 받아들이는 수동적인 수용자상을 가졌다면, 이용 동기와 추구라는 맥락과 심리적 측면, 미디어 이용이 목적 지향적이라는 맥락에서 능동적인 수용자 개념이 등장하게 되었다. 수용자들이 능동적이고 목적 지향적이라는 논의는 주류 경제학에서 가정하는 합리적 소비자와 비슷하다. 재화와 서비스 소비는 개인들의 만족을 극대화시키기 위한 행동으로서 가정된다. 사람들의 선택을 경제적이며 합리적인 행동으로 보는 시각은 경제학자들의 기본 가정 중 하나다(Krugman & Wells, 2005).

소비자들이 합리적으로 소비한다고 가정하고 시장에서의 수요 곡선을 도출해낸다. 합리적인 소비자 개념을 커뮤니케이션 분야에 적용하면 능동적 수용자가 될 것이다. 한편 합리적 소비자라는 가정에 대하여 반대 의견도 존재한다. 사람들이 극단적으로 '멍청(stupid)'하다고 주장하기도 하고(Bauman, 2002), 사람들의 행동이 합리적인 경우와 그렇지 않은 경우가 있다고 주장하기도 한다(PKT, 1997). 합리적 소비자라는 가정은 사람들이 재화와 서비스를 소비할 때 추가적인 이득을 얻기 위해 지불해야 하는 비용을 비교하여 소비를 결정한다는 개념이다(맨큐, 2005). 사람이 재화를 소비할 때 소비를 통해 얻는 이득과 지불하는 비용을 고려하는 행동은 글자 그대로 합리적인 행동이다. 경제학자들은 이를 소비자의 최적선택 또는 효용(utility) 극대화라고 한다. 그런데 재화 소비에서 효용 극대화가 매번 발생할 수 있는지 생각해보면 상황은 달라진다. 다시 말해 동일한 재화가 반복 소비될 때 추가 이득과 비용을 고려할 수 있는가? 바우만(Bauman, 2002)과 포스트 케인지언(PKT, 1997)의 대답은 '그렇지 않다'이다. 사람들의 경제행위는 경제적 합리성뿐만 아니라 습관이나 문화에 의해 영향을 받기 때문이다.

시장주의자들은 선택권의 확장을 이용자 복지 구현으로 본다. 여기에는 주류 경제학의 기본 가정인 합리적인 소비자가 전제되어 있다. 그러나 이 가정들은 반박된다(가령 이준구, 2004; 홍태희, 2008을 참조). 언론학에서도 기술발전과 융합 시대의 혜택으로 과거의 수용자에서 능동적이고 적극적인 이용자로 변화되었다고 가정한다. 그러나 관습 또는 습관으로 인한 선택 및 소비는 합리적인 행동으로 설명하기 어렵다. 사람들의 결정에는 합리적인 과정도 있지만 합리적이지 않은 과정도 포함되는 게 당연하다. 언론학에서 바라보는 능동성도 같은 맥락에서 반박할 수 있다. TV 시청은 생활주기에 따라 형성된 습관이며(이재현, 1993), 미디어 선택은 기술적 특성, 사회적 맥락, 개인의 이용 동기 등 다양한 요인에 의해 결정되기 때문이다(임성원, 2006). 따라서 이 글에서는 기술 등장에 따라 수용자의 위상이 이용자로 변화되고 수동적 수용에서 능동적 이용으로 전환되었다는 기계론적 결정을 반복하지 않는다.3

수용자들의 미디어 이용은 목적 지향적으로 설명된다. 미디어 이용은 심리적 동기나 욕구에 의한 표현이다. 수용자에게 제공되는 프로그램의 기대치가 높은지 낮은지에 따라서 미디어 이용 패턴이 달라진다(Katz, Blumler, & Gurevitch, 1974). 능동적 수용자 개념은 미디어 이용으로 얻고자 하는 만족에 대한 기대로 미디어 이용을 설명한다. 합리적인 과정으로 미디어를 선택하고 이용한다는 것이다. 커뮤니케이션 이론이 발달하면서 인구통계학적 속성을 가지는 집합으로서 수용자, 무정형의 집단으로서 대중 수용자, 공중(public)으로서 수용자, 특정 매체로 세분화되는 수용자 등 수용자를 규정하는 개념들도 분화되었다.

---

3 미디어의 선택에서 경제학에서 말하는 효용을 고려하는 경우도 있지만 미디어가 융합된 현실에서 미디어들의 기능상 차이를 발견하기 쉽지 않다. 오히려 과거 유지해오던 미디어 이용 유형에 의해 미디어가 선택될 가능성이 높다. 그런데 기술 도입에 따른 미디어 환경 변화는 수용자들의 능동성에 주목했고 수용자들의 미디어 선택을 합리적으로 본다. 기술 결정론적 시각이다. 이를 탈피하기 위해서는 수용자들의 목적이 실제로는 미디어의 이용이라기보다 콘텐츠의 이용이기 때문에 목적-행위 지향으로 접근하는 것이 수용자 이해의 폭을 넓힐 수 있다.

〈표 2-1〉 매스 미디어 수용자 구성 유형

	사회	미디어
거시	i. 사회 집단이나 공중	iii. 매체나 채널 수용자
미시	ii. 충족을 설정	iv. 특정 매체 수용자

자료: D. McQuail, *Mass Communication Theory*(2000, London: SAGE), p. 371.

수용자는 거시적 차원에서 구분하면 집단이나 공중처럼 큰 규모로 구성될 수 있고 미시적 차원에서 구분하면 특정 목적으로 설정된 수용자군으로 나눌 수 있다(McQuail, 2000). 이 경우 사회적 차원과 개별 미디어 차원으로 세분화되는데 개별 미디어 차원에서 수용자들의 능동성이 좀 더 강조되는 개념이라고 할 수 있다. 각각의 미디어를 이용하는 차원으로서 수용자가 설명되기 때문이다.

전통적인 수용자 개념은 독자, 관중 등 집합성이 강조되는 개념에 근거한다. 물리적 집합성(physical gathering)이 강조되는 개념에 기반을 두었기 때문이다(임종수, 2010). 맥퀘일(2000)의 논의처럼 미시적인 차원에서 특정 매체 수용자는 추구하는 충족을 설정하고 미디어를 이용하기 때문에 능동적 수용자로 설명할 수 있다. 따라서 능동성이 증대되었다는 측면에서 전통적인 수용자에서 이용자로 변화했다는 것에는 대체로 합의가 모아진 상황이다(노창희, 2012.7). 수용자는 미디어를 수용하는 개념을 넘어서서 "메시지를 발신하는 송신자로, 혹은 텍스트를 능동적으로 이용하고 해독하는 인간 커뮤니케이션의 담당자-주체자를 가리키는 용어가 되었다"(이강수, 2001: 85)로서 정립되기 시작했기 때문이다.

또한 수용자들이 접근할 수 있는 미디어와 시스템이 많아지면서 수용자들은 파편화·분극화되고 자신들이 이용할 수 있는 미디어에 대해서 통제력을 갖는다는 주장도 능동성 수용자 개념을 지지하고 있다(Webster,

2005). 기술발전은 이 개념을 지지하는 근거로 사용된다. 이는 미디어가 융합한 시대에 기존 미디어를 소비하는 수용자들의 패턴과 융합형 미디어를 이용하는 소비 패턴이 다르다는 논의에서 시작한다. 후자의 경우 능동적 수용자를 넘어 적극적인 이용자 개념을 지지한다. 융합형 미디어는 상호작용성이 증가하고 미디어 접근 경로가 많아지기 때문에 이용방식이 달라졌다. 이 방식은 위에서 아래로 주어지는 것이 아니라 아래에서 위로의 방식으로서, 이용자들이 스스로 추구하고 선택한다는 것이다. 이용자들이 스스로 추구하는 미디어 선택은 상호작용성의 증가의 결과이다.

상호작용성으로 인해 소극적인 차원에 머물렀던 수용자들이 좀 더 적극적으로 자신의 의견을 개진하거나 프로그램에 접근하게 되었다. 특히 인터넷의 경우 미디어 콘텐츠에 주목하는 것뿐만 아니라 인터넷에 연결된 다른 사람들과 상호작용을 할 수 있다. 이 과정에서 이용자들은 일상적 대화의 공유와 사회적 이슈를 공유하면서 여론형성에 참여한다. 이러한 이용방식은 전통적 미디어에서는 설명이 불가능하며 적용할 수도 없다. 미디어 기술 발전이 미디어 이용양식을 바꾼 것이다. 미디어 이용양식의 변화는 수용자 개념을 폐지하고 이용자 개념을 적용할 것을 요청하게 되었다.

다시 다중미디어 환경으로 돌아오면 이용자들은 단순히 미디어를 주목하는 차원을 넘어서 자신이 선택한 콘텐츠를 미디어를⁴ 넘나들면서 이용하게 되었다. 이러한 이용자 개념은 지대(rent)와 연관된다. 각각의 미디어 플랫폼들이 이용자를 확보하기 위해 경쟁하며, 광역시와 같은 좋은 입지(location) 차이에 따라 방송사가 확보할 수 있는 이용자의 규모가 달라진다. 이용자 규모에 따라 방송사가 동일한 투자를 하더라도 상이한 산출을 얻기 때문에 방송사들은 가입자-이용자 확보를 위해 자신들에게 유리한

---

4 엄밀히 말하면 TV, 컴퓨터, 태블릿, 스마트폰이라는 단말기의 다중 이용이다.

경제 환경을 조성하려고 한다. 이러한 행동 역시 지대 추구와 관련된다(김동원, 2011).

미디어 환경의 변화 속에서 수용자가 서비스나 상품과 같은 재화를 선택 및 소비하는 소비자가 된 측면에 초점을 맞춘 논의도 있다. 매체의 입장에서는 한번 확보된 소비자들은 지속적으로 콘텐츠를 소비하기 때문에 중요하다. 이 경우 수동적이니 능동적이니 하는 구분은 무의미하다. 매체사의 이익을 발생시키는지의 여부가 더 중요하게 고려된다. 공급 면에서도 방송과 같은 문화콘텐츠는 철도, 우편, 도로, 항만처럼 보편적 서비스를 제공하는 공공서비스가 아니라 다양한 제품이 서로 경합하는 일반재가 되었다(강형철, 2004).

문화가 일반재가 되는 것에 기존의 국가·사회·시민성을 연결하는 고리가 쇠퇴하는 정치적 조건의 변화도 적지 않게 작용했다(조항제, 2000). 이러한 변화 아래서 수용자는 소비자가 된다는 점과 문화는 공공서비스가 아니라 다양한 제품이 서로 경합하는 일반재가 되었다는 점을 고려할 때, 이러한 시스템은 이윤 극대화라는 논리에 따라 운용될 위험이 있다(McChesney, 1999). 이 시스템의 부상은 전 지구적 자본주의 경제체제와 긴밀하게 연관되어 있으며 신자유주의적 탈규제 정책과 상품 및 서비스시장의 전 지구화(globalization)를 뒷받침한다.

여기서 중요한 것은 콘텐츠다. 하나의 콘텐츠를 여러 미디어를 통해 이용하기 때문이다. TV를 통해 본방송을 시청하고, 컴퓨터를 통해 재방송을 보며, 미처 다 시청하지 못한 부분은 이동 중에 모바일로 시청한다. 그리고 이들이 이용하는 콘텐츠는 이른바 문화콘텐츠다. 이용자들 차원에서 콘텐츠 이용이 다중적으로 나타났고 이용자들이 이용하는 콘텐츠가 국내를 벗어나면 한류라는 이름의 문화콘텐츠로 수출된다. 수출된 문화콘텐츠는 국가경쟁력이자 경제성장의 동인이라고 정의된다.[5] 관계 당국 역시 문화콘텐츠를 활성화하려는 여러 정책을 입안하기도 했다.

미디어 환경에서 생산되고 유통 및 소비되는 것은 콘텐츠이기 때문에 이러한 현상이 나타난 맥락을 고찰할 필요가 있다. 따라서 그 과정이 어떻게 이루어지는 살펴보고 문화콘텐츠가 생산되고 유통되는 문화산업과 그 안의 노동자들에 대한 논의가 필요하게 된 시점이다.[6]

1) 신자유주의 정치 프로젝트

21세기 미디어 환경에서 가장 큰 화두는 단연 디지털이다. 국내외를 막론하고 이미 벌어졌거나 향후 펼쳐질 미디어 환경 변화의 근저에는 언제나 디지털 기술이 자리하고 있다. 기술적인 측면에서 디지털 미디어는 콘텐츠의 제작, 편집, 송신, 수신 등 모든 단계에서 전송되는 정보 또는 신호를 본래의 형태에 관계없이 0과1의 이산적인(discrete) 디지털 신호로 처리하여 송수신하는 시스템이라고 정의할 수 있다(한국방송기술인연합회, 2009). 아날로그보다 디지털 기술은 정보 가공이 편리하고, 기기가 소형화되고, 정보 복제 과정에서 손실이 없다는 특징이 있다. 디지털 기술은 사회에 정보화를 촉진시켰다. 이로 인해 사회적인 측면에서 디지털은 21세기 인간 삶의 양식을 특징짓는 사회적·문화적 현상으로 자리를 잡은 상황이다. 21

---

5 한국콘텐츠진흥원에서 발간하는 여러 백서들이 이러한 관점을 가지고 있다.

6 이 글은 문화산업의 변화와 문화산업의 지적 노동에 초점을 두고 있다. 따라서 이용자들의 다중미디어 이용행태와 연관성이 약하다는 비판이 가능하다. 그러나 이용행태는 소비행태이기도 하다. 문화콘텐츠의 소비창구가 다중화된 환경이다. 이른바 더 많이 팔릴 수 있는 환경이 조성된 것이다. 이러한 환경에서 콘텐츠를 생산하는 문화산업은 어떠한 영향을 받으며 문화산업의 노동자들 역시 어떠한 영향을 받는지를 분석할 이유는 충분하다.

세기는 디지털 기술의 시대라고 할 정도로 생활 속에 파급된 디지털 기술은 삶의 모습을 급격히 바꾸어놓았다. 또한 디지털 기술과 함께 등장한 인터넷의 확산은 인간의 생각과 행동양태를 새롭게 구조화시켰다(성동규, 2006).

특히 미디어 분야에서 1990년대 후반부터 주요 선진국을 중심으로 국가적 차원에서 추진된 방송의 디지털화는 방송 콘텐츠의 생산과 제공방식, 방송서비스의 이용행태, 방송기업의 수익모델, 방송시장의 산업 구조, 방송의 규제방식, 방송의 개념 등을 포함하여 방송의 패러다임 그 자체를 변화시켰다(Lotz, 2007). 이로 인해 나타난 주요한 세 가지 경향이 있다. ① 몇몇의 다국적 기업으로 미디어 시스템의 소유 집중화, ② 정보경제의 확장과 기술의 융합, ③ 커뮤니케이션 시스템에 대한 공적 통제의 감소이다(McQuail, 2000). 이러한 경향은 신자유주의와 함께 나타났고 미디어 환경을 변화시켰다. 변화의 원인을 기술로 보기도 하지만 소유의 집중화와 공적 통제 감소가 더 큰 원인이다. 다시 말해 변화는 기술이 아니라 축적 및 안정적인 재생산의 위기를 겪는 자본주의에 원인이 있다.

미디어 환경에 도입된 시장자유주의는 미디어, 특히 방송을 시장원칙에 따르도록 강요했다. 시장자유주의(market liberalism)는 시장 제도를 우선시하는 입장을 말한다. 즉, 시장을 우선시하는 자유주의와 경제적 가치를 강조하는 자유주의이다(이남표, 2007). 자유주의는 사회와 세계를 바라보는 태도와 그 태도에 관한 전제들의 사상 체계이다.[7] 따라서 자유주의는 정치적 이념과 교의로서 기능하는 한편 경제적인 대상, 즉 경제적인 것을

---

7 자유주의는 큰 범위를 가지고 있기 때문에 이 책에서 다루고자 하는 영역을 넘어선다. 이 책에서는 시장자유주의가 가지고 있는 한계점을 중심으로 기술하고자 한다. 이는 부분적으로 자본주의와 민주주의가 가지고 있는 문제점을 서술하는 과정이기도 하다.

고안해내고 이를 통해 사회적인 관계를 규제하고 조직하려는 전략으로도 규정된다(노명식, 2011; 서동진, 2011). 이른바 시장론자들은 미디어 지형을 시장에 맞게 변화시켜야 한다는 당위를 주장했고, 이 주장은 어느 정도 사회적으로 합의를 이루거나 혹은 사회적 담론이 되었다. 그리고 기술의 발전은 신자유주의와 함께 체제의 변화를 가져왔다.

시장자유주의와 신자유주의의 이론적 계보는 자본주의의 역사에서 찾을 수 있다. 유럽의 자본주의는 18세기 후반부터 19세기 전반까지 과도기를 거쳐 19세기 후반 안정적인 성장을 구가했는데 이를 이끌어낸 사상적 토대가 17세기 말에서 18세기를 걸쳐 등장한 자유주의 사상이다. 이때의 자유주의는 이후 등장한 여러 변종과 구분하기 위해 고전자유주의라고 부른다.[8] 고전자유주의는 통상 존 로크(J. Locke)의 정치적 자유주의와 애덤 스미스(A. Smith)의 경제적 자유주의로 구분된다. 한편 신자유주의는 시장에 대한 신뢰와 국가에 대한 불신을 핵심으로 하고 있기 때문에 시장근본주의(market fundamentalism)라고 부르기도 한다(조원희, 2004). 신자유주의의 정책 기조를 등에 업고 언론이나 정치 무대에서 자주 등장하는 정책은 자유화,[9] 민영화, 복지 축소, 규제완화, 노동시장 유연화 등이다.

〈그림 2-1〉은 미국 가계 자산 상위 1%가 전체 가계 자산에서 차지하는 비율의 변화를 보여준다. 1970년대 초반까지는 30%선을 유지하다가 1970년대 중반 들어와 20% 정도로 하락했다. 그리고 이 보유율은 1980년대를 들어서면서 다시 상승했다. 미국 전체 가구 자산 중 상위 1%가 차지한 비

---

8 이남표(2007)는 자유주의의 역사를 세 단계로 구분하는데 로크의 사상이 토대인 고전자유주의, 고전자유주의의 낙관론을 수정한 수정자유주의, 그리고 세 번째 단계로서 고전자유주의의 20세기 판인 신자유주의가 그것이다. 신자유주의의 등장은 역사적 상황에 대처하기 위한 정책 목적이라고 분석했다.

9 무역의 자유화, 투자의 자유화, 자본의 자유화 등.

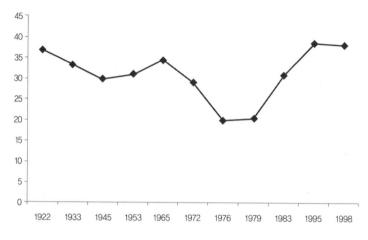

〈그림 2-1〉 미국에서 상위 1% 자산의 보유율

자료: Wolff(1996: 78).

율의 위와 같은 변화가 신자유주의 기원을 설명하는 측면이 있다(뒤메닐·레비, 2009). 즉, 대공황 이후 장기 침체를 극복하기 위해 국가가 유효수요를 창출하는 케인스주의 정책이 실시되었고 호황 국면을 맞이했으나, 고물가와 실직, 경기후퇴가 발생하여 케인스주의 정책이 위기를 겪고 정책 변화가 요구되었다.

이 과정에서 등장한 것이 신자유주의다. 신자유주의는 케인스 정책의 시장 개입을 비판하고 시장의 자유로운 경제활동으로 경기침체를 벗어날 수 있다는 경제적 자유주의를 주장하며 등장했다. 1980년대 영국의 마거릿 대처(Margaret Thatcher) 수상과 미국의 로널드 레이건(Ronald Reagan) 대통령이 추진한 정책이 신자유주의에 입각한 것이다. 신자유주의는 1980년대 라틴아메리카 외채위기 시에 IMF(International Monetary Fund: 국제 통화 기금)가 자금 지원 조건으로 추진한 각국의 개혁 프로그램, 1990년대 동구와 러시아의 개혁, 1997년 아시아 외환위기 이후 IMF가 주도하여 추진한 한국 등 아시아 각국의 개혁정책, WTO 의제 등 수십 년 동안 모든 주요한 정책의 기본적인 기조였다(조원희, 2004). 이러한 배경에서 신자유주의가 가진 성격을 이해할 수 있다.

신자유주의는 시장자유주의 연장선에서 등장했지만(이남표, 2007), 경제사조의 성격보단 정책기조로서 영향력을 갖는다. 신자유주의는 "그 원리를 현실경제 정책에서 극단적이고 급진적으로 추구하는 하나의 경향이라는 점, 그리고 이 정책을 비경제적 영역에까지 확대 적용하려는 점 ─ 시장을 목적 그 자체로 격상시켜 전 인격을 시장을 통해 포획하려는 점 ─ 에서 그 특징을 찾을 수 있다"(조원희, 2004: 2). 정리하면 신자유주의는 자본주의의 축적 위기를 타개하려는 정치적 기획일 뿐이다. 신자유주의는 모든 사물들, 대상들, 실천들, 관행들을 이윤 축적의 대상으로 만들고 이윤 추구를 위해 과격하고 즉각적으로 실천한다. 이와 관련하여 제라르 뒤메닐(Gérard Duménil)과 도미니크 레비(Dominique Lévy)는 다음과 같이 말한다.

> 미국 가계 전체 부의 상위 1%가 차지하는 비율이 급격히 줄어든 1970년대에 자본의 수익성은 하락했고, 기업은 배당을 줄였고, 실질이자율은 마이너스 상태까지 떨어졌다. 인플레이션으로 주가 역시 크게 떨어진 상태였다. 그 결과 당연히 지배계급의 수익과 자산이 손상되었고, 불평등이 감소했다. 이러한 쇠퇴를 저지하고자 한 광범위한 운동들이 신자유주의 기획 아래서 관찰된다(뒤메닐·레비, 2009: 47).

신자유주의는 다양한 자유지상주의 및 경제적 자유주의로부터 영향을 받았지만 그 사상이 학문적으로 체계화되지는 않았다. 그럼에도 신자유주의 정책의 효과를 의심하는 몇몇 연구자들이 자신의 분석 틀로 신자유주의를 규명했다(강내희, 1998, 2000; 박배균, 2006; 손석춘, 2009; 조원희, 2004).

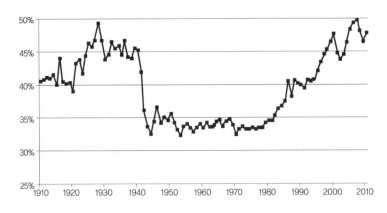

〈그림 2-2〉 미국의 소득불평등

자료: 피케티(2014: 36).

이들은 신자유주의를 직접적으로 규명하거나 신자유주의로 인하여 사회, 문화 구조가 변화되는 과정을 추적했다. 신자유주의는 이론적으로 시장자유주의와 유사하다(조원희, 2009b). 신자유주의 경제의 핵심은 국가 개입의 최소화를 통해 재산권을 근간으로 하는 개인 자유를 극대화하고 시장메커니즘에 의한 자원을 효율적으로 배분한다는 것이다. 시장논리를 확대해 모든 것에 가격을 매기고 상품화해야 자원배분이 최적화된다는 주장이다(지주형, 2011). 그러나 신자유주의의 직접적이고 명백한 결과는 소득분배의 악화였다.

데이비드 하비(David Harvey)도 개인의 자유를 강조하고 국가 개입을 공격하는 신자유주의는 케인스주의가 제한했던 자본가계급의 권력을 복원하고 부유층에 유리하게 소득을 재분배하는 정치적 기획이라고 말한다(Harvey, 2005). 그 결과 사영화, 상품화, 금융화, 위기의 창출과 관리, 조작, 국가의 자원 재분배를 내용으로 하는 탈취에 의한 축적이 벌어졌고 소득과 재산의 불평등은 심화되었다.

〈그림 2-2〉는 미국의 소득 상위 10%가 국민소득에서 차지하는 몫을 보여주고 있다. 1940년대부터 1980년대까지 국민소득의 35%에 머무르고 있다가 1980년대를 지나면서 급격히 상승한다. 2000년대 후반에는 1930년대 직전과 같이 50%까지 상승했다. 이는 신자유주의 정책의 결과다. 에드워드 울프(Edward Wolff)와 토마 피케티(Thomas Piketty)의 연구가 부의 불평등 증가를 잘 보여준다(Wolff, 1996; 피케티, 2014). 상위 소득 계급의 축적 위기가 경제위기가 될 때, 정치적 기획으로서 신자유주의가 적용된 결과이다. 특히 피케티는 대기업 최고위 경영자들과 나머지 인구의 격차가 크게 벌어지고 있다고 말한다. 최고위 경영자들의 능력과 생산성이 다른 노동자들에 비해 갑자기 높아진 결과로 볼 수도 있지만, 그보다는 그들은 자신의 보수를 마음대로 결정할 힘을 가지고 있다는 사실이 중요하다.

신자유주의는 그 사상이 표명한 것과는 반대로 자유의 확대와 국가의 축소가 아니라 자유의 억압과 국가의 적극적 개입으로 나타났다. 표면상으로는 자유의 확대로 나타난다. 금융의 자유화, 노동의 유연화 등이 대표적이다. 그러나 현실의 신자유주의는 자본 소유자─상위 소득 계급─의 재산권을 보호하고 거래의 자유를 보장하기 위해 법적, 제도적 틀을 만들게 하면서 국가를 지속적으로 개입시킨다. 문화산업도 다르지 않다. 국가가 제도적으로 재산권을 보호하기 위해 법·제도를 구성하고 산업의 기능을 유지시키기 때문이다. 또한 특정 국면에서는 경제 활성화 또는 부의 창출을 위해 법·제도를 정비해 나간다. 경제 자체의 논리보다는 특정한 정치적 목적이 더 강하다. 이와 관련에서는 뒤에서 논의하도록 하겠다.

2) 기술발전과 상품화

IT 기술의 발달과 그 기술이 미디어 산업에 적극적으로 도입됨으로 인해 미디어 산업 구조가 변화되었다. 비슷한 시기에 IT 기술의 정점이라고 할 수 있는 인터넷이 등장했다. 인터넷의 등장은 기존의 미디어에서 접할 수 없었던 정보들을 더 빨리 전달할 수 있었다. 미디어 산업이 인터넷을 중심으로 빠르게 재편되면서, 미디어 기업들은 그들이 매개하는 정보를 소유 및 관리하기 위하여 새로운 경영전략을 수립해야 했다. 그중 대표적인 전략은 시장에서 불확실성을 감소시키고 생산성의 증가와 생산비의 감소 효과를 얻기 위하여 수직적 혹은 수평적 통합을 하는 것이다. 수직적·수평적 통합은 미디어 산업뿐만 아니라 대부분의 산업에서 나타난 변화지만 특히 정보를 주요한 자산으로 여기는 미디어·문화산업에서 더욱 뚜렷하게 나타났다.

미디어 산업은 규모의 경제가 작동하고 네트워크 외부성이 적용된다. 초기 투입비용이 높고 한계비용은 영(0)으로 수렴하기 때문에 초판 생산 이후의 다음 단위의 생산에 드는 평균비용이 급격히 감소한다. 또한 한 사람의 소비자가 얻을 수 있는 효용은 매우 적을 수 있지만 소비자가 늘어날수록 그 효용가치는 기하급수적으로 늘어난다. 결과적으로 미디어 산업의 경제적 특성과 디지털 기술의 발전이 미디어 기업이 수직적 통합을 통한 시장 재배 전략을 추진할 동인으로 작용하게 되었다.

수직적 통합의 경우 규모의 경제를 추구할 수 있고 시장에서 독점적 지위를 행사하여 네트워크 효과를 높일 수 있다. 이 새로운 변화의 기본 원칙은 기존의 방식과 같은 자본의 축적이다. 즉, 생산영역이든 분배영역이든 경제활동을 체계화하는 데 좀 더 효과적이고 합리적인 방법을 제공하는 것이다. 결국 미디어 산업에 기술이 가져온 변화의 핵심은 시장화와 경제화의 논리이다. 시장의 논리가 관철되면서 정보와 커뮤니케이션, 나아가 문화가 상품화되는 것은 문제시되지 않는다. 상품화는 경제성장과 경제적 효율성을 낳고 경제적 효율성은 사회적 부를 증대시키며 사회적 부의 증대는 민주주의의 발전으로 이어질 것으로 보기 때문이다.

시장자유주의는 미디어 융합 환경 하에서 미디어와 문화적 다양성을 증진시키고 수용자의 선택권을 증대시킬 것이라고 주장한다. 민주주의 발전에도 중요한 가치가 있다고 주장한다(윤창번 외, 1999). 이러한 입장은 기술 도입에 따른 시장논리가 강화된 시각에서 나온 것으로 수익창출과 시장 효율성을 최우선으로 한다. 기술발달과 융합 환경이라는 시장의 조건만을 고려하고 기술이 가지는 사회적·문화적 파급력과 시장에서 어떻게 자본이 축적되는지를 외면한 태도이다.

시장자유주의는 미디어와 문화 영역에서 모든 정보, 과거에는 상품이 될 수 없었던 서비스나 감정까지도 상품화하고 커뮤니케이션 자체도 상품화한다.[10] 왜냐하면 상품화는 자본주의 경제의 기본적인 경향이며 "자본주의적 생산양식이 지배하는 사회의 부는 상품의 방대한 집적으로 나타나기 때문이다"(마르크스, 2001: 43). 상품의 집적은 기존의 시장에서 상품 형태로 유통되는 사용가치의 양이 증가하는 경향을 말한다. 상품의 집적은 끊임없이 증가하여 상품이 아닌 형태로 제공되던 사용가치를 상품 형태로 전환하는 경향도 나타나는데 이를 상품화(commodification)라고 한다. 상품화를 통해 물리적인 형태를 갖는 재화가 상품으로 판매되는 것을 넘어서 형태가 없는 것도 상품으로 판매된다. 상품화에는 상품화 비용이 들어가게 마련이다. 이 비용은 상품이 되지 않는 사용가치를 상품으로 만들기 위해서 지불되는 비용이며 시장에서 상품이 유통될 수 있도록 만드는 데 필요한 비용이다(강남훈, 2002).

---

10 커뮤니케이션이 하나의 문화라고 봤을 때 커뮤니케이션도 상품이 된다. 가령 메신저를 통한 대화에서 판매되는 캐릭터의 경우 커뮤니케이션이라는 행위 자체를 상품으로 대상화한 것이다.

강남훈(2002)은 상품화 비용을 다음과 같이 네 가지 측면에서 설명한다. 첫째, 상품의 배제 가능성(excludability)을 높이기 위한 비용으로서 돈을 지불하지 않은 소비자를 차단하는 데 들어가는 비용이다. 특정 상품에 대한 구매의사가 있더라도 그 상품에 무료로 접근할 방법이 있다면 소비자는 돈을 지불하려고 하지 않을 것이다. 따라서 돈을 지불하지 않는 사람을 차단하는 것은 상품화 과정이 성공하기 위한 필수적인 조건이다. 유료 방송의 경우가 배제성이 있는 상품이다. 공공재인 전파를 사용하는 지상파방송은 비배제성을 갖지만, 유료 방송으로 재전송되면서 배제성을 갖게 된다. 난시청으로 인해서 지상파방송에 접근하지 못하는 사람들은 지상파방송 시청을 위해 유료방송에 접근하게 되고 유료방송의 배제성으로 인하여 비용을 지불할 수밖에 없다.

둘째, 소비의 경합성(rivalry)을 높이는 데 들어가는 비용이다. 경합성이 없는 상품은 한 사람에게 제공되나 두 사람에게 제공되나 생산비는 동일하다. 이 경우 생산자는 규모수익체증[11]이라는 이득을 누리게 된다. 그러나 비경합성(non-rivalry)은 비배제성(non-excludability)과 같이 나타나고 — 공공재의 특성 — 비경합성은 상품에 대한 수요를 감소하게 한다. 따라서 상품화를 위해서 경합성을 증가시키게 된다. 상품으로서 방송 프로그램은 네트워크상에서 소비되기 때문에 비경합적 성격을 갖고 경합성을 증가시키기 어렵다는 한계가 있다. 반면 해당 프로그램이 DVD 등으로 출시되면 경합성이 발생하게 되고 독점 수익을 발생시킬 수 있다. 음악의 경우도 방송을 통해 공개가 되면 비경합적 성격을 갖게 되지만, CD, MP3, 실시간 스트리밍 등을 통해 유통되면 경합성이 발생해서 비용을 지불해야만 해당 콘

---

11 하나의 상품을 추가로 생산할 경우 단위당 비용이 감소하여 생산을 늘릴수록 수익 규모가 커지는 현상. 일반적으로 규모의 경제를 생각하면 된다.

텐츠에 접근할 수 있다. 특히 모바일 단말기로 유통이 되면서 통신사에 비용을 지불하지 않으면 음악을 들을 수 없는 환경이 되기도 했다.

셋째, 상품에 대한 불확실성을 감소시키는 데 들어가는 비용이다. 영화, 음악, 드라마 등 이른바 문화콘텐츠는 그 속성상 경험재 성격을 갖기 때문에 수요 예측에 대한 불확실성이 크다. 불확실성이 큰 상품의 경우 소비자들에게 정보를 제공해서 구매 욕구를 만들어내는 데까지 들어가는 비용도 커지게 된다. 가령 홍보비의 경우가 이에 해당된다고 할 수 있다. 방송의 성과는 시청률로 평가를 받고 시청률이 저조한 프로그램은 폐지된다. 따라서 새로운 프로그램이 시작될 경우에 자사의 채널을 통해 홍보를 수행한다.[12] 정보 프로그램이라는 이름으로 다른 프로그램을 홍보하는 프로그램도 시청률에 따른 광고 지원을 받기 때문에 시청자들의 광고 노출은 불확실성 감소 비용과 깊은 연관이 있다.

넷째, 재산권을 설정하는 데 들어가는 비용이다. 하나의 상품이 만들어졌을 때 그것이 누구의 것인지가 확정되어야 시장에서 매매될 수 있다. 그런 의미에서 재산권을 설정하는 행위는 상품화 과정에서 가장 기본적인 절차이다. 정보와 문화의 경우도 지적 재산권에 의해서 상품으로 거래된다. 지적 재산권의 설정은 내용은 있지만 형태 자체가 없는 대상이 상품화되는 과정에서 나타나는데, 어느 범위까지 그리고 누구에게 재산권을 부여할지가 문제가 된다. 가령 기업에서 업무상 발명된 창작물에 대해서 지적재산권을 해당 직원에게 부여할지 해당 직원을 고용한 법인에게 부여할지의 문제이다. 음악의 경우 작곡자에게 저작권이 부여되며 제작사에게는 배포와 복제권이 부여된다. 음악은 인터넷이라는 네트워크상에서 유통되기 때문

---

12 방송에서 영화, 드라마, 뮤지컬, 음반 등을 홍보하기 위해 출연하는 출연자들을 쉽게 찾아볼 수 있다.

에 배포와 복제권을 둘러싸고 여러 이해관계자들이 얽혀 있어서 재산권 설정의 비용보다 재산권 배분에 관한 비용이 더 발생하게 된다.

상품화 비용이 발생하는 것 자체도 문제지만 이 비용이 상품가격에 포함된다는 것도 문제다. 상품화되지 않고 공유되거나, 호혜성 원칙에 의해 교환되는 정보나 문화가 상품화되는 것은 무료에서 유료로 전환을 의미하며 이 전환은 폭력적이다. 시장은 경제적 가치를 실현하기 위해 작동하고 경제적 가치를 실현하지 못하는 상품은 사라진다. 정보 상품의 경우 상품화를 위해 지불된 상품화 비용도 같이 사라지기 때문에 사회적인 낭비다. 또한 이윤 극대화라는 시장논리가 관철되기 때문에 미디어 회사의 운용과 문화상품도 같은 논리에 의하여 지배된다. 이 논리는 시장에서 문화상품이 소비되는가, 혹은 소비되지 않는가의 문제로 귀결된다. 문화상품의 시장성과는 소비에 의해서 결정되며 수요가 많은 문화상품은 지속되고 수요가 없는 문화상품은 시장에서 사라지게 된다. 상품화의 가치문제를 떠나 문화상품의 존립 여부가 철저하게 자본의 논리를 따르게 되었고 공유와 교환은 사라졌다. IT 기술의 발달과 그 기술을 적극적으로 미디어와 문화 분야에 도입한 결과라고 할 수 있다.

3) 미디어 환경과 지대의 구축

시장에서는 크게 두 가지 유형의 지대가 발생한다. 우선 지대 추구(rent seeking)로서 지대다. 지대 추구는 가치를 생산하는 대신에 경제 환경을 유리하게 조작해 이익을 얻으려는 행위로 정의된다(정인숙, 2009). 따라서 지대 추구는 경제 환경을 유리하게 만들 수 있는 여러 제반활동을 수반한다. 독점사업권의 확보 같은 것이 지대 추구라고 할 수 있다. 두 번째는 자본의 생산력과 관계가 없는, 즉 자본의 힘으로 재생산하기 힘든 조건으로 인하여 초과이윤을 획득할 수 있을 때 발생하는 절대지대다(강남훈, 2002).

전자나 후자나 생산력과 관계없이 유리한 조건을 통해 이윤을 얻게 된다는 개념은 같다. 차이가 있다면 전자는 지대를 행위개념으로 정의하고 후자는 초과이윤으로서 지대를 개념화한다. 달리 말하면 지대 추구는 초과이윤의 추구이며 이 이윤은 특정한 환경과 경제행위가 유리하게 작용될 수 있는 환경 또는 구조에서 나타나는 이윤이다. 이러한 환경이나 구조는 자연발생적이기도 하고 인위적으로 조성되기도 한다. 전통적으로 지대는 토지의 사용대가로도 이해되는데, 토지의 비옥도 차이로 인해 사용대가가 달라질 수 있지만 토지의 비옥도는 개간을 통해 향상될 수 있다는 점에서 지대는 자연발생적이기도 하고 인위적으로 조성되기도 한다.

지대는 토지의 점유자가 그 대가로 소유자에게 지불하는 잉여가치의 분할분이다(김동수, 2005). 임차인이 임대인에게 사용에 대한 대가를 지불하는 것이다. 토지 소유와 그 경제적 실현인 지대는 미디어나 문화콘텐츠와 관련이 없는 듯 보이지만, 지대에 관한 설명은 초과이윤의 토대라는 측면에서 미디어산업과 문화산업에 적용된다. 지대 개념은 정보 상품-콘텐츠 상품의 가격에 적용될 수 있으며, 디지털이 야기한 정보혁명과 관련해서도 확장될 수 있다(강남훈, 2002, 2005; 류동민, 2000). 따라서 지대 개념은 네트워크 경제가 작동하는 미디어산업과 문화산업에도 적용된다. 이를 위해 지대가 어떻게 발생하는지를 먼저 고찰하고자 한다.

자본주의적 지대는 토지의 "점유자가 소유자에게 지불하는 일정액의 화폐라는 형식"으로서(김동수, 2005: 522) 봉건적 지대와는 반대되는 개념이다. 봉건적 지대의 경우 직접생산자의 노동이 자신의 필요생활수단을 넘는 초과분에서 나온다. 토지 소유자를 위한 잉여노동이며 경제 외적 강제에 의해서 강탈되는 지대이다. 이는 신분질서에 의한 강제이며 경제적 관계가 정치적 강제에 의해 표현된 것이다. "노동자가 자기 자신의 생활수단의 생산에 필요한 생산수단과 노동조건의 점유자이기도 한 모든 형태에서 소유관계는 동시에 직접적인 지배·예속관계로 나타난다"(마르크스, 2004: 960). 이러한 관계에서 농민들은 토지를 경작할 수는 있어도 자신들의 노동 생산물에 대한 소유권을 행사하지는 못했다.

그러나 농업이 경제적 이익을 추구하는 자본주의 생산양식에 예속되며 봉건적 지대는 자본주의적 지대로 이행한다. 자본주의 생산양식에서 토지 소유자와 지대를 지불하는 농민의 관계는 경제적 관계로 형태가 바뀐다. 자본주의 생산관계에서 농민들은 임금노동자가 된다. 토지를 소유하던 지주들은 자본가로서 차지농업자에게 토지를 임대한다. "차지농업자는 농업 노동자의 실질적인 잉여노동의 착취자로 되며, 토지 소유자는 자본주의적 차지농업자에 대해서만 관계를 맺는데, 단순한 화폐관계·계약관계"(마르크스, 2004: 971)만을 맺는다. 자본주의적 지대는 화폐 형태를 취하고 이 지대는 차액지대와 절대지대로 나뉜다.

차액지대는 토지의 생산성 차이에서 발생한다. "생산물들의 시장가치는 최열등지(最劣等地)에서의 생산가격으로 결정된다"(하비, 1995: 467). 이 토지의 생산물들은 생산가격으로 판매되는데, 비용요소와 이윤의 합이 판매가격이 된다. 따라서 최열등지보다 비옥도가 높은 토지의 생산자들은 초과이윤을 얻게 된다. 이 차이는 투하된 노동과 무관하게 발생한다. 두 토지의 비옥도에 따라서 발생하는 생산량의 차이가 차액지대이다. 각각의 토지에서 발생한 초과이윤은 총이윤에서 생산가격을 제외한 나머지 금액이다. 이 금액은 초과이윤으로서 초과이윤은 토지 소유자에게 지대로 지불된다(초과이윤은 지대로 전환된다). 지대는 순수하게 토지의 비옥도로 인하여 발생하게 되고 토지의 비옥도로 인하여 발생하는 차이가 차액지대다.

〈표 2-2〉에서 토지 D의 생산성이 좋다고 해서 토지 A의 경작이 사라지지는 않는다. 총수요를 만족시키기 위해서는 열등지인 토지 A에서의 경작

토지	생산물	자본투하	평균이윤	생산가격	총이윤	초과이윤	지대
A	10	500	50	550	50	0	-
B	20	500	50	550	1100	550	550
C	30	500	50	550	1650	1100	1100
D	40	500	50	550	2200	1650	1650

자료: 김동수(2005: 525).

이 필요하다. 따라서 생산가격을 결정하는 것은 여전히 토지 A가 된다. 이는 생산물의 가격이 하락하지 않는다는 것을 의미한다. 이러한 차이를 발생시키는 것은 토지의 비옥도라는 특수성이며, 지대는 노동에 의해 생산된 생산물 이상일 수 없고 그것으로부터 분배된 것이다(김동수, 2005). 여기서 주의할 점은 화폐로서 지대가 발생했다는 것이고 이 지대는 가치의 증가가 아니라 단지 자본이 증가했다는 점이다. 노동가치론 입장에서 가치는 노동에서 나오기 때문이다. 강조하면 동일한 노동에서 다른 생산물이 나온 까닭은 투여된 노동이 다른 게 아니라 토지의 비옥도일 뿐이다.

다시 〈표 2-2〉를 보면 토지 A의 경우 지대가 발생하지 않았다. 토지 A의 지주도 지대를 원할 것이고 차지농업자는 평균이윤 이상을 얻으려고 할 것이다. 차지농업자는 평균이윤 이상을 얻지 않으면 농사를 지을 이유가 없다. 이로써 지대가 발생하고 이 지대를 절대지대라고 한다. 절대지대는 토지의 생산성, 즉 비옥도나 지리적 위치와 아무런 관련이 없다. 절대지대는 토지 소유의 독점에 의해서 발생한다. "모든 지대는 지구상의 일정 부분들의 사적 소유자들의 독점력에 기초하고 있다"(하비, 1995: 461). 절대지대는 생산물의 가격을 상승시키는 원인이 된다. 차지농업자가 평균이익을 얻고 토지 소유자에게 지대를 지불해야 하기 때문이다. 여기서 상승한 가격도 가치의 증가가 아니다. "가격은 가치의 화폐표현에 불과하며, (절대)

지대가 인상시킨 것은 단지 가격이지 가치가 아니기 때문이다"(김동수, 2005: 530).

자연력의 독점은 초과이윤을 발생시키고 이 이윤은 지대로 전환된다. "자본주의에서 지대는 잉여가치의 한 형태, 즉 잉여노동의 산물의 일부이다"(자골로프, 1990: 443). 이러한 지대에 대한 설명은 초과이윤에 대한 논리, 독점 자본주의에서 발생하는 이윤의 포획 메커니즘에 대한 설명을 담고 있다. "자본주의적 지대는 자본가가 이윤을 위해 임차해서 사용하는 모든 것에 동일하게 적용된다. 기술 사용료나 상표 사용료 등과 연관된 지적 재산권과 그에 따른 비용의 지불이 확대되는 시대에 적용대상이 넓어지는 개념이다"(이진경, 2004: 424).

차액지대와 절대지대 말고도 발생하는 지대가 있다. 가령 토지 소유자들이 지대를 추구하며 서로 경쟁하는데, 경쟁이 발생하지 않는 상황에서는 독점지대가 발생한다. 독점지대의 발생을 하비(1995)는 두 가지로 설명한다. 첫째, 일정 유형의 활동과 관련하여 토지를 통제하는 소유자들은 그 토지를 이용하고자 하는 사람들로부터 독점지대를 추출할 수 있다. 둘째, 토지 소유자들은 그들의 통제 하에 있는 미사용 토지에서, 생산된 상품의 시장가격이 가치 이상이 되도록 하는 높은 지대가 지불되지 않을 경우, 토지의 사용을 거부할 수도 있다. 이 경우 지대는 토지의 희소성과 집단적 계급력, 토지 관련 이해관계의 위상에 의해 좌우된다.

두 가지 사례 모두 마르크스에 의해 정식화된 조건들로서 첫째의 경우 독점가격이 독점지대를 창조하는 사례이다. 이때 생산물의 가격, 즉 시장가격은 생산가격이나 가치에 의해 결정되는 것이 아니라 구매자의 욕망과 지불능력에 의해 결정된다. 두 번째 역시 토지 소유와 관련된 것으로서 이 경우는 지대가 독점가격을 형성한다. "토지 소유가 미경작지에 대한 지대 없는 투자를 제한함으로써 토지 생산물이 생산가격보다 높게 판매될 뿐만 아니라 가치보다 높게 판매되는 경우이다"(마르크스, 2004: 942).

이러한 지대 개념은 전파를 독점하고 있는 이동통신사의 자본 실현에 적용된다.13 이동통신사의 망을 통해서 음원이 유통되면서 이동통신사에게 이동전화서비스 매출을 넘어 다른 수익이 발생했다. 음원에 책정된 가격의 일정 부분을 이동통신사가 가져가기 때문이다. 이동통신사의 망은 이때 지대로서 기능한다. 지대는 "토지 소유가 자신을 실현하는 경제적 형태라는 점과 토지 소유 ― 일정한 부분을 특정한 개인들이 소유한다는 것 ― 을 전제하고 있기 때문이다"(마르크스, 2004: 781). 물론 이동통신사의 망은 토지 소유와는 다르지만 특정한 영역을 사적으로 소유하여 경제적 이익을 취한다는 측면에서 같다.

여기서 지대가 발생시키는 경제적 이익은 초과이윤이다. "초과이윤은 독점할 수 있으며 독점되어 있는 자연력을 자본이 이용하는 것으로부터 발생하며 이 초과이윤은 지대로 전환된다"(마르크스, 2004: 781). 따라서 이동통신사의 망으로 음원이 유통되면서 발생하는 초과이윤은 지대로서 설명이 가능하다. 이때 유선망의 경우 독점되어 있는 자연력으로 보기 어렵지만 무선망의 경우 전파라는 공공의 자원을 이용한다는 측면에서 자연력의 독점으로 볼 수 있다. 유선통신망의 경우도 통신사들이 투하한 자본이 상각(償却)되면 지대로서 기능한다. 이러한 유무선 통신망은 한국의 경우 SK, KT, LGU+ 3사에 의하여 독점되고 있다. 물론 통신사 3사는 서로 경쟁하며 이윤을 추구하기 때문에 각자의 통신망 품질에 따라서 지대의 기능을 달리하나 무선망이라는 자연력 독점과 유선망이라는 독점력에서 가치를 추구하고 있다는 점에서 이들의 망은 지대로서 기능한다.

따라서 이동통신사 3사가 소유하고 있는 유무선망은 독점지대로서 분

---

13 이하 한찬희(2011)의 연구를 참조.

석이 가능해진다. 독점지대를 하비는 다음과 같이 설명한다.

모든 지대는 지구의 일정 부분에 대한 사적 소유자들의 독점력에 기초하고
있다. 독점지대는 사회의 행위자들이 본질적인 측면에서 유일하고 재생 불
가능하고, 직접 혹은 간접적으로 거래 가능한 물건에 대한 배타적인 통제로
인해서 상당한 기간 동안 증대된 수입의 흐름을 실현할 수 있기 때문에 발생
한다(Harvey, 2002: 94).

이동통신사는 음원이라는 거래 가능한 물건에 대한 배타적인 통제를 행
사한다. 무선망의 경우 이동통신사가 없으면 음원 유통은 절대 불가능하
며 유선망의 경우도 휴대전화와 연계라는 측면에서 다른 음원서비스 사이
트보다 유리한 측면에 있다.

문제가 되는 수익배분율이 배타적인 통제에서 온 것이며 이를 통해 수
입의 증대를 실현하고 있다. 독점지대가 성립되기 위해서는 두 가지 조건
이 충족되어야 한다. 하나는 독점가격이다. 독점가격은 생산물의 가격이
생산가격이나 가치에 의해 결정되는 것이 아니라 소비자의 구매의사에 의
해서 결정된다. 다른 하나는 그것이 지대여야 한다는 것이다. 지대가 되기
위해서는 초과이윤의 원천이 자본이나 노동에 내재하지 않아야 한다. 즉,
자연력과 같은 것들이 독점되면 지대를 발생시킨다(강남훈, 2005). 디지털
음원이 여기에 적용되고 있다.

음원 파일은 아날로그 형태의 음악이 디지털 방식에 의하여 mp3, ram,
wma, ogg 등의 확장자를 가진 파일로 전환된 것이다. 이러한 확장자는 아
날로그를 디지털로 전환하는 방식을 정한 일종의 약속(프로토콜)이다. 그
러나 이러한 약속을 따르기 위해서는 개개인이 비용을 지불해야 한다. 이
러한 약속은 재생산이 불가능하다. 해당 파일의 단위들만 재생산이 될 뿐

이다. 재생산 시에 비용은 전혀 들지 않는다. 재생산된 파일의 가치는 0이 되기 때문에 ─ 즉 한계비용이 0으로 수렴하기 때문에 ─ 그 가격은 독점가격이다.

이제 음원들은 망을 통해 유통되면서 저작인접권이라는 지적재산권이 적용되어 독점력을 가지게 된다. 독점력은 독점지대를 발생시킨다. 법적으로 그 형식들에 대한 배타적 권리를 인정받기 때문이다. 음원이 유통되는 유무선 통신망은 네트워크 효과를 가지고 있다. 네트워크의 사용가치는 사업자들이 만들기보다는 그 이용자들이 만드는 것이다. 물론 망구성을 위해 투하된 자본이 포함되지만 투하자본이 회수된 이후에 발생하는 비용은 지대로 전환된다. 이처럼 망사업자들은 그 지리적 이점을 이용하여 음악산업의 향방을 결정하는 힘을 갖게 되었다. 따라서 산업 내의 다른 행위자들은 망사업자들에게 종속될 수밖에 없다.

이동통신사가 음원 유통을 통해 실현하는 초과이윤을 특별잉여가치로도 볼 수 있다. 특별잉여가치는 초과이윤의 원천이 자본에 내재하는 것이다(강남훈, 2002). 지대의 경우 자본의 외부에 초과이윤의 원천이 있지만 특별잉여가치는 지대와 반대로 자본 내부에 초과이윤의 원천이 있다. 이동통신사에는 유무선 통신망이 특별잉여가치를 실현해준다. 왜냐하면 이동통신사는 음원을 제작하지 않고 망을 통해 유통시킴으로써 이윤을 달성하는데 이 이윤의 원천이 망 구축에 투하된 자본에 있으며 망 구축 원래인 목적인 통신서비스 제공을 넘어서 음원 유통을 통한 가치를 만들어내기 때문이다.

이와 같이 이동통신사는 독점적으로 소유하고 있는 유무선 통신망을 가지고 음원시장에서 독보적인 위치를 점하고 있다. 전파를 독점한 무선통신망, 역시 막강한 자본력으로 독점적으로 운영하는 유선통신망, 저작인접권이라는 법률적 장치 등이 음원시장에서 이동통신사를 절대강자로 만들었다고 해도 과언은 아니다. 이러한 영향력은 직간접적으로 음악의 형식마저도 바뀌게 했다.

2. 문화산업의 정책 담론들

1) 문화산업의 진흥

국가가 주도적으로 문화산업을 장려한 시기는 대체적으로 1990년대 말, 정확하게는 국민의 정부가 출범한 이후부터라고 할 수 있다. 그 이전에는 문화를 산업의 영역으로 포섭하여 육성하고자 한 정책이 드물었다. 문민정부 시절 한국 사회에 세계화와 신자유주의가 수용되면서, 문화를 산업으로 육성하는 정책 수립을 위한 전담부서를 설치했으나 구체적인 정책을 수립하지는 못했다(최영화, 2014). 문민정부 이전에도 문화는 산업으로 존재했지만 국가경쟁력 차원에서 진흥하고자 하는 대상은 아니었다. 다만 '국풍'81처럼 쿠데타 정부의 이미지를 희석시키기 위한 대중 조작 이벤트로 문화를 이용했다. 정권의 성격을 떠나 문화산업이 대중기만이라는 혐의를 받고 있지만, 군사정부는 노골적으로 문화산업을 도구로써 이용한 것이고, 이후의 정부들은 경제 활성화라는 측면에서 문화산업을 조금 더 세련되게 가공한 것뿐이다. 문화산업이 파생시키는 여러 부가가치가 이를 더욱 강화시키는 논리가 되기도 했다.

국민의 정부는 외환위기 타개라는 시대적 소명을 가지고 출범했다. 따라서 경제 활성화(살리기)는 당면한 최우선의 과제였다. IMF로부터 구제금융을 받는 조건으로 여러 분야에서 구조조정이 있었으며, 금융, 기업, 노동 부문에서 신자유주의로의 전환이 추진되었다(지주형, 2011). 당시 정부

<表 2-3> 지식기반경제로 이행에 따른 패러다임의 변화

	20세기 산업사회	21세기 지식기반경제
핵심 생산요소 (기반 기술)	산업자본 (산업기술)	인적, 지식 자본 (정보통신기술)
경쟁 내용	품질 경쟁 정보기술의 독점체제 선후발자 간 경쟁 가능	두뇌, 시간 경쟁 정보기술의 공유체제 승자 독식(winner takes all)
경제활동 공간	국가 경제 중심	세계경제, 가상공간으로 확대
경제운영체제	국가와 기업 중심 수직적 경영체제 (대립적 경쟁관계)	개인과 기업 주도 공동체 경영체제 (협조적 경쟁관계)

자료: 재정경제부 외(2000: 1).

는 대기업 육성정책 대신 벤처기업과 중소기업 육성정책을 시행했고, IT 중심의 기업들이 등장해 시장에서 경쟁을 하기도 했다. 경제 활성화와 IT 육성 정책으로 인해 산업자본 중심의 경제구조는 지식 중심의 경제구조로 전환되었다는 평가도 등장했다. 이 평가는 산업자본 시대에 형성된 경제구조와 패러다임이 지식 중심으로 전환되었다고 하여 지식기반경제라는 담론으로 나타났다(〈표 2-3〉 참조). 지식과 문화가 연관을 갖는다고 보면 문화산업을 육성하기 위한 조건이 만들어진 것이다.

재정경제부 외 18개 주무부처[14]는 지식기반경제 발전전략을 수립하고 3개년 실천계획을 수립하기도 했다. 이들이 제시한 보고서에서 정부 주도의 양적 성장 전략은 1990년대 이후 세계경제환경 변화로 인하여 한계에 직면했고, 새로운 성장원천을 지식에서 모색하는 국가 차원의 발전전략

---

14 국방부, 행정자치부, 교육부, 과학기술부, 문화관광부, 농림부, 산업자원부, 정보통신부, 보건복지부, 환경부, 노동부, 건설교통부, 해양수산부, 기획예산처, 국무조정실, 공정거래위원회, 금융감독위원회, 여성특별위원회(이상 18개).

수립과 추진이 시급하다고 했다. 이들은 지식기반경제는 경제의 하부구조를 뒷받침하는 법과 제도 등 인프라의 지식집약화뿐만 아니라 선진화된 의식이 총체적으로 병행 발전할 때 실현이 가능하다고 봤다. 그리고 이들이 중점적으로 추진하고자 했던 것은 법과 제도의 개선이었다. 정보 인프라를 고도화시키고 규제완화를 통해 지식정보, 과학기술, 지식기반의 신산업이 육성될 것으로 내다봤기 때문이다(재정경제부 외, 2000).

지식기반경제로 이행하기 위해서 우선적으로 추진한 전략은 정보통신망의 고속화와 고도화였다. 정보 인프라를 통해 정부, 기업, 개인 등 모든 경제 주체의 생산성과 투명성을 제고해 기존 산업을 지식기반산업으로 발전시키려는 목적이 있었기 때문이다(정보통신부, 1999). 안으로는 외환위기라는 경제난을 해결하고 밖으로는 정보화·지식기반경제화라는 세계화에 뒤처지지 않기 위해 수립한 정책이 IT 인프라 구축과 문화산업의 국가기간산업화였다(최영화, 2014). 이 시기에는 '문화산업진흥 기본법'이 제정됨으로써 문화산업을 국가산업으로 육성하고자 하는 움직임이 시작되었다.

지식기반경제는 지식과 정보의 생산, 분배, 사용에 직접적으로 기초하고 있으면서 고기술 투자, 고기술 산업, 고숙련 노동 및 연관된 생산성 이득이 증가하는 경향을 말한다(OECD, 1996). OECD가 발표한 『지식기반경제(The knowledge- based economy)』(1996) 보고서에 따르면 지식은 오랫동안 경제성장에 중요한 요인이었지만, 경제학자들은 지식과 기술 발전과 경제가 직접적으로 협력할 수 있는 이론과 모델을 찾았다고 설명한다. 이른바 신성장이론으로서 생산성 향상과 경제성장에 기술과 지식의 역할을 규정하고, 연구개발, 교육, 훈련, 새로운 경영기술에 투자하는 것을 중요하다고 본다(OECD, 1996). 그러나 신성장이론이나 지식기반경제는 과학기술이 가져다줄 미래에 대한 낙관적 전망뿐이다.

앨빈 토플러(Alvin Toffler)나 피터 드러커와 같은 대중적인 학자들의 경우에는 낙관적인 수준을 넘어서 인류의 모든 문제가 지식에 의해서 해결할 것이라는 과장된 전망을 제시하기도 했다(강남훈, 2002). 한국의 경우도 다르지 않았다.

> 지식기반경제는 사회적 감수성을 포함한 구조적 전환을 이루어낸다. 이것은 기업에서 경쟁적이지만 공정한 규제적 환경, 정부와 기업 보고의 투명성, 용인된 법제, 낮은 인플레이션과 금리, 그리고 사람들이 사회적인 혼란 없이 새로운 사회적, 경제적 구조를 수용하는 것을 도와주는 안전망 같은 것을 포함한다(유장희·김남두, 2001: 19).

지식기반경제를 위한 전제 조건은 정보통신기술의 발전이며 그에 따라 정치, 사회, 경제, 법 구조가 정비될 것이라고 여긴다. 최근의 세계적인 흐름도 정보와 지식이 인간성의 유지와 실현, 그리고 지속 가능한 발전을 추구하는 데 결정적인 역할을 할 것으로 평가하고 있다. 지식의 창출과 공유는 의심할 바 없이 경제성장, 사회적 발전, 문화적 풍요, 민주주의 제도의 공고화 등에 핵심적인 역할을 수행하는 것으로 여기고 있다(UNESCO, 2013).

한국에서 지식기반경제는 결과적으로 문화산업이라는 국가경쟁력 분야를 육성하고자 하는 정책의 배경에 불과했다. 문화산업의 육성을 위해 법제도가 정비되었고 문화산업은 육성되기 시작했다. 당시 문화관광부가 발표한 『문화산업비전 21』에는 문화산업을 새로운 국가기간산업으로 육성하는 것은 시대적 명제라고 천명했다. 그리고 문화산업을 고부가가치 산업, 국가 이미지 고양 산업, 지식집약형 산업, 고용창출효과가 큰 산업, 환경친화적 산업으로 규정했다. 문화의 진흥은 무엇보다 중요했다. 이를 위해 법령 및 제도개선을 우선 과제로 두었고, 문화는 진흥의 대상이 되어 제도권 내로 편입된다.

이후 문화산업진흥을 위한 법적 제도적 기초가 마련되는데, '문화산업 진흥 기본법', '방송법', '영화진흥법', '음반·비디오물 및 게임물에 관한 법률'이 제정 및 개정되었고 한국문화산업진흥위원회, 영화진흥위원회, 영상물등급위원회, 한국방송진흥원이 설립되었다(문화관광부, 2000). 문화산업은 계획, 수립, 시행되는 정책의 대상이 되어 평가를 받아야 하는, 즉 관리를 받아야 하는 대상이 되었다. 정책적으로 진흥을 추진함과 동시에 정부 부처에서는 『문화산업백서』라는 보고서를 발간하기 시작했다(신현준, 2013). 따라서 문화산업의 성장과 전망을 가늠케 하는 각종 통계를 수집하기 시작했다.

이와 같이 국민의 정부에서 등장한 문화산업의 진흥은 참여정부에도 이어진다. 세계적으로 지식기반사회의 심화에 따라 창의성을 국가의 정책의 제로 설정했고, 많은 나라들이 문화 주도권 확보를 위해 문화기반시설, 다양한 문화정책, 문화행사 등에 투자했다. 참여정부도 창의성을 정책의 중심에 놓았고 한류를 공식적으로 언급하기도 했다. 참여정부의 문화정책은 게임·영상미디어 분야 지원, 문화 복지 정책, 국가 이미지를 높이고 문화 정체성을 확립하는 방향으로 나아갔다(문화체육관광부, 2013a, 2013c). 지식기반경제라는 전 지구적 흐름에 경제 회복을 위해 진흥된 문화산업은 정권이 변화해도 크게 변하지 않고 보다 심화되어 나타나게 된 것이다.

이명박 정부에서도 문화산업은 여전히 국가경쟁력 중의 하나였고 경제 위기 극복을 위한 수단이었다. "문화경쟁력이 국운을 좌우한다는 관심하에 문화사회의 국격을 높이는 국가 브랜드 가치 제고"(문화체육관광부, 2013c: 22)가 주요한 정책으로 등장하기도 했다. 이명박 정부의 문화산업을 대표하는 단어는 한류다. 2012년 문화체육관광부 안에 한류문화진흥단이라는 기구를 출범시키기도 했다. 한류의 지속·발전을 통해 콘텐츠산업과 제조업의 수출을 증대하고자 하는 목적이 있었기 때문이다.

문화산업이 국가 경제의 성장동력으로 평가받는 이유는 간단하다. 드라마나 음악과 같은 문화콘텐츠가 해외로 수출될 경우 한국에 대한 긍정적 이미지를 형성한다는 점, 해당 콘텐츠 외에 다른 관련 상품, 가령 한국 관광과 같은 상품들이 판매되어 부가가치를 극대화할 수 있다는 점이 있기 때문이다. 이로 인해 정부는 해당 분야를 산업으로 규정했고 문화산업은 진흥과 규제의 대상이 되었다. 진흥의 측면에서는 고용 안전망 구축, 온라인 유통 확대, 수출 네트워크 강화, 저작권 보호 문화 정착이라는 정책적 제안을 가능하게 한다(권호영 외, 2012).

문화산업은 국가정책으로 육성되는 산업이었고 지식기반경제와 같은 담론을 앞세워 진흥체제를 지속적으로 정비했다. 이는 경제 상황을 개선하기 위한 정책이었고, 문화향상이나 삶의 질과 같은 목표는 공허한 주장에 불과했다. 최근에 있었던 스마트 미디어에 대한 여러 논의라던가 '기가코리아' 논의도 그러했다.

기가코리아 사업은 유무선 네트워크 인프라를 기가급(Gbps) 이상으로 향상시키고 차세대 단말기, 소프트웨어, 플랫폼, 콘텐츠 등을 개발하는 사업이다. 2013년부터 2020년까지 8년간 진행되며 사업비는 5500억 원 규모이다. 정부는 스마트 IT기술이 의료, 국방, 교육, 건축, 문화 분야에 접목되어 새로운 융합산업 동력을 창출할 것으로 내다보고, 68조 원의 생산 유발 효과와 41만 명의 고용창출 효과도 기대하고 있다. 또한 개인 맞춤형 실감서비스를 제공하고 스마트 교육, 스마트 의료서비스를 통한 국민 삶의 질을 제고할 것이라고 전망했다. 한류 콘텐츠 육성과 평창 올림픽 개최를 통한 국가 브랜드 가치도 제고할 것으로 기대하고 있다(기획재정부, 2012. 12.7).

전형적인 기술만능주의 정책이다. 스마트함과 국민 삶과 큰 상호 관계

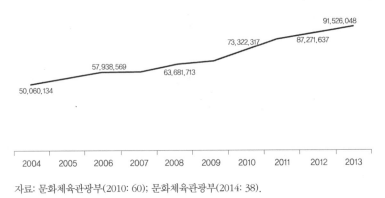

〈그림 2-3〉 문화콘텐츠 산업 매출액

(단위: 100만 원)

자료: 문화체육관광부(2010: 60); 문화체육관광부(2014: 38).

가 없다는 것은 경험적으로 알 수 있는 것이고, 한류 콘텐츠 육성으로 인한 국가 브랜드 가치 제고는 국가 외교 차원보다 관광객 유치와 더 밀접한 관계가 있어 보인다. 이러한 상황에서 8년간 5000억 원 규모의 국고를 들일 필요가 있는지 의문이다.

문화산업을 진흥하기 위해 마련된 제도 안에서 문화콘텐츠는 본격적으로 팔려나가기 시작했다. 〈그림 2-3〉를 보면 문화콘텐츠 산업 매출액은 2004년 50조 원 규모에서 꾸준히 상승하여 2013년에는 91조 원 규모에 도달했다. 연평균 6.9%의 증가율을 보인 것이다. 특히 2008년 미국발 세계 금융위기로 인해 세계경제가 침체되었음에도 문화콘텐츠 산업의 매출액은 증가했다. 내수시장의 성장과 함께 수출액도 증가했다. 〈그림 2-4〉를 보면 2005년 12억 달러 규모에서 지속적으로 증가하여 2012년 46억 달러 규모로 성장했다. 연평균 20.7%의 증가율이다. 2008년 세계금융위기에도 2007년 수출액과 비교해 소폭 상승했고 이후에도 꾸준하게 증가했다.

문화산업의 양적 변화가 공식 통계로 산출되고 국정홍보 대상으로 정착되었다. 문화산업은 국가가 후원하고 진흥하는 대상이 된 것이며 국민이

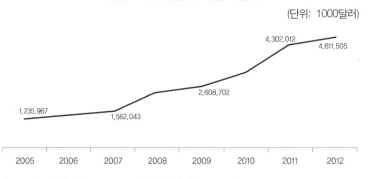

〈그림 2-4〉 문화콘텐츠 산업 수출액

(단위: 1000달러)

4,302,012
4,611,505
2,608,702
1,235,967
1,562,043

2005 2006 2007 2008 2009 2010 2011 2012

자료: 문화체육관광부(2010: 79); 문화체육관광부(2014: 46).

라면 누구나 문화산업의 진흥을 지지해야 하는 규범적 요청을 받게 된 것이다. 문화산업의 성장이 둔화하거나 한류에 대한 현지의 부정적 반응이 언론을 통해 보도되면 한국 경제를 걱정하게 되는 상황이 발생할 수도 있게 된 것이다(신현준, 2013). 문화가 콘텐츠로 규정되고 수익을 창출해야 하는 상황이라면 더욱 그러하다. 영화의 흥행수익이 자동차 몇 백만 대를 판매한 수익을 상회한다는 언론의 보도는 문화의 산업화-상업화의 신호탄이었는지도 모른다.

2) 문화산업, 창의산업, 콘텐츠산업

대중문화가 국가경쟁력의 범주에 들어온 이후 2001년 문화관광부 산하에 한국문화콘텐츠진흥원이 설립되었다. 문화콘텐츠진흥원은 '문화산업진흥 기본법'에 의해 설치된 기관이다. '문화산업진흥 기본법' 외에 문화를 진흥하는 법은 '문화예술 진흥법'이 있지만 문화산업의 진흥은 문화예술의 진흥과는 다른 차원에서 작동한다. 이른바 산업으로 문화를 지원하는 것이다(신현준, 2013).

문화관광부는 문화체육관광부로, 한국문화콘텐츠진흥원은 한국콘텐츠진흥원으로 명칭이 바뀌었다. 사실 명칭만 바뀐 것이 아니라 장르별로 분리되어 운영되었던 진흥기관들이 한국콘텐츠진흥원으로 흡수통합된 것이다. 한국방송영상산업진흥원, 한국문화콘텐츠진흥원, 한국게임산업진흥원, 문화콘텐츠센터, 한국소프트웨어진흥원, 디지털콘텐츠사업단이 한국콘텐츠진흥원으로 통합되었다. 이는 문화콘텐츠산업을 차세대 성장동력으로 키우겠다는 정부의 의지가 반영된 결과물이다. 한국콘텐츠진흥원은 장르별로 분산되어 진흥되던 콘텐츠산업을 하나로 통합해 시너지 효과를 극대화하기 위한 목적으로 설립되었다. 콘텐츠 선진국들이 콘텐츠산업의 육성을 최우선 정책으로 삼고 있는 상황에서 콘텐츠산업을 차세대 성장동력 산업으로 발전시키는 목표를 제시했던 정부의 입장에서 기구의 통합은 당연한 귀결이었다.

여기에 맞추어 문화체육관광부는 콘텐츠산업을 제조업과 IT산업에 이은 차세대 성장동력 산업으로 키워 2012년까지 문화콘텐츠산업 5대 강국에 진입하겠다는 목표를 제시하기도 했다(최용준, 2009.3). 문화는 진흥의 대상이 될 수 있다. 그러나 산업으로 범주화시키고 경쟁논리로 성장시키고자 하는 입장은 결과적으로 정체된 시장에서 새로운 수익을 창출하고자 하는 노골적인 목적을 드러낸 것에 불과하다. 여기에서 문화는 도구로 사용될 뿐이다.

한국콘텐츠진흥원은 2009년 2월 통합 설립되었다. 이명박 정부에서 실행된 일로서 문화를 대하는 협소한 시각을 그대로 드러낸 일이라 할 수 있다. 사실 문화가 산업으로서 규정이 되면 거래될, 다시 말해 팔릴 상품이 필요하다. 이 상품이 바로 문화인데, 상품으로서 문화를 바라보는 것이 아니라 상품으로서 콘텐츠를 바라본 것이라 하겠다. 2008년 이명박 대통령 취임사에는 다음과 같은 언급이 있었다.

문화도 산업입니다. 콘텐츠 산업의 경쟁력을 높여 문화강국의 기반을 다져야 합니다. 문화수준이 높아지면 삶의 격조가 올라갑니다. 문화로 즐기고, 문화로 화합하며, 문화로 발전해야 합니다.[15]

취임사에는 문화산업과 콘텐츠산업이 같은 개념으로 쓰이고 있다. 문화산업은 그 개념에 대해서 논란이 있지만 콘텐츠 산업으로 보면 단순화되는 효과가 있다. 시장에서 팔리기 위해 잘 가공된 상품의 의미만을 담기 때문이다. 물론 이전 정부에서도 문화는 산업이었다. 아도르노와 호르크하이머(2001)가 문화산업을 비판했을 당시도 문화는 산업이었다. 대량생산과 대량소비가 가능한 산업, 이를 통해 경제적 이익을 만들어야 하는 산업일 뿐이었다. 오히려 직접적으로 콘텐츠산업이라고 언급함으로써 문화가 돈을 벌기 위해 기능해야 한다는 점을 명확히 한 것이다. 문화가 상품이 될 수 있을까라는 고민 자체가 의미 없기 때문에 더욱 의미가 분명한 콘텐츠라는 단어를 사용했다고 봐야 한다. 이를 두고 문화산업의 영역이 콘텐츠산업이라는 협의의 상업주의적 범주로 영역화된 것이라는 지적도 있었다(이광석, 2013; 최영화, 2014).

사실 문화산업은 논란이 많은 개념이다. 아도르노와 호르크하이머가 처음 사용한 말로도 유명한 문화산업은 ― 매튜 아놀드의 표현을 빌리면 인간 사고와 표현의 정수인 ― 문화가 산업화되어 대량생산되는 것을 비판하면서 만들어진 용어로 알려져 있다. 그러나 아도르노와 호르크하이머가 사용한 문화산업은 문화와 관련된 산업을 가리키는 지시어가 아니다. 미적인 실천을 포함하는 일반적인 이데올로기를 가리키는 용어로서 문화산업을 사용한 것이다. 문화가 산업화되어서 대량생산과 자본의 증식을 위해 기능

15 이명박 대통령 취임사. 2008년 2월 25일.

하는 것을 비판한 내용이 아니라 산업에서 문화는 어떠한 방식으로 표상되고 생산되는가에 대한 원리를 비판한 것이다. 그럼에도 문제는 남는다. 문화가 특정 집단이나 세대의 취향으로 표상되고 이러한 취향이 경제적 생산 체제와 호응하게 되면서 문화는 계속해서 상품경제 안에서 작동하기 때문이다.

문화라는 말이 정치적·경제적·사회적 생활의 변화에 대한 지속적인 태도의 기록이라는 것을 고려하면(윌리엄스, 2001), 문화에서 콘텐츠로의 전환은 성공적인 상업화를 이끌어내기 위한 전략적 수사라고 봐야 한다.

이명박 대통령 취임사에서 언급한 콘텐츠가 상품화 가능한 디지털 정보나 내용물을 가리킨다고 봤을 때(윤채근, 2013), 경제 회복이 중요한 국정과제였던 이명박 정부는 위와 같은 선언이 필요했던 것이다. 이제 문화는 권위주의 정부의 대중 조작 이벤트가 아닌 경제를 활성화시키고 국가 경쟁력을 제고시키는 말 그대로의 산업이 되었다.[16]

산업에서 생산되는 것은 콘텐츠고 이 콘텐츠는 거꾸로 문화로 표상된다. 그리고 이 문화는 한류라는 이름으로 포장되고 수출된다. 정부가 주도적으로 문화산업 또는 콘텐츠산업을 진흥하고자 했던 목적이 해외로 수출된 문화·콘텐츠가 가져다줄 경제적 파급효과였기 때문이다(박준흠, 2004). 한류는 신성장동력으로 평가되기도 했다. 포화된 국내 수요로 인해 문화(콘텐츠)산업을 해외로 확장시켜야 했고 그 기대를 충족시킨 것이 한류라는 논리다. 한 조사에 의하면 콘텐츠산업은 다른 산업보다 고용창출 효과가 크다. 콘텐츠 산업의 고용유발계수는 12.0으로 10억 원을 투자할 때 12

---

16 문화산업에서 대중 조작이 발생하지 않는 것은 아니다. 국가 경제를 위해 진흥하고 발전시켜야 하는 대상이 됨으로써 그 안에 나타나는 여러 문제점들은 축소되거나 은폐된다. 이 자체가 대중 조작으로 기능하는 측면이 있다. 대표적으로 문화산업 내의 노동이라고 할 수 있는데 이에 관해서는 뒤에서 기술하겠다.

〈표 2-4〉 콘텐츠산업과 타 산업의 고용유발계수 비교(10억 원당)

서비스업		제조업		
콘텐츠산업	정보통신	자동차	조선	반도체
12.0	8.0	7.7	6.1	4.9

자료: 매일경제 한류본색 프로젝트팀(2012: 158).

명의 일자리를 만들어낸다. 다른 주요 산업의 고용유발계수는 정보통신 8.0, 자동차 7.7, 조선 6.1, 반도체 4.9로 나타났다. 한국의 대표적 수출 품목인 자동차보다 정보통신 이른바 IT가 고용유발계수가 더 높다. IT와 문화-콘텐츠를 진흥하는 명분이 제시되는 것이다.

정부는 콘텐츠산업에 대해서 문화의 상품화를 통해서 나타난 산업으로 고부가가치의 상품으로 바라봤다. 문화콘텐츠의 수출은 무형과 유형의 제품을 수출하는 특성이 있다고도 봤다. 또한 수출을 위한 전략에서는 일본과 중국을 집중 공략하고 점진적으로 북미와 유럽을 대상으로 수출 경쟁력을 키워야 한다는 주장을 하기도 한다(고정민 외, 2013). 결과적으로 문화는 팔려나가는 상품 외에는 별다른 성격을 가지지 못하게 되었다.

문화산업은 외형적으로 많이 성장했으나 시장자유주의의 흐름과 함께 성장한 결과, 시장의 논리는 문화를 향유하거나 문화콘텐츠를 이용하는 사람들을 단순히 하나의 상품을 소비하는 소비자로 위치시켰다. 문화는 경제적인 대상이 되어 일반 소비재와 같이 시장에서 경합하게 되었고, 이윤 극대화의 논리가 문화산업에도 예외 없이 적용되었다. 이제 문화콘텐츠는 소비자들의 선택을 받는 콘텐츠와 그렇지 못한 콘텐츠로 나뉘며, 소비자들의 선택을 받지 못하는 콘텐츠는 사라질 것이 자명하다. 이러한 상업화는 정보혁명이 시작된 이후 정보, 지식, 기술의 가치가 상업적 측면을 중심으로 정치, 경제, 사회 등 모든 분야와 연결되어 함께 움직인 결과였다. 국가는 경쟁력의 측면에서 기업은 이윤의 측면에서 문화에 접근했다.

이명박 정부에서 문화정책의 기본은 선진화에 있었다. 문화정책을 통해 삶의 질을 제고하고자 했고, 문화산업을 새로운 성장동력으로 발전시키고자 했다. 문화산업을 한국의 대외적 위상을 강화하고 국가 경제를 성장시킬 원동력으로 삼고 소득불균형 심화, 저출산 고령사회로의 진입, 가치체계와 소비문화 변화로 인한 새로운 라이프스타일의 추구, 다문화사회에서 소통과 통합의 문제, 환경보전과 녹색성장의 추구 등 대내외적·환경적 변화에 능동적으로 대응하는 해결책으로서 문화정책을 추진하게 되었다(문화체육관광부, 2013b). 문화를 경제적으로 환원하는 것을 넘어서 사회의 여러 문제도 문화를 통해 해결할 수 있다는 주장을 하고 있다. 문화를 단순히 상품으로 본다고 하더라도 문화 자체에 공유되는 가치가 있기 때문에 단순한 상품과는 다르다. 그러나 이 다름이 사회의 여러 문제를 해결해주는 역할을 할 수는 없다. 문화의 상품화에 거창한 사회적 의미만 부여했을 뿐이며 도리어 문화의 상품화로 인해 발생할 수 있는 여러 문제들이 축소되거나 은폐되어버렸다.

3) 국가 이미지, 국가 브랜드

이미지에 대한 합의된 개념은 부재한다. 대상에 대한 인상, 속성, 믿음 정도가 대략적인 이미지에 대한 개념으로 접근된다(유재웅, 2008; 장지호 외, 2010). 즉, 대상에 대한 판단의 조건들이 이미지로 형성되는 것이다. 따라서 이미지는 특정 대상을 접한 사람들의 평가에 기반을 두게 된다. 국가 이미지도 다르지 않다. 장지호 등은 국가 이미지를 국가에서 제조된 제품의 품질에 관한 일반적인 인식이라고 정의하고 이에 따라 국가 이미지를 제품을 통해 분석했다(장지호 외, 2010). 잘 만들어진 상품이 성공적으로 수출되면 해당 국가의 이미지는 상승할 수 있다는 분석이 가능해진다. 국가 이미지 형성에는 여러 커뮤니케이션이 작용하며 미디어가 중요한 역할을 한다(쿤치크, 2008).

문화콘텐츠가 이러한 상품이라는 데는 이견이 없을 것이다. 국가 이미지 제고는 한국에서만 나타난 정책은 아니고 나른 나라들도 경제 교류나 외교 측면에서 국가 이미지 제고를 중요한 정책과제로 바라봤다(유재웅, 2008). 국가 이미지가 중요한 정책 대상으로 인식된 계기는 아마도 한일 월드컵의 성공적인 개최 이후라고 볼 수 있다. 물론 그 이전에도 국가를 홍보하기 위한 여러 정책들이 있었다. 2002월드컵 당시 대한무역투자진흥공사(KOTRA)는 외국 소비자들을 대상으로 한국 이미지에 대한 설문조사를 실시했는데,[17] 이미지 평점이 상승하는 등 긍정적인 평가를 받은 것으로 분석되었다(대한무역투자진흥공사, 2002). 또한 월드컵 개최 이후 이미지에 대한 종합적 관리와 여러 전략을 제시했다.

국민의 정부는 2002년 7월 국무총리 산하에 국가 이미지위원회를 설치했다. 월드컵 이후 국가 이미지가 긍정적으로 평가된 것은 정부에는 고무적인 일이었다. 외환 위기로 인해 국가 신용등급이 하락했으며 분단국가라는 특수성으로 인해 국제사회에서는 한국이라는 나라에 대한 부정적 견해가 있었기 때문이다. 따라서 정부는 경제성장과 더불어 국가 이미지의 관리를 중요한 정책 목표로 설정하게 되었다. 김대중 대통령은 각계 인사들과 함께 국가 홍보 영상을 찍기도 했다. 2003년 12월에는 문화체육관광부의 지원으로 성균관대학교 국가 브랜드경영연구소에서 『문화를 통한 국가 브랜드가치 제고전략』이라는 보고서가 발간되었다. 문화강국과 IT

---

17 72개국 소재 98개 KOTRA 해외무역관에서 일반 소비자 1만 2793명을 대상으로 2002년 5월 10일부터 15일까지 설문지, 방문, 전화 인터뷰를 통해 조사되었다.

강국의 이미지를 강화하여 국가 브랜드 가치를 제고하기 위한 전략들을 기술한 보고서다. 국가 이미지는 경제 활성화와 더불어 중요한 정책적 과제였기 때문에 정부 차원에서 국가 이미지 향상과 브랜드 구축을 위해 여러 가지를 시도했다.

월드컵 전에 정부는 다이나믹 코리아(Dynamic Korea)라는 브랜드를 선정한다. 다이나믹 코리아는 2002 월드컵조직위원회가 공식 구호로 채택한 것인데 축구 외에도 사회 일반에 적용되었다. 그리고 다이나믹 코리아는 국정운영의 기조가 되었다(강준만, 2009). 다이나믹 코리아는 월드컵 이후에도 사용되었고 참여정부에서도 계속 사용되었다.

참여정부 역시 국가 이미지위원회를 운영했고 이미지 제고를 위한 법제도를 개선하고 여러 사업을 추진했다. 국가 이미지를 위해 다이나믹 코리아와 함께 사용된 브랜드로서 코리아 스파클링(Korea Sparkling)이 있었다. 코리아 스파클링은 한국 관광 브랜드였고 브랜드를 구축하고 홍보하는 데 53억 원이 소요된 것으로 알려졌다(전병헌, 2009.11.4). 2009년 11월 전병헌 당시 민주당 국회의원은 이명박 정부가 국가 브랜드 교체를 추진하는 것에 반대하면서 지면을 통해 강력히 비판했다. 정권이 변하면서 정책이 바뀌었다. 참여정부와 마찬가지로 이명박 정부도 국가 브랜드를 중요시했지만 전 정부의 국가 브랜드를 계승하지 않고 자신의 기호에 맞게 바꾼 것이다.

국가 이미지 개선, 국가 브랜드 구축, 경제활성화 등의 슬로건이 정책이라기보다 정치적 대상에 불과한 것임을 보여주는 사례다. 물론 정치가 배제된 정책이 가능할 순 없겠지만 당리당략을 위해 수립한 정책은 단순히 정치일 뿐이다. 이러한 상황에서 국가 이미지나 브랜드 평가는 좋게 나타나지 않는다. 브랜드를 통해 국가 이미지를 개선시키려는 목적이 있었지만 실제 정책은 미흡했다는 평가를 받았다(강준만, 2009). 예산을 들이고

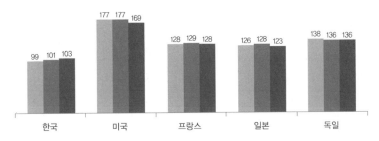

〈그림 2-5〉 실체 OECD 평균 도달률

■ 2010 ■ 2011 ■ 2012

자료: 삼성경제연구소(2013: 3).
주: 각주 18번 참조

국가적으로 홍보했지만 큰 효과를 얻지 못한 것이다. 이명박 정부는 이러한 문제점을 의식했는지 국가 브랜드위원회를 출범시키고 선진국 수준의 브랜드 가치를 만들겠다고 발표했다.

국가 이미지의 경우 정책의제이기 때문에 평가의 영역이기도 하다. 정책 결정자 또는 담당자들은 자신들이 제시한 정책과제가 저평가되는 것을 꺼려하기 때문에 이러한 정책들은 성과주의로 변질될 가능성이 높다. 이 성과는 질적 평가라기보다 양적 평가다. 모든 정책이 숫자로 환원되어 평가받는다. 이는 금융기관에 의한 국가 신용도 평가도 마찬가지다. 금융자본주의가 가지고 있는 경향 중에 하나가 신용등급과 같은 평가다. 이러한 등급은 국가, 기관, 조직, 사람에게까지 부여된다. 국가 이미지는 국가 신용평가에도 영향을 미친다. 따라서 이미지 향상은 국가적인 정책이 될 수밖에 없다.

삼성경제연구소는 2012년 기준 한국의 국가 이미지와 실체가[18] OECD

---

18 이미지와 실체 두 가지 영역을 구분해서 조사한다. 이미지 분야의 경우 36개 문

평균(100)을 상회했다고 발표했다. 그에 대한 분석으로는 가수 싸이, 삼성전자 스마트폰, 핵안보정상회의가 결정적인 역할을 한 것으로 평가했다. 덧붙여 런던올림픽 종합 5위, 베니스영화제 황금사자상 수상,[19] 신용평가기관(무디스, Fitch, S&P)의 국가신용등급 상향 조정 등이 주효했다고 평가했다(삼성경제연구소, 2013). 정부의 입장에서는 자체적인 성과라고 볼 수 있다. 문화(가수 싸이, 영화 〈피에타〉)와 IT(스마트폰)가 국가 이미지를 향상시켰으며, 신용평가기관에서도 등급을 상향시켰다. 국민의 정부에서 시작한 문화와 IT의 진흥이 결과적으로 이러한 효과를 가져다준 것이다. 정부에서는 문화강국과 IT 강국이라는 청사진을 제시하며 보다 적극적인 정책을 펼쳐왔다.

문화콘텐츠 수출은 국가 이미지 향상에 긍정적인 역할을 수행한다. 한국 드라마를 보고 한국 관광을 하는 인근 국가의 관광객들을 생각하면 쉽게 이해될 것이다. 문화진흥과 더불어 한류라는 현상이 심화되었고 국가이미지도 한류와 함께 판매되는 하나의 상품이 되었다. 역시 문화산업처럼 국가가 주도적으로 나서서 이미지를 관리한다. 그 일환으로 이명박 정부는 대통령직속 국가브랜드위원회를 만들기도 했다. 문화콘텐츠와 국가 브랜드를 연계하는 사업이 주요 업무였다. 이들은 국가 브랜드 지수를 개발하여 국가 브랜드 순위를 정하기도 했다. 국가 브랜드 지수는 국가 브랜드위원회와 삼성경제연구소가 개발한 것으로서 통계 데이터 125개, 36개의 설문문항, 8개의 국가 구성요소를 고려하여 평가한다. 2012년 기준 한

항으로 구성되며, 26개국 오피니언 리더 1만 3500명을 대상으로 설문조사를 실시한다. 실체 분야의 경우 국제 표준 경쟁력 지표와 같은 각종 통계 자료 125개를 분석하여 순위를 매긴다(삼성경제연구소, 2013).

19 2012년 9월 8일 제69회 베니스국제영화제에서 김기덕 감독이 영화 〈피에타〉로 수상했다. 황금사자상은 영화제 최고의 상에 해당된다.

국은 13위를 기록했는데 이는 꾸준히 상승한 결과였다(삼성경제연구소, 2013).

국가 브랜드가 긍정적으로 평가받은 이유는 한류의 영향과 당시 세계적으로 큰 인기를 끌었던 가수 싸이로 인해 문화 분야에서 순위가 상승한 결과라는 분석을 하기도 했다. 문화산업과 한류가 국가경쟁력이고 국가 이미지를 개선한다는 말은 국가 정책의 수단이 되었다. 국민 기업 프로젝트를 수행하듯이 자국 문화를 계발하여 해외로 수출해 자국 브랜드를 구축하고 그 이미지를 향상시키려는 정책이 수립되었다. 이는 문화산업을 통해 국민을 호도하는 차원을 넘어서서 문화를 통해 국가 이미지를 상승시켜야 한다고 오히려 국민을 계몽하는 셈이다. 정부의 정책 추진 결과 문화는 국내에서 생산하는 상품 중에 가장 잘 팔리는 상품이 되었고 그 안에서도 잘 팔려야 하는 상품이 되었다. 이 상품을 만드는 노동자들은 한류의 주역으로 포장되기도 한다. 이러한 맥락에서 문화산업은 여전히 대중 기만이기도 하다.

정부는 현 상태의 유지보다 신용평가와 이미지 평가 상승이 필요하다. 자신들의 정책 성과이기도 하기 때문에 여러 연구 용역을 통해 평가지수를 공개한다. 그 예로 한국 문화의 수용과 국가 이미지 형성에 관한 연구(손승혜, 2013)와 주요 한류 소비국에서 한류 콘텐츠 소비행태는 어떻게 나타나고 있는지, 한류 선호가 한국 상품 구매, 한국 방문, 한국문화 학습행동과 어떠한 관계가 있는지를 분석한 연구결과가 발표되기도 했다(박영일·김주연, 2013). 이러한 조사는 최근에 수행된 것은 아니다. 예전부터 국가 이미지에 대해 조사가 수행되었고 국가 이미지라는 개념과 조사 방법에 관해 정밀하게 정의한 여러 문헌들도 있다(유재웅, 2008). 국가 이미지에 대한 조사의 목적은 한류를 더욱 발전시켜 국가 이미지를 재고시켜야 한다는 것이다. 그로 인한 혜택이 국민들에게 돌아가지는 않을 것이다. 국가는 문화산업의 강국이 되자고 국민을 채찍질해댈 뿐이며 국민들은 그에 맞춰 각 생산요소에서 이전에도 해왔고 앞으로도 해야 하는 노동을 하고 있을 뿐이다.

4) 유통구조 정비, 저작권, 이데올로기

정부 입장에서 문화콘텐츠산업은 발전시켜야 하는 산업이기 때문에 그 기반을 공고히 하는 게 중요하다. 법·제도의 개선도 같은 목적에서 시행되었다. 그중에서 중요하게 작동하는 것이 저작권 보호 정책이다. 문화산업에서 생산되는 상품은 무형의 것이 유형의 상품으로 전환된 것이고 상품화 비용이 들어간다. 저작권이 상품화 비용에 포함된다. 그리고 무형의 무언가를 유형의 상품으로 만들어낸 이른바 저작자에게 생계에 안정을 주고 산업투자를 활성화시킬 목적으로 저작권을 지속적으로 관리해왔다(한국저작권단체연합회 저작권보호센터, 2014). 정부가 문화-콘텐츠 진흥 정책을 추진하고 경과 및 결과를 보고하는 보고서에는 관련 정책들과 함께 늘 구성되는 부분이 저작권이다.

문화산업 진흥에서 저작권은 중요한 부분이다. 문화라는 무형의 대상이 상품이 되고 시장에서 유통되려면 그에 해당하는 권리가 명시되어야 하기 때문이다. 즉, 문화라는 무형의 대상을 상품화시킨 사람의 권리를 설정한 것이 저작권이라고 할 수 있다. 디지털 시대에 문화상품은 복제가 용이하다. 이로 인해 네트워크상에서 이른바 불법복제-유통이 빈번히 발생한다. 정부는 이러한 불법 유통이 산업의 발전을 저해하기 때문에 규제해야 한다고 말한다. 또한 저작권은 창작자의 권리를 보호하고 창작 활동을 장려한다고 주장한다. 산업의 발전과 창작자 권리 보호가 저작권 규제 및 강화의 대표적인 논리다. 이는 다소 공허하게 들린다. 음원의 사례를 들어보면 쉽게 이해할 수 있을 것이다.

현재 문화체육관광부의 음원 전송사용료 징수규정에 따르면 음원 이용 건당 수익이 음원사이트 40%, 제작자/기획사 44%, 작곡/작사/편곡 10%, 가수/실연 6%로 배분된다(박효재, 2014.4.29). MP3 음원 한 개를 내려받는데 600원인 것을 고려하면 창작자(작사/작곡/편곡)자에게는 10%인 60원, 창작자가 실연까지 했다면 16%인 96원이 배분된다. 60원을 배분받아 최저임금(2014년 기준 시급 5,210원을 주 40시간 노동으로 월환산하면 108만 8890원)[20]에 도달하기 위해서는 1만 8148건의 내려받기가 필요하다. 창작자의 권리를 강화하는 저작권 보호라는 것이 최저임금에 도달하기 위해 1만 8000여 건의 내려받기가 필요한 수준인 것이다.

실시간 감상, 이른바 스트리밍 방식의 경우 상황은 더 나쁘다. 문화체육관광부는 실시간 감상의 경우에도 음원이 재생되는 횟수만큼 저작권자(음원사이트를 제외한 나머지 권리자)에게 곡당 3.6원을 지급하게 했다. MP3 내려받기는 한 곡당 600원이므로 음원사이트가 40%의 수익을 가져가고 나머지 저작권자가 가져가는 수익은 60%인 360원이다. 실시간 감상의 경우 음원사이트를 제외한 저작권자가 가져가는 금액이 3.6원이므로 MP3 내려받기 저작권자가 가져가는 수익 360원의 1/100 수준인 것이다. 창작자들은 이 3.6원에서 10%, 경우에 따라서는 16%를 수익으로 배분받는다. 그러면 실시간 감상이 1회 발생할 경우 이들이 가져가는 돈은 0.36원(많게는 0.576원)이다. MP3 내려받기를 통해 창작자들이 최저임금 수준에 도달하기 위한 횟수는 1만 8000여 건이었지만 실시간 감상은 그보다 더 많은 302만 4694건이 필요하다. 0.96원을 받는다고 하더라도 189만 434건이 필요하다.

---

20 최저임금위원회 홈페이지 http://www.minimumwage.go.kr/ 2014년 8월 19일 접속.

최근의 음악감상 형태는 컴퓨터나 모바일 단말기를 통한 실시간 감상의 형태가 주를 이룬다. 이동통신사는 월정액제로 무제한 감상할 수 있는 상품을 제공한다. 월정액제로 제공하다 보니 가격은 더 하락한다. 음악의 제공과 가격을 이동통신사가 결정하고 있다. 유통망을 가지고 있는 지배력이 전이된 형태다. 음악은 이동통신사의 부속물처럼 되어버렸다. "1957년 제정된 저작권법은 디지털 기술의 발달과 저작물 이용환경의 변화 및 저작권의 국제적 보호 추세에 능동적으로 대처하기 위하여 총 20회에 걸쳐 개정되었다."[21] 20회에 걸친 개정은 모두 저작권에 대한 강화 방향이었다(강성국, 2014). 그러나 저작자의 정당한 권리를 보호하고 창작 의욕을 고취시킨다는 저작권 보호의 명분에 따라 꾸준히 강화된 저작권이 창작자에게는 기껏해야 내려받기 건당 몇 십 원의 수익을 제공해주는 수준에 머물고 있다.

문화산업을 육성하는 과정에서 창작자들이 소외된다는 점은 하나의 모순이다. 특히 창작자들의 창작의욕을 고취시킨다면서 정부는 저작권 보호 정책을 펼쳐왔는데, 이에 관하여 "저작자의 권리가 정당하게 보호될 수 있는 건전한 저작권 생태계 조성을 통한 문화콘텐츠산업 발전기반 마련이 필수적 과제"라고 말하고 있다(한국저작권위원회, 2013: 45). 그뿐만 아니라 "저작권법을 수차례 개정함으로써 저작권 보호 정책의 일관성과 효율성을 높이는 한편 정부조직법을 개정하고 저작권정책관을 신설하여 저작권 분야를 전담하는 국 단위 조직의 기틀을 마련"(한국저작권단체연합회 저작권보호센터, 2014: 3)하기도 했다. 그러나 정부의 이러한 취지가 정책에 제대로 반영되어 창작자들의 생계에 안정을 주고 산업투자를 활성화시킬 수 있는지 의문이다. 오히려 저작권 보호 정책이 창작물로부터 창작자들을 소외

---

21 문화체육관광부 홈페이지 http://www.mcst.go.kr/web/s_policy/copyright/knowledge/know01.jsp 2014년 8월 21일 접속.

시키는 결과가 나타나고 있다.

저작권의 기원은 대략 300년 전인 1710년 만들어진 세계 최초의 저작권 법이라고도 할 만한 '앤여왕법'부터라고 할 수 있다. 그 이전 중세 시대 예술가들은 후원가로부터 재정적 후원을 받으며 창작활동을 해왔다. 예술가들은 후원가로부터 의뢰를 받은 작품을 제작했고 작품에 대한 대가 — 재정적 후원 — 가 있기 때문에 생계는 걱정하지 않았다(방석호, 2007). 작품은 후원을 한 사람이 소유했고 예술가들은 작품에 대한 소유권을 행사하지 못했다. 이 시기는 저작권보다 소유권 인식이 강했고 예술가들은 재정적 후원을 통해 작품-저작물에 대한 권리를 후원가에게 양도했다(최영묵, 2009). 산업혁명과 자유주의 경제제도가 시작되고 후원 제도가 사라졌다. 후원가의 재정적 후원을 받지 못하는 예술가들은 시장을 상대로 창작활동을 시작했다. 자신이 창작한 창작물을 경제적 대가를 받고 판매하며 예술 활동을 시작한 것이다(방석호, 2007).

예술가들이 시장을 상대로 창작활동을 시작하면서 창작물-저작물에 대한 권리행사가 필요하게 되었고 최초의 저작권법인 '앤 여왕법(Statute of Anne)'이 만들어진다. 1709년 영국에서 제정된 앤 여왕법은 1707년 런던의 서적상조합이 영국의회에 제출한 청원서를 받아들인 결과이다. 청원서는 1713년까지 독점을 유지하려는 출판업자의 의도에서 제출되었다. 출판업자의 기대와 다르게 앤 여왕법은 저작자에게 권리의 중심이 옮겨가도록 했다. 이 법은 인쇄술의 발명으로 인해 출판물이 증가했고, 출판업자들이 허가받지 않은 복제에 대한 규제를 청원하기 위해 제정된 법이다(김윤명, 2006). 결과적으로 인쇄술이라는 신기술로 출판을 통해 부를 축적했던 출판업자들은 시장의 불확실성을 통제하고 이른바 불법복제를 해소하여 더 큰 부를 축적하고자 했고, 국가는 검열 없이 쏟아져 나오는 비판적 저작물을 통제하여 자신들의 권력을 유지하고자 한 이해관계가 조응하여 출판독점권이 출판업조합에 갈 수 있었다. 앤 여왕법은 '유용한 작품을 창작하고 작성한 지식을 격려'함과 '해적 출판을 막고 지식인들의 작곡과 저술을 장려하기 위하여'라는 구체적인 목적을 설정했기 때문이다(방석호, 2007; 한국저작권위원회, 2010).

이와 같은 배경에서 시작된 저작권의 인식은 창작물에 대한 권리행사로 이해되었다. 저작권은 표현된 저작물에 대한 보호를 통해 저작자의 권리를 보장한다. 근대 민법의 기본 정신인 사유재산권 존중이라는 일반 원칙에 입각하여 자본주의 기본 이념이 정신 — 비물질 — 영역으로 확장된 것이다(최영묵, 2009). 구체적으로 저작권법은 "인간의 사상이나 감정을 창작적으로 표현한 저작물을 보호하기 위해, 그 저작자에게 부여한 권리를 말한다. 저작권의 보호라 함은 저작물의 창작자에게 자기 저작물의 이용에 관한 배타적인 권리를 부여하고, 그 저작물을 다른 사람이 이용하는 데 저작권자의 허락을 필요로 하며, 허락을 얻지 않고 이용하는 행위를 위법으로 규정하는 것을 말한다"(한승헌, 1992: 21).

저작권법은 저작물이 저작권자의 허락 없이 이용되는 것을 막는다. 저작권은 저작물이 저작권자의 허락 없이, 경제적 대가 없이 이용되지 못하게 보호한다. 저작권은 저작권자의 경제적 대가를 확보해준다. 저작권 제도가 제정되고 정착된 주요한 이유가 경제적 보상이다. 저작물의 창작은 상당한 경제적 투자를 전제로 하고 저작물의 발행 및 배포도 산업적 틀 속에서 행해지기 때문에 비용의 회수를 위해서 저작권자에게 합당한 이익을 보장할 필요가 있다(최영묵, 2009). 저작물을 창작한 사람에게 적당한 경제적 이익이 돌아가는 것은 당연한 일이다. 저작권은 이를 보호하는 법이기도 하다. 그러나 문화가 발전하기 위해서는 그 문화를 여러 구성원들이 자유롭게 이용하는 것이 필요하다. 자유로운 이용과 공유가 인터넷을 발전시켰다. 물론 인프라 구성이라는 정부의 정책도 있었지만 그 안에서 이용

자들은 자유롭게 정보를 생산했고 공유했으며 역시 자유롭게 이용했다.[22]

따라서 문화콘텐츠에 대한 더욱 적극적인 접근이 필요하다. 저작권으로 보호되는 것만이 문화를 발전시키지는 않는다. 인터넷에서도 이용이 가능해야 한다. 그리고 해당 콘텐츠의 형질을 변화시켜 개인의 전유(專有)를 가능하게 해야 한다. 디지털 기술은 소리, 텍스트, 영상·이미지의 유동성을 증가시켰다. 문화적 오브제들은 개인의 컴퓨터 안에서 변형되고, 저장되고, 복사되고, 배포된다. 이를 통해 이용자들은 스스로 창작자가 되었다. 문화적 관습은 누구나 문화 생산에 참여하게 한다(Poster, 2008). 배타적이지 않은 참여는 더 큰 문화적 가치를 만들어내기 때문이다. 지상파 프로그램도 컴퓨터에서 재가공·변형되어 이용자들의 문화 실천을 위한 자원이 될 수 있어야 한다.[23]

창작자의 권리를 보호하기 위한 제도가 이용자들의 접근을 제한하고 규제한다. 이는 저작권과 저작인접권이 법인 사업자에게 귀속되었기 때문이다. 저작인접권은 저작권에서 파생된 개념으로서 저작물의 배포에 기여한 관계자에게 주어지는 경제적 대가로서 저작물의 유통·배포 담당자에게 인정된다(방석호, 2007). 하나의 저작물은 저작권과 저작인접권을 발생시켜 저작자와 저작인접권자에게 경제적 권리를 부여한다. 저작권의 필요성은 저작물이 무분별하게 이용되어서는 안 된다는 생각으로 제기되었지만, 저작물이 이윤을 만들어내면서 이윤의 소유, 즉 해당 권리에 대한 법적 귀

---

22 물론 여기에는 여러 가지 반론이 있을 수 있으나 인터넷이 자유로운 참여와 공유를 통해 발전한 부분은 분명 존재한다.

23 SBS 연기대상에서 한 해 인기를 모았던 드라마를 패러디한 영상을 방송했다. 이 영상은 시청자가 만든 것이다. 시청자들은 행사의 재미를 위해 영상을 제작하고 제공했다. 여기서 방송사가 저작권을 주장했다면 해당 영상은 만들어지지 못했을 것이다.

속의 필요성이 대두되었다(최영묵, 2009). 문제는 이러한 법적 귀속이 개인에게 가는 것이 아니라 주로 개인을 고용한 법인에게 간다는 것이다. 또한 저작인접권으로 인해 저작물이 유통되는 공간을 소유하고 있는 사업자는 저작권자 이상의 수익을 얻는다.[24]

저작권은 본질적으로 저작자의 권리 보호와 공공의 이익 사이에 균형을 추구한다. 저작자의 권리를 지나치게 보호하면 작품을 이용해야 할 공공의 능력이 억제된다(Liang, Mazmdar, & Suresh, 2005). 그러나 저작권이 창작자보다 창작자를 고용한 법인의 이익을 증진시키고 있다. 그리고 창작물이 유통되면서 발생하는 이익은 유통사업자에게 귀속된다. 저작인접권이라는 법이 작동하기 때문이다. 저작권은 자유로운 주체가 창작을 통해 하나의 문화적 산물을 만들어냈기 때문에 그에 대한 보상을 주어야 한다는 사상에 기초를 두었다. 창작을 하는 자유로운 주체는 이른바 낭만적 저자(romantic author)로서 지식기반경제 담론으로 보면 지식·지적 노동자라고 할 수 있다. 그러나 문화산업의 창작은 오롯이 한 개인의 업무로 보기 어렵다. 협업과 분업이 작동하기 때문이다. 또한 '저자의 죽음'을 생각하면 문화산업에서 낭만적 저자는 허구적 개념에 불과하다. 저자의 죽음은 저자가 텍스트의 기원이 아니라는 것이다. 텍스트는 여러 사람들의 생각이 반영되고, 과거의 텍스트가 반영되기도 하기 때문에 텍스트는 파생적 아이디어 변종, 표절, 패러디로 존재할 뿐이다(바르트, 1997).

디지털 시대가 고도화되면서 자본은 물질의 영역에서 비물질 영역으로 상품화를 확장시켰고 하나의 포획 장치로서 저작권을 작동시켰다. 기술발달에 관한 여러 담론들이 이를 강요한 것은 물론이다. "산업사회로의 전환이 동력을 이용한 기계화 기술에서 비롯된 것에 비해 지식정보사회로의 전

---

24 MP3 파일 하나가 유통될 때 분배되는 수익률을 보면 쉽게 이해할 수 있다.

환의 원동력은 통신, 컴퓨터 등이 복합된 정보기술"(정보통신부, 1999: 2)이라는 것을 보면 쉽게 알 수 있다.

저작물은 시대의 문화를 반영하고 있다. 문화는 특정 개인이 주도한 창의력이 아닌 여러 개인의 창의력을 통해 구성된다. 문화는 공공의 것이다. 문학이나 음악이나 공적으로 향유될 때 그 가치가 커지며 그 안에서 또 다른 창작자가 잉태된다. 이른바 집단 지성(collective intelligence)이라고 부르는 개념이 이를 잘 대변한다. "집단 지성은 지식의 공간에서 상상적 집단들이 역동적으로 사유를 구성하고 소통하는 태도"로서 개념화된다(강진숙, 2009b: 253). 구체적 사례는 인터넷 공간에서 잘 나타난다. 이용자들은 방송 프로그램을 가공해서 기존의 텍스트에 새로운 의미를 부여한다. 놀이문화로서 패러디도 그러한 맥락에서 이해할 수 있다. 인터넷 놀이문화를 넘어서 문학, 음악 장르도 크게 다르지 않다.

저작권을 옹호하는 사람들의 입장은 저작권이 보호되지 않으면 산업이 발전할 수 없다고 주장한다. 음악산업, 영화산업, 소프트웨어 산업의 저발전 원인이 불법복제로 인한 피해라고 주장하며 불법복제 피해 규모를 산출하여 통계자료로서 제시한다. 그러나 불법복제 건수가 순전히 정품 매출로 환산될 가능성은 존재하지 않는다. 즉, 한 건의 불법복제 이용 가능성 배제가 정품 이용 가능성으로 전환되지 않는다. 그렇게 제시된 수치는 산업 저발전의 원인으로 고려되기에는 설득력이 부족하다.

불법복제로 인한 산업 저발전이라는 주장의 근거는 '공유지의 비극' 이론이다. 경제학자들은 공유지의 비극을 언급하면서 공유자원 이용에 제한을 두어야 한다고 주장한다(Krugman & Wells, 2005; 맨큐, 2005). 이들이 말하는 공유자원은 배제성은 없고 경합성만 있는 자원을 말한다. 소비를 막을 수는 없지만 한 사람의 소비가 증가하면 다른 사람의 소비 가능성을 낮춘다. 이들이 말하는 공유자원은 물질적 자원이다.[25] 공유자원은 여러 사람들이 이용하고 시간이 흐르면서 남용 등의 문제로 소멸하게 된다. 그래서 공유자원을 사유화시켜서 제한적으로 이용해야 한다고 주장한다. 전파 자원은 한정적 자원이긴 하지만 소멸되지는 않는다. 방송 프로그램의 경우도 제로에 가까운 한계 비용으로 인해 무한대로 카피가 가능하다. 오히려 많이 사용하면 사용할수록 네트워크 외부성(network externality)으로 인하여 그 가치가 증가한다.

이용자들이 합리적으로 미디어를 이용할 수 있는가? 그에 대한 대답은 물론 그렇다이다. 문제는 정치·경제권력이라는 위로부터의 통제로 인하여 경쟁논리는 거대 기업의 이윤을 추구하는 방향으로 진행되어 탈중심적인 커뮤니케이션을 통한 비판적 이용은 차단되어버리는 상황으로 전개되었다는 점이다. 이러한 맥락에서 이용자 복지는 단순히 많은 미디어를 제공하는 것이 아니라 콘텐츠에 대한 자유로운 접근과 이용을 그 토대에 두어야 한다. 많은 미디어를 제공하는 것은 결과적으로 많은 미디어를 소비하라는 강요 외에는 다른 의미를 찾아보기 어렵다.

3. 지적 노동의 등장

이 절에서는 지적 노동의 산업화, 즉 문화산업이 정책적으로 진흥되기 시작한 배경과 함께 그 안에서 구성되는 지적 노동의 조건들을 살펴본다. 문화산업이 제도적으로 진흥된 것이 국가의 정책적 목적에 기인한 바가 크기 때문이다. 그러므로 문화산업 내의 지적 노동자들 역시 국가의 정책적 목적에 종속되어 있다고 볼 수 있다. 따라서 지적 노동이 어떻게 문화산업

---

25 바다 속의 물고기, 양이나 소를 방목할 수 있는 초원 등.

안으로 포섭되었는지를 고찰할 필요가 있다.

1) 노동의 심미화: 신경제, 창의산업

방송 분야에서 1991년 이후로 공영방송과 민영방송이 공존하게 됨으로써 시장과 상업주의·경쟁의 논리가 질서의 한 축이 되었는데, 이는 구체제로부터 새로운 질서, 즉 신질서로 이행하게 되는 핵심이다(조항제, 2000). 경제 분야에서는 1990년대 미국 경제가 확장국면에 있었을 때 신경제가 도래했다는 주장이 나왔다(강남훈, 2002). 신경제는 노동생산성의 증가, 낮은 실업률, 낮은 인플레이션이 공존하면서 경제성장이 지속되는 현상을 말한다. 그리고 신경제는 정보화, 지구화, 네트워크화라는 특성을 갖는다. 생산성과 경쟁력은 지식을 기반으로 하고 있으며, 생산·배포·소비는 행위자들의 네크워크를 통해 전 지구적으로 조직되어 있다.

따라서 신경제는 경제의 지식·정보 기반, 지구적 파급범위, 네트워크 기반의 조직형태 그리고 정보기술혁명 사이의 역사적 연계이다(카스텔, 2003).[26] 신경제 현상 속에서 지식 경영, 정보 경영은 중요한 화두가 되었다. 기존의 노동 집약을 통한 생산성 향상에서 탈피하여 21세기는 지식과 정보가 경제성장의 중요한 요소라고 주장했다. 그러나 낙관적인 전망과 반대로 신경제 현상은 하나의 담론으로서만 나타났을 뿐이고 새로운 축적체제는 아니라는 주장이 제기되었다(강남훈, 2002). 신경제가 새로운 축적구조를 만들어냈다고 보기는 어려운 측면이 있다. 신경제 하에서 노동생

---

26 마누엘 카스텔(Manuel Castells)은 신경제가 20세기의 마지막 사반세기에 세계적인 규모로 등장했으며 정보혁명기술이 신경제 등장을 위한 필수적인 기반이었다고 말한다(카스텔, 2003).

산성 증가는 주로 노동시간 자체가 늘어난 것에 기인한 측면이 크기 때문이다(백승욱, 2006).

신경제라고 주장되던 시기에 생산성의 증가는 지식과 정보를 기반으로 나타났다기보다는 산업화 경제성장의 확장국면이었고, 정보기술은 신성장동력이라는 외피를 입은 축적체제 변화의 징후였다. 정보기술은 자본의 세계화를 가능하게 했고 결과적으로 국제적 금융시장의 등장과 금융자본의 세계화로 이어졌다. 금융 세계화도 신자유주의 경향에서 핵심이었고 1980년대를 지나면서 확대되었다. 금융자본은 주가차익이나 환차익의 수익을 추구한다. 경제위기도 금융공황의 형태로 나타나며 고금리와 구조조정을 강요한다. 1997년 경제위기 당시 한국이 그러했다(이정구, 2007).

정보기술(IT)의 고도화와 금융의 세계화 속에서 산업 생산 이윤보다 더 높은 금융 이윤을 위해 금융 규제의 철폐·완화를 추진했다. 규제가 풀리면서 금융자본은 지역, 국가를 넘나들며 생산 부분에 투자되었는데 이들의 투자는 재정적(financial) 투자와 전략적(strategic) 투자로 구분된다. 재정적 투자는 투자 주체가 금융이익의 획득을 목적으로 하기 때문에 단기적 이익에 중점을 둔다. 이들은 해당 사업 영역에서 생산에 참여하지 않고 산업 기업을 소유하지도 않는다. 반면 전략적 투자는 해당 사업 영역의 생산에 참여하고 시장의 선점과 기업의 확대를 위해 투자한다(하윤금, 2004).

전반적으로 후자의 투자를 긍정적으로 해석하는 견해가 있다. 그러나 이 두 투자 유형을 상호배타적으로 볼 수는 없다. 재정적 투자에서 이익의 극대화를 위해서 경영진에 영향력을 행사하기도 하고, 전략적 투자의 경우에도 사업 전개를 위해서 재정적 투자 형식을 띠기도 하기 때문이다. 무엇보다 금융 투자가 생산 부분에 도입되면서 우려되는 것은 이윤을 위해 투자되는 금융자본이 지나치게 확대될 경우, 기업 지배의 목적과 방식이 금융적 원리에 맞추어지면서 주주가치(shareholder's value) 극대화의 이데올로기가 나타날 수 있다는 점이다.

정보통신기술이 경제성장의 원동력이 된다는 주장은 결과적으로 산업 부분의 생산을 외면한 채, 세계화라는 이름하에 투기적 금융자본의 외형을 키웠다는 비판에서 자유로울 수 없다(이정구, 2007). 따라서 정보통신기술의 발달로 과거의 경제법칙이 적용되지 않는 새로운 경제가 만들어진다는 견해는 하나의 담론일 뿐이다. 1990년대 중후반 주식시장의 팽창은 달러 정책에 의한 것이었고, IT기업 같은 신생 벤처기업들은 주식시장에 상장해 기업가치를 불려서 단기차익을 보고 주식을 팔아 수익을 실현하는 방식임이 드러났다. 1990년대 말 주식시장이 성장할 때 IT기업도 증가했다. 이러한 일련의 과정이 신경제 시기에 나타났다(백승욱, 2006).

문화산업과 정보통신기술의 관계도 이와 같은 맥락에서 이해할 필요가 있다. 특히 이러한 신경제 체제에는 지식이 중요한 생산요소가 된다는 지식기반경제, 지식기반사회와 같은 담론이 작동한다. 즉, 지식기반경제가 무엇이냐의 문제가 아니라 (누가) 어떻게 말하고 있는지가 중요해진다(강진숙, 2005). "세계는 산업사회의 패러다임을 접고 정보와 지식이 부가가치 창출의 원천이 되는 대전환"이 진행 중이다(정보통신부, 1999: 2). "21세기에는 지식기반경제로의 이행과 경제활동의 글로벌화, 지적재산권 보호의 강화 등으로 지식창조형 산업인 문화산업의 위상이 급부상"할 것이다(문화관광부, 2000: 12). 정부부처는 지식기반경제로 이행을 언급하면서 새로운 변화에서 강조되는 지식과 문화산업의 중요성을 언급했다. 그러면 그 대상은 누구인가?

정부부처는 지식의 중요성과 문화산업의 중요성을 강조했다. 앞으로 나타날 혹은 이미 진행된 경제체제에서는 지식과 문화가 중요하다는 것을 자명한 사실로서 제시하고 이에 따라서 문화산업을 진흥하고자 하는 정책을 수립했고 시행했다. 정책은 그 자체로 정책 대상에 효과를 발생시킨다. 문화산업에 종사하는 노동자들이 정책 대상이며 이들은 지식기반경제로의 이행에 동의하고 새로운 경제 시스템에서 노동해야 하는 일반 국민들이다. 이들의 노동은 정부부처가 말하는 산업사회의 노동과 크게 다르지 않을 것이다. 그러나 지식기반경제로 이행이라는 담론에 의해 지식을 생산하거나 경영해야 하는 주체, 지식·지적 노동자로 탈바꿈된다.

자본주의 노동은 항상 저임금·저숙련 노동으로 특징지어졌지만 노동에 대한 적당한 대가를 받으며 사회적으로 높은 지위에 있는 노동자의 개념이 추가된다(Gill & Pratt, 2008). 그리고 이들은 불안정한 지위의 노동자임에도 불구하고 창의력을 바탕으로 노동하는 태도를 강요받았다. 지식기반사회에서 지식이 노동에 적용이 되었고 지식이 부를 창출하기 때문에 지식과 자본의 구분은 무의미하다. 생산성의 향상을 가져오는 것도 지식이고 생산수단도 지식이다(최형익, 2000). 지식기반사회에서는 지식을 생산하는 사람이 지식노동자다. 그러나 산업자본 시대의 노동자와는 사회적 표상이 다르다. 창의적인 노동을 하는 사람들이며 지식을 경영하는 지식 경영자의 모습으로 나타난다. 정보와 상징적 가치를 생산하는 노동이 새로운 경제의 핵심적인 노동(서동진, 2012)이라는 지식기반경제 담론의 효과라고 볼 수 있다.

문화산업 또는 창의산업은 지식기반경제의 한 부분으로서 주로 언급되는 산업이다(Gill & Pratt, 2008). 창의성이나 창의산업이라는 용어는 1997년 영국의 토니 블레어 정부의 태스크포스 팀에 의해 창안되었다. 블레어 정부는 창의산업을 개인의 창의성, 기술, 재능 등을 이용해 지적재산권을 설정하고, 이를 활용함으로써 부와 고용을 창출할 수 있는 잠재력을 지닌 산업으로 정의했다. 창의산업에는 광고, 건축, 미술, 골동품시장, 공예, 디자인, 패션 디자인, 영화, 양방향 레저 소프트웨어, 음악, 텔레비전, 라디오, 공연예술, 출판 및 소프트웨어 등을 포함된다. 이 용어는 국제화로 인해 다른 나라들에서도 번역 과정을 거쳐 토착화되었다(신현준, 2013). 한국의 경우 문화산업은 콘텐츠산업으로 정의되며, 음악, 패션, 코미디, 만화, 스토리텔링, 애니메이션, 캐릭터, 게임, 출판 및 잡지, 방송, 광고, 신문, 지식정보, 콘텐츠 솔루션 등을 포함하고 있다(문화체육관광부, 2014).

블레어 정부가 창의산업이라는 용어를 사용한 이유는 다분히 정치적 이유로서 구노동당과 자신이 표방한 신노동당과 차별화를 위해서였다. 블레어 정부의 창의산업은 신자유주의 정책 중 하나였다(Pratt, 2005). 한국도 문화산업은 국민의 정부가 경제 활성화를 위해 채택한 정책 중 하나였고[27] 이후 정부에서도 경제적 측면에서 정책적으로 사용한다. 그리고 문화산업은 이명박 정부에서 콘텐츠산업으로 재정의되었고 박근혜 정부에서는 창조경제라는 이름 아래 모든 용어들을 망라하고 있다. 이런 측면에서 문화와 관련된 여러 정책들은 담론의 효과를 노린 것이라고 할 수 있다.

창의력에 대해서는 다음과 같은 평가가 내려진다. 창의력은 경제성장의 근본 원천이다. 모든 계급은 어느 정도 창의적이며 창의성을 활용하기 위해서 사회는 관용적이고 포용적이어야 한다. 창의계급의 임금은 미국 내 임금을 다 합한 것의 거의 절반에 해당하며 제조업과 서비스업 종사자의 임금을 모두 합친 금액과 같다(플로리다, 2008).[28] 창의계급은 자신들이 하고 싶어 하는 일을 하는 자유로운 계급이다. 노동자로서 모습은 제시되지 않는다. 자유로운 삶의 방식을 통해 창의성이 발현된다고 본다. 창의계급은 특정한 지리적·문화적 공간을 통해 자유로움과 창의성을 연결짓는다.

---

27 이것도 신자유주의 정책이라고 할 수 있다.

28 이 책 2장 1절을 보면 상위 소득 계층이 차지하는 미국의 부 보유율을 확인할 수 있다. 이들은 최고위 경영자들로서 국민소득의 절반 가까이를 차지한다. 이들이 창의적 노동을 하는 것과 별개로 지식경제담론은 모든 노동자들에게 최고위 경영자들과 같은 직업적 태도를 강요한다.

대표적인 예를 들자면 마이크로소프트가 1986년 뉴멕시코 주에서 시애틀 근교인 워싱턴 주 레드몬드 시로 옮긴 것을 들 수 있다.[29] 당시 시애틀은 그 런지(grunge)라는 음악 장르가 시작되었고 1990년대 초반까지 크게 유행했다. 그런지는 우울하면서도 패배주의적인 가사와 음악, 허름한 의상(이른바 빈티지)으로 대표된다. 이러한 문화적 코드를 IT의 창의적 생산성과 결부시키려는 시도는 이른바 지식경제담론이 시작된 이후 하나의 공식이 되었다.

창의성은 특권적인 노동 집단을 겨냥한 것이지만 모든 노동 주체의 능력으로 권고된다. 관료적이고 위계적인 조직을 대신해 팀이라는 새로운 사회성의 형태가 예찬받는다. 일터는 문화적 실천의 장소로 번역되며,[30] 그 안에서 업무를 포함한 사회적 상호작용 따위를 규율한다(서동진, 2011). 창의력은 지적 노동에 있어서 중요한 원천이며 경쟁우위를 선점할 수 있는 자원으로서 강조된다. 왜냐하면 주어진 물질적 조건에서 생산을 반복하는 육체적 노동과 달리 지적 노동에서는 이른바 지식이 될 수 있는 정보와 문화 내용을 끊임없이 새롭게 만들고 구성해야 하기 때문이다. 창의력의 강조는 비단 문화산업에서 나타나는 것은 아니다. 모든 경제적 삶에 있어서도 창의적 노동(creative work)이 강조된다(Gill & Pratt, 2008). 문화산업은 정책적 측면에서 지식기반사회의 중심이 되었고 그에 따라 창의력이 강조되었다면, 전반적인 사회 전환 — 정보사회, 신경제 등 — 에 따라 일상적 삶의 영역에도 창의성이 강조되었다. 생산성 향상이라는 자본의 원칙을 따르게 되었기 때문이다.

---

29 http://news.microsoft.com/facts-about-microsoft/#ImportantDates 2014년 11월 30일 접속.
30 구글과 같은 기업은 회사를 캠퍼스라고 부르고 있다.

문화산업(내지는 일상의 영역)에서 노동은 창의적·지적 노동으로 나타나며, 창의적·지적 노동자들은 물리적 작업장과 노동시간에 형식적으로 구속되지 않기 때문에 일반 노동자들에 비해 상대적으로 자유로운 경제적 주체이다. 회사의 경영도 마찬가지로 조직의 체제를 일방적으로 강요하지 않고 스스로 관리할 수 있는 자발성을 갖게 한다. 이른바 주인의식을 통해 스스로가 자신을 경영하게 하고 업무 프로세스와 조화를 이룰 수 있는 분위기를 형성한다. 지식기반경제·지식기반사회에서는 산업자본주의 시대의 노동은 드러나지 못한다. 노동은 창의성과 결부되어 하나의 문화적 현상으로 나타난다. 문화산업의 영역에서는 창작활동을 하는 예술가로서 문화산업의 트렌드를 창조하는 선지자로서 나타난다.

영화를 소개하는 주간지 ≪무비위크≫는 2011년 창조적 엔터테이너 50인을 선정하기도 했다. 이들은 기업가, 배우, 영화감독, 프로듀서, 제작자 등 문화산업 분야에서 선도적인 역할을 수행했다고 평가되는 사람들이다. 한 방송 프로듀서를 ≪무비위크≫는 다음과 같이 소개했다.

XTM 사상 가장 많은 제작비를 투입, 방송이 끝나면 토렌토(P2P 사이트) 유저들의 쇄도하는 요청, 페라리와 아우디 A6 등 수퍼카를 한꺼번에 볼 수 있는 프로그램. 바로 〈탑기어 코리아〉다. 사실 유럽의 자동차 산업을 움직인다는 영국 BBC의 〈탑기어〉를 한국 버전으로 들여왔을 때, 최승준 CP도 고민이 없었던 것은 아니다. 하지만 그는 특유의 발상 전환으로 〈탑기어 코리아〉를 안정적으로 연착륙시켰다. 바로 할아버지, 아버지, 아들 3대가 대화할 수 있는 이야기 소재를 프로그램 안에 풀어낸 것. 수퍼카의 제원이나 기능은 단지 양념에 불과하다. 이 프로그램의 진짜 미덕은 각박한 시대를 건조하게 살고 있는 남자들을 끈적하게 묶어내는 데 있다. 남자들이 자나 깨나 열광한다는 그 자동차를 중심으로 말이다. 최승준 CP가 정의하는 창조란 시대의 라이프스타일을 전환시킬 수 있는 것이다. 〈탑기어 코리아〉가 퇴근하고 술집으로 가는 남자들을 TV 앞으로 불러들인 것처럼 말이다.[31](강조는 인용자)

언론 매체가 선정한 창조적 엔터테이너 중의 한 사람인 방송 CP의 프로그램 성공담이다. 프로그램이 어떻게 제작되는지 기획은 어떻게 했는지 따위의 생산과정은 없다. 성공이 불확실한 프로그램을 발상 전환으로 성공시켰다는 무용담 수준으로 소개되었다. 각박한 시대를 건조하게 살고 있는 남자들에게 연대감을 제공했다는 사회적 역할까지도 소개했다. 문화산업의 노동은 혁신성과 창의성으로 표상되고 구체적 노동은 잘 드러나지 않게 되었다. 경제적 행위인 노동이 일종의 문화행위로서 나타나며 실제적 노동행위와 관련된 내용은 은폐된다. 경제위기 정확히는 축적의 위기를 거치면서 지식경제와 같은 담론이 작동한 결과 자본주의가 심미화 또는 문화화되었기 때문이다.

2) 지식노동의 식민화: 신자유주의의 주체성

지적 노동이 나타나게 된 맥락은 신경제 현상이라는 경제적 변화였고 신경제는 구질서의 해체와 함께 시작되었다고 할 수 있다. 구질서의 해체는 최소한 유럽적 시각에서는 총체적인 사회 변화의 일환이다. 법·제도에 힘을 불어넣는 이념과 그 이념이 의존하고 또 그 이념이 형성되는 데 맥락

---

31 ≪무비위크≫는 2013년 3월 22일 자로 폐간되었기 때문에 본문의 원래 출처를 찾을 수 없다. 대신 한 블로거가 자신의 블로그에 게시한 글은 다음의 주소에서 확인이 가능하다. http://blog.naver.com/6riverrun/50126406220. 2014년 10월 10일 접속.

을 제공해 주는 철학적, 사회학적, 문화적 조건 사이의 개념적 친밀성이 크게 떨어졌기 때문이다. 경제적, 사회적, 문화적, 기술적 요인도 작용했다. 신질서의 입장에서 구질서는 자신이 출현하는 데 저해 요소가 된다. 그러나 구질서의 붕괴와 신질서의 등장은 인과성보다는 상호적으로 작용한 결과이다(조항제, 2000).

마르크스식으로 표현하면 정치, 사회, 문화 등 의식의 이론적 산물들과 형식들은 경제(구조)로부터 설명되고, 또한 그 과정을 경제로부터 추적되어 총체성 속에서 ― 물론 다양한 측면의 상호작용을 포함하여 ― 출현할 수 있다. 이러한 맥락에서 보면, 신질서는 경제적 현상에서 출발한 변화, 그리고 정치적, 사회적 변화와 조응한 전 지구적인 움직임이었다. 따라서 신질서의 등장 조건과 구질서의 붕괴 조건이 상응한다. 이러한 맥락에서 1973년 오일위기 이후 복지주의와 국가개입주의 사조가 퇴조하고 신자유주의가 등장했다. 한국의 경우 신자유주의 등장 배경을 간략하게 정리하면 다음과 같다.

1980년대 이후 중상주의정책[32]의 폐해를 극복하고 본래 의미의 자유주의, 복지국가를 포함한 정치적 민주화, 재벌 규제 등 수정자유주의 정책의 필요성에 대한 주장이 제기되었지만 실행되지 못했다. 1995년 김영삼 정권에 의해 세계화 정책이 표방되기 시작하면서 모든 과정이 생략된 채 신자유주의로 정책기조를 이행하려는 움직임이 나왔고 IMF 외환위기를 계기로 급격하게 신자유주의 정책이 주도적이 되었다(조원희, 2004). 특히 외

---

32 토착산업의 성장을 자극하기 위해 관세정책을 사용하는 보호주의 정책이다. 산업자본을 위해 국내시장을 확보하고 국외시장을 개척할 목적으로 수행된다. 수출을 많이 하고 수입을 억제하여 무역차액을 극대화시킨다. 농업국에서 산업국가로의 이행도 가속화시킨다. 박정희 개발독재가 서구의 중상주의와 모든 면에서 일치한다. 중상주의에 대하여 자세한 내용은 루빈(1988)을 참조하라.

환위기 이후 성장 잠재력이 저하되고 양극화가 심화되는 구조적 문제가 불거졌다. 금융세계화, 시장개방에 의한 경쟁 격화, 노령화, 노동시장 유연화, 지식기반경제와 서비스경제로의 이행에 따른 구조조정 등으로 인해서 새로운 사회 위험이 확산되었다. 이에 반해 사회 위험을 완충할 정부의 정책은 매우 취약한 상황이다(조영철, 2008). 그동안 사회 위험의 완충장치 부재로 인해 여러 종류의 재난사고가 끊임없이 나타났다. 여기서 필요한 것이 개인 및 사회의 위험을 미연에 방지하기 위한 정부의 정책이다. 정부는 경제성과 효율성을 내세워 위험방지 정책과 공공영역의 강화에 인색했다. 이 경우 우리가 맞이할 결과는 자명하다.

미디어는 사회를 구성하는 하나의 제도로서 정치적·경제적 변화에 조응하기 때문에 신자유주의는 미디어에 많은 변화를 야기했다. 이 변화는 정치적 기획으로서 신자유주의가 그 "실천의 태도에서 매우 과격했기" 때문에(조원희, 2009a: 257) 미디어의 변화는 급진적이었고 사회제도로서 다른 구조적 조건들과 특정 단계에서 변화했다고 볼 수 있다. 외관상 변화는 경제적이지만 정책적 기조로 포장된 정치적 기획이다.[33] 자본에 대한 정부 규제를 축소하고 노동시장을 유연화시켜 생산성을 증가하여 정체된 성장을 해결하려는 구상인 신자유주의 정책이 등장했다. 작은 정부를 표방했지만 노동자계급에게 강한 정부였고 영국과 미국에 도입된 신자유주의는 빈곤과 불평등을 확대시켰다(손석춘, 2009). 신자유주의 도입으로 창의성이라는 이름으로 포괄할 수 있는 모든 산업에도 시장논리가 지배적이 되었고 지적 노동도 시장논리에 지배되게 된다.

정보기술의 발전은 지식기반사회로 이행을 가속화시켰고 지식기반사회

---

33 정책적이나 정치적이나 국가-정부가 주도하여 변화를 주도·강요한다는 점은 같다.

의 핵심적 분야인 문화산업 노동시장도 변화를 겪었다(이재호, 2007). 노동시장의 유연화는 비정규직을 양산했고 이들은 불안정한 고용상태에서 노동에 참여할 수밖에 없었다. 특히 디지털 시대에 인력 운영을 효율적으로 하기 위해서는 기존 직종에 대한 필요성과 신규 직종에 대한 분석을 통해 고정된 근무방식보다 유연한 직종 전환과 순환근무를 도입해야 한다는 주장이 있었다(윤호진, 2007). 노동 유연화로 발생하는 문제를 해결하기 위해 더욱 유연하게 운영해야 한다는 다소 허무맹랑한 주장이다. 이렇게 되면 직업의 숙련이 쌓이지 않고 계속해서 새로운 직종에 대한 적응에 쫓기게 된다. 결과적으로 끊임없이 자기계발해야 하는 상황에 놓이게 된다.

정보기술과 디지털화는 숙련 노동의 해체와 노동력 관리의 유연화를 촉진하는 요인으로 작용했다. 육체노동이나 단순·반복노동은 상당 부분 컴퓨터와 같은 기계가 담당했다. 기업에서는 중간관리자와 일선 감독자의 기능과 역할이 축소됨으로써 노동의 수량적 유연화도 급격하게 진행되었다. 기업은 기존의 노동자들을 정리해고하는 방식으로 외부노동시장에 배출하면서 수량적 유연화를 진행시켰다. 또한 부가가치 창출이 적은 부수적인 기업활동이 내외부로 하청되면서 노동 유연화는 심화되었다(박래영, 2001). 그러나 지식의 강조에 따라 노동 유연화는 다음과 같이 나타나기 때문에 문제적이다. 정보기술에 기반을 둔 지식 테크놀로지가 발전하면서 노동의 형태는 지식을 기반으로 재구성된다. 정보와 지식은 네트워크를 따라 이동하며, 기업들 간의 아웃소싱과 기업 내 프로젝트형 조직인 팀 단위로 업무가 진행된다(카스텔, 2003). 노동 유연화의 결과로 조직이라는 형태보다 팀이라는 형태가 중요하게 등장하게 된다. 대부분의 기업활동은 팀으로 재구성된다.

사실 노동 중 기계 때문에 불필요하게 된 부분은 기계제 생산과의 경쟁에서 패배한 것이다. 기계 도입으로 일자리를 잃은 노동자는 쉽게 접근할 수 있는 산업 부문에 몰려들게 돼 노동시장을 범람시키고, 종국에는 노동력의 가격을 그 가치 이하로 하락시키는 경향이 있기 때문이다(마르크스, 2001). 기술발달에 따라 불필요하게 된 노동을 배제하고 효율적인 관리를 위해 구성된 팀이라는 단위를 새로운 혁신으로서 수용했다. 불안정한 고용상태가 관리의 효율성이라는 이름으로 은폐되고 기계에 의한 노동소외는 기술혁신이라는 이름으로 은폐된다.

문화산업은 이러한 노동 형태가 가장 심화되어 나타난다. 창작 노동자라고 할 수 있는 배우, 음악가, 그 밖의 노동자들이 기업의 생산 및 유통 시스템과 계약을 하게 되었고 임금 노동자로서 편입되었다. 대부분의 고용 형태는 비정규직이다. 자유로운 노동 주체로 보이지만 노동 유연화, 인력 관리의 효율성 등이 가져온 결과다. 이로 인해 창작 노동자들도 상품화 과정에 포섭되었다. 끊임없는 상품시장의 확장에 의해 정보와 문화영역도 상품화된 결과이다(Schiller, 2007).

상품화는 생산에 있어 행위의 모든 요소들이 시장논리에 의해 결정된다는 것을 의미한다. 따라서 제작과정에서 경험을 축적한 숙련 기술 인력[34]임에도 불구하고 성과가 낮을 경우 퇴출이 진행되었다. 동시에 새로운 능력을 갖추고 중요한 역할을 수행하는 기술 인력을 채용하기도 했으며 기존 인력과의 처우의 문제가 발생하기도 했다(이종구 외, 2006). 특히 프로그램이 실패할 경우 PD가 회사를 나가는 일은 없지만 작가의 경우 재계약되지 않는 경우가 발생하기도 한다. 작가들은 이른바 프리랜서로 고용되어 있기 때문이다. 그래서 그들은 스스로 파리 같은 목숨이라고 자조하며 '파리랜서'라고 자조하기도 한다(김은형, 2001.7.11).

자기가 좋아하는 일을 하고 있다는 사회적 시각은 노동자로서 신분 보

---

34 PD보다 주로 방송기술 직종이 많다.

장과 권리 행사를 어렵게 한다. 방송제작 분야의 경우 제대로 된 계약서를 작성하고 업무를 시작하는 경우가 드물다. 계약서를 작성한다 하더라도 노동자에게 여러 가지 불공정한 조항이 있는 계약인 경우가 많다. 특히 아이돌이 되기 위해 연습생으로서 기획사와 계약하는 경우 이른바 '노예계약'이 강요되는 사례가 언론을 통해 종종 보도되기도 했다. 문화산업 콘텐츠 제작의 경우 각자의 노동이 독립적이기 때문에 결과물이 개인의 경력으로 축적된다. 자신의 경력을 쌓는 측면에서는 충분히 긍정적이나 결과물의 성과가 좋지 않으면 그 책임은 고스란히 개인에게 돌아간다. 이러한 상황에서 정규직 전환을 기대하며 일을 하는 비정규직 노동자의 심리를 이용하는 방송사의 관행으로 인해 이들 노동자들은 늘 불안하다(강진숙·이광우, 2012).

그러나 이들의 일을 둘러싼 일련의 담론 또는 일에 대한 표상은 이들을 천재적 재능과 영감으로 작업하는 창의 노동자로 구성해낸다. 자신의 직업 정체성을 문화산업의 노동자가 아니라 문화산업을 선도하는 전문가로서 형성시켜야 하는 윤리적 태도를 강요받는다. 지적 노동은 정보콘텐츠나 문화콘텐츠를 생산하는 노동이고 실제로 창의적 전문가라는 직업적 외피를 갖고 있다. 상대적으로 자율성을 갖지만 불안정하고, 창의적 노동을 하지만 제한적인 노동조건에 구속된 노동자로서 삶을 지속시키고 있을 뿐이다. 지식기반경제라는 담론이 신자유주의 기획에 의해 추진된 결과로서 분배의 양극화가 심해진 결과라고 할 수 있다(박래영, 2001).

3) 한 끼 밥을 위한 자기계발

지식기반경제에서는 정보기술의 비약적 발전에 따라 노동, 자본의 투입량보다는 지식, 정보의 활용이 개인이나 기업은 물론 국가 경제 발전의 핵심이 된다. 따라서 생존과 발전을 위해 정부, 기업, 개인의 총제적인 변혁이 필요하다. 개인은 스스로의 지적능력과 효과적인 활용이 성공을 좌우하므로 새로운 지식, 정보 기반의 축적을 위해 자기계발에 끊임없는 노력을 기울여야 한다(형태근, 1998: 55).

지식기반사회에서 경제와 노동에 대한 현실을 있는 그대로 제시한 사례이다. 지식기반사회는 말 그대로 지식이 중요하게 된 사회이기 때문에 지식이 자본이며 지식이 생산수단이다.

자본주의적 생산양식 아래서 생산수단을 소유한 자본가는 노동계급을 착취한다. 생산수단을 소유하지 못한 노동계급은 자신의 노동력을 자본가에게 팔 수밖에 없다. 사회적 삶의 재생산을 위해 자본가에게 노동력을 파는 노동자들은 해고되면 노동력을 판매할 자유를 박탈당하게 된다. 생산수단을 소유한 자본가계급은 노동력만을 판매할 수 있는 자유를 가진 노동자를 착취한다. 자본가계급은 노동자들을 해고할 수 있는 자유가 있기 때문이다. 노동자에게 해고라는 자유 박탈 상태는 삶을 재생산할 수 없기 때문에 저임금의 상태에서도 강도 높은 노동을 지속할 수밖에 없다. 이러한 불합리한 상황 속에서 노동자들의 파업은 자신들의 삶을 지키기 위한 투쟁이다(한찬희, 2012). 그러나 지식기반사회는 다르다. 지식이 생산수단이기 때문에 자본가로부터 착취당할 이유가 없다. 자기가 자신을 고용하기 때문이다. 그리고 자기가 자신을 경영한다고 하지만 현실 속에선 불안정한 고용상태가 유지되는 비정규직에 불과하다.

비정규직은 유연적 축적이라는 경제 현상(신경제든 신자유주의든)[35]에서 나타난 노동 유연화의 한 양태이다. 유연적 축적은 새로운 시장, 금융서비

---

35 엄밀한 의미에서 신자유주의는 경제적 현상이라고 보긴 어렵다.

스의 제공방식, 생산에 새로운 섹터의 출현 등을 특징으로 한다. 유연화는 고용주들에게 작업 현장에서 노동력을 강력히 통제할 수 있게 한다. 노동력의 배치방식을 통제하여 생산영역에서 가치증가가 가능하게 된다(Harvey, 1989). 노동영역에서 이 유연화는 이전의 대규모 정규직 노동력이 소규모 핵심 노동력과 노동시간을 쉽게 조정할 수 있는 다수의 비정규직·하청 노동력으로 분할되는 방식으로 이루어진다. 변화하는 환경에 따라 노동자들에게는 다양한 상황에서 최적의 의사결정을 내릴 수 있는 능력이 요구되기도 한다. 바로 자기계발하고 자기경영하는 주체의 모습이다(문강형준, 2012).

자기계발하고 자기경영하는 주체의 모습은 IT와 문화산업 진흥 과정에서 등장한 e-스포츠라고 할 수 있는 게임 분야에서 의미심장하게 나타난다. IT 진흥과 더불어 2000년대 초반 큰 화제를 몰았던 〈스타크래프트〉라는 게임은 e-스포츠 산업을 주도했으며, 프로게이머라는 직업을 만들기도 했다. 당시 한국의 e-스포츠 산업은 괄목할 만한 성장을 보여주었다. 2004년 7월 17일 부산 광안리 해변에서 열린 스카이 프로리그 결승전에 10만여 명의 관중이 운집하여, 같은 시간 사직구장에서 열린 프로야구 올스타전의 관중 1만 5000여 명을 압도한 사건이 있었다. 이듬해 같은 장소에서 열린 결승전에서는 12만 명의 관중이 몰렸다(삼성경제연구소, 2005; 신호철, 2005.8.12). 이후 2010년까지 광안리에서 결승전이 개최되었다.

거대 기업들이 〈스타크레프트〉팀을 구성해 프로리그를 출범시켰다. 대표적인 프로게이머로는 임요한과 홍진호가 있었다. e-스포츠는 젊은 세대의 신문화로 평가되었으며 산업으로 발전할 것으로 전망되었다. 특히 방송·콘텐츠 산업, IT 산업은 물론이고 국가 이미지 제고에도 기여할 것으로 평가되었다(삼성경제연구소, 2005). e-스포츠가 한국에서 큰 호응을 얻은 이유는 정부의 정책과 IMF의 구제금융이라는 외적 요인이 작용한 결과이다. 정부는 성장동력으로서 IT와 문화에 집중했고 IMF는 강도 높은 구조조정과 개방정책을 요구했기 때문이다. 아무런 보호 장치 없이 세상에 던져진 청소년들에게 e-스포츠가 하나의 탈출구로서 선망의 대상이 되었던 것이다(한윤형·최태섭·김정근, 2011).[36] 삼성경제연구소는 e-스포츠의 시장 규모를 2004년 267억 원, 2005년 395억 원, 2007년 774억 원, 2010년에는 1207억 원으로 전망하기도 했다(삼성경제연구소, 2005).

프로게이머의 선수생명은 길지 않다. 보통 20세 전후로 프로에 입문하고 빠른 경우 10대 중후반에 프로게이머가 되기도 한다. 프로게이머들의 전성기는 보통 데뷔 후 3~4년이기 때문에 20대 중반이면 은퇴를 해야 한다. 국방의 의무라는 특수성으로 인해 군 입대를 늦추기도 하며 입대와 함께 선수로서 전성기는 끝난다. 길어야 10년 남짓한 선수생활을 한 이후 다른 직업을 선택해야 하는 힘들고 불안한 생활인 것이다. 프로게이머에게 가장 중요한 것은 게임에서 이기는 것이다. 지는 경우는 쉽게 도태되기 때문이다. 이들은 승리하기 위해서 게임한다. 승자만을 기억하고 승자만이 대접받는 정글의 법칙이 당연시된다. 프로라는 이름으로 최고가 되어야 하기 때문에 스스로 자신을 통제하며 쉴 틈 없이 자기계발해야만 한다.

사실 프로게이머들의 경우 자기계발이라는 말이 무색할 정도로 열악한 생활을 한다. 프로게이머들은 오전 10시 정도에 일과를 시작해 새벽이 되어야 끝이 난다. 2군 이하의 연습생들은 합숙소에서 식사, 청소, 게임의 과정을 반복한다. 개인 생활은 불가능하다. 일례로 1군 프로게이머가 개인적인 일로 연습에 불참했을 때 회사는 그에게 출전정지라는 징계를 내렸고 재기하지 못하고 끝내 은퇴한 사례가 있었다(한윤형 외, 2011). 프로게이머

---

36 당시 급속히 증가한 PC방과 그 주변을 배회했던 청소년들을 떠올리면 이해하기 쉽다.

들은 은퇴할 경우 미래가 불투명하다. 게임 기술은 무용지물이 된다. 공군은 프로게임단을 창설하여 프로게이머들의 병역 문제를 덜어주기도 했지만 e-스포츠의 인기가 시들자 팀을 해체했다. 억대 연봉을 받던 1세대 프로게이머들은 모두 은퇴했고 근황조차 파악하기 어렵다. 새로운 성장동력으로 평가되었던 e-스포츠는 역사 속으로 사라졌거나 사라져가고 있다(조동주, 2013.1.12).

이러한 문제는 e-스포츠에만 국한되지 않는다. 한류를 선도하고 있는 케이팝(K-POP)[37]에서도 나타나고 있다. 특히 아이돌 가수를 육성하는 방식에 대해 많은 지적이 있었다. 아이돌의 훈련과 육성의 기반인 연습생 제도에 문제가 있다. 장기간 높은 비용을 투자하여 연습생을 훈련·육성하고 그 비용을 회수하기 위해 데뷔 후 최단기간에 압축적으로 이윤을 내려고 하는 시스템이 정착되었기 때문이다(신현준, 2013). 따라서 데뷔한 아이돌들은 홍보를 위해 예능에 출현하고 각종 행사에 투입되는데 이들이 소화해야 하는 스케줄은 살인적이다. 2014년 9월 모 걸그룹이 촉박한 스케줄 때문에 과속으로 이동하던 중 교통사고가 나 멤버 중 2명이 사망한 일이 있었다.[38] 프로게이머나 아이돌 가수나 데뷔 이전과 데뷔 후 모두 자기를 계

---

37 옥스퍼드 영어사전은 K-POP을 한국의 팝 음악(koran pop music)으로 정의한다. 영미권의 음악이 팝 음악이기 때문에 국가의 이니셜을 붙여 K-POP으로 불린다. 그러나 K-POP을 단순히 한국의 팝 음악이라고 보는 것보다 한국에서 제작해 국제적으로 소비되는 초국적인 신생 팝 음악으로 보는 시각이 더 정확하다고 할 수 있다(이동연, 2011). K-POP의 생산과 소비는 일국 차원을 넘어섰고 이로 인해 생산자들에게 요구되는 직업윤리적 태도는 더욱 강화되었기 때문이다.

38 가수가 되고자 한 지상파방송사의 서바이벌 오디션에 참가한 재일교포 권리세가 소속한 레이디스 코드라는 걸그룹이다. 2014년 9월 3일 스케줄을 마치고 서울로 이동하던 중 교통사고를 당해 멤버인 고은비와 권리세가 사망했다. 권리세의 경우 오디션 참가부터 가수 데뷔까지의 과정이 언론을 통해 공개되었기 때문에 이

발—사실상 훈육—하라는 명령에서 자유롭지 못하다. 경쟁에서 살아남아야 한다는 시장의 논리가 작용하기 때문이다.

연습생 시스템·아이돌 교육 시스템을 기반으로 기획사·엔터테인먼트회사는 기획과 제작부터 매니지먼트에 이르는 모든 분야와 과정을 포괄하고 통제한다. 이는 초기와 달리 엔터테인먼트회사가 거대한 복합조직으로 변모하고 이른바 '원 소스 멀티 유스(one source multi use)'라는 전략을 채택한 것과 관련이 있다. 그래서 시간이 흐를수록 훈련 내용은 확대·세분화되어 가창이나 댄스는 물론, 어학이 필수가 되었으며, 연기와 '예능감' 같은 '개인기', 나아가 외모의 교정도 포함되었다. 이를 위해 연습생들은 어린 나이에 발탁되어 길고 고단한 훈련을 거친다(최지선, 2011.6.18). 이들의 열정이 노동이 되고 이 노동으로 문화산업이 작동한다. 결과적으로 성공을 위한 이들의 열정은 착취된 노동력에 불과하다. 그러나 자본주의는 지속적으로 청소년들에게 꿈을 꾸고 열정을 가지라고 명령한다.

개인의 자기계발 또는 자기 훈련은 이제 특정 직업군이 아니라 일반 대중에게까지 확산되고 있다. 세계경제의 패러다임이 실물 중심의 산업경제에서 정보·지식 중심의 지식경제와 창조경제로 전환되고 있는 상황에서, 개개인의 역량 향상을 위한 국가적 차원의 노력은 개인의 삶은 물론 경제와 산업 발전에 유용한 결과를 가져다줄 수 있고, 더 나아가 참여적인 시민을 양성하는 데 기여할 수 있다(황치성·김광재·한승연, 2013; Tornero, 2013). 개인의 노력으로 경제성장을 도모하고 나아가 시민성(citizenship)이 함양된다는 논리는 근대적 국가의 정치경제체제에서나 나올 듯한 논리다. 즉, 관리되고 규율되는 개인이 국가의 경제체제에 역량을 발휘하고 나

들의 열정이 사회안전망이 부재한 상황에서 어떻게 왜곡되는지를 보여준 사례라고 할 수 있다.

아가 성숙한 시민이 된다는 것이다. 그러나 이러한 논리는 자기 역량을 증진하라는, 자기계발하라는 신자유주의의 통치 명령으로서 나타난다.

신자유주의는 개인의 자유로운 삶의 의지, 자신을 돌보고 향상시키려는 의지를 통해 작동하는 권력의 모습으로 자신 위에 군림하는 것이 아니고, 훈육과 규율의 규칙과 질서를 통해 규범화의 권력을 부과하는 것도 아닌 새로운 권력을 통해 통치한다(서동진, 2010). 자기계발, 자기관리, 열정 착취를 하게 만드는 기술이 신자유주의 통치술의 핵심이다. 신자유주의적 자기계발 노동윤리를 내면화한 주체는 자신의 선택을 자유의지에 의한 것으로 보고 결과에 책임지는 주체가 된다. 이때 성공 담론은 자기 착취의 결과를 자기관리로 바라보게 한다(최영화, 2014). 문화산업에서 비정규직의 문제점은 오래전부터 지적되어왔다. 그러나 이 문제에 대한 정부 정책은 문화산업 노동자들의 현실적인 문제를 해결하는 차원에는 이르지 못했다. 이러한 상황에서 이들 노동자들은 끊임없이 자기계발해야 하며, 문화산업의 창의성을 유지해야 하는 시대적 과제까지도 짊어지고 있는 건 아닌지 모르겠다.

4. 소결

지금까지를 통해 문화산업의 구조 변화와 그에 따른 노동의 구성과 의미를 설명하고자 하였다. 이는 문화라는 무형의 정보가 매체에 담겨 상품의 형식으로 유통되고 문화산업이 정부의 정책으로서 진흥된 이후, 무형의 정보를 생산하는 지적 노동이 언제부터 생겨난 개념인지를 추적하고, 어떠한 과정을 통해 변해왔는지를 고찰하는 과정이다. 지적 노동에 집중한 이유는 문화산업에서 나타나는 여러 유형의 노동들의 형태는 상이하지만,[39] 창의적이며 전문적인 직업군으로서 지식을 사용하는 작업(노동)으로 인식되기 때문이다. 따라서 문화산업 속 지적 노동의 성격 규정과 함께 그 속에서 가지는 의미를 설명하고자 했다.

지적 노동은 인지적 작업을 포함하는 노동의 하위범주로 보이지만, 큰 틀에서 봤을 땐 노동 그 자체이며 자본주의적 생산관계 속에 배치된다. 문화산업이 국가경쟁력의 차원에서 진흥되었고, 경쟁력 강화가 하나의 목표로서 제시되기도 했다. 맥락 자체가 자본주의적 생산관계를 벗어나지 않았다. 문화산업에서 지적 노동력은 그 자체로 상품 또는 경쟁력으로 언급되기도 했다. 여기서 저작권은 지적 노동의 하나의 형태로서 문화산업의 재생산에 한 기능을 담당하기도 한다. 법·제도적으로 접근하면 문화산업 내의 행위 주체는 안전한 고용상태를 유지하고 있는 저작권자로 압축할 수 있는데, 이들은 국가경쟁력의 강화 및 유지를 위해 위치지어진다.

이들의 생산물이 국가경쟁력과 경제적 효과를 만들어내기 때문이다. 따라서 안전한 고용상태를 보장받아야 하는 정책 시혜의 대상이 되고, 마찬가지로 창작의욕이 저하되지 않게 저작권을 보장해주어야 하는 대상이 되는 것이다. 이렇게 법률적 위치에 고정된다는 것은 이들이 창작을 하고자 하는 개인적 욕구나 실현하고자 하는 직업적 정체성은 우선시되지 않고, 국가적 목적에 의해 정책적 대상으로 객관화(주관성의 상실)되는 것을 의미한다.

창작활동을 하는 자유로운 주체로서의 위치가 아니라 국가경쟁력을 위한 도구적 위치에 놓이는 것이다. 후자로 갈수록 정책입안의 명분이 되기도 한다. 이 경우 자유로운 창작활동을 하는 창작자의 개념은 허구이다. 왜냐하면 국가경쟁력의 유지를 위해서 창작자들이 안정된 고용상태를 보장

---

39 가령 방송, 영화, 음악 분야에 작가, 감독, 작곡가, 연주자, 스태프까지 다양하다.

한다는 논리가 제공되기 때문이다. 따라서 이들이 단순히 정책의 시혜의 대상으로서 고정되지 않는 방법을 모색할 필요가 있다. 극단적으로 표현하면 가난하기 때문에 지원한다는 명분은 정책 지향으로서 적합하지 못하며, 지적 노동자들이 단순히 관용의 대상도 아니기 때문이다.

창작자들의 권리 확보를 위한 방안을 모색하면서 노동 주체로서 정체성을 구성할 수 있는 지점이 필요하다. 이는 창작자로서 노동자들이 정책적 대상으로서 객관화되는 것을 탈피함과 동시에 노동자로서 주체성을 확립하는 방법을 모색하는 것이기 때문이다. 따라서 이들이 법·제도적으로 위치 지워진 대상으로서의 주체성을 탈피하여 개인적 욕구를 실현하는 주체성에 대한 규정을 할 필요가 있다.

지금도 문화산업 내에서 자신이 제작한 콘텐츠가 상업적으로 성공하기를 기원하면서 고강도의 노동을 수행하는 노동자들이 있다. 이들이 힘든 과정을 이겨내는 이유는 성공에 대한 갈망임과 동시에 제작 자율성을 갖는 주체, 전문가적 주체라는 직업적 태도일 것이다. 정부정책은 해당 분야의 전문가를 육성하고자 하는바, 이들에게 전문가적 직업 태도를 강요한다. 그러나 몇 가지 사례에서 본 것과 같이 문화산업에서 이른바 경쟁력 있는 콘텐츠를 만들어내는 경우는 드물다. 성공을 위해 강도 높은 노동을 감수해야 함과 동시에 해당 분야에서 전문가라는 직업적 위치를 유지 — 이른바 자기계발 — 해야 한다.

전자가 실제적 노동이라고 하면 후자는 지적 노동이라고 할 수 있다. 문화산업에서 콘텐츠가 생산되기 위해서는 전자의 실제적 노동이 필요하지만 하나의 성과로 나타날 수 있는 콘텐츠 생산 속에는 수많은 지적 노동이 들어가 있는 것이다. 지적 노동자는 사실 일반 상품을 생산해내는 노동자들과 상품생산의 재료만 다를 뿐 같은 노동자이지만, 창의적 전문가라는 형태로 나타난다. 상대적으로 자율성을 갖지만 아마도 불안정한, 그리고 창의적 노동을 하지만 제한적인 노동조건에 구속된 노동자로서 삶을 지속시키고 있을 뿐이다.

미디어 환경에 도입된 시장자유주의는 대부분의 미디어 분야를 시장원칙에 따르도록 강요했다. 시장자유주의는 미디어 지형을 변화시켜야 한다는 당위로서 제공되었고 어느 정도의 사회적 합의 내지는 사회적 담론이 되었다. 그리고 기술의 발전은 자유주의와 함께 체제의 변화를 시도했다. 이 변화는 자본주의 지구적 경제체제와 긴밀하게 연관되어 있으며 신자유주의적 탈규제 정책과 상품 및 서비스 시장의 전 지구화를 뒷받침했다.

신자유주의의 기조를 등에 업고 나타난 정책은 자유화, 민영화, 복지 축소, 규제완화, 노동시장 유연화 등이었다. 신자유주의는 그 사상이 표명한 것과는 반대로 자유의 확대와 국가의 축소가 아니라 자유의 억압과 국가의 적극적 개입으로 시작됐다. 현실의 신자유주의는 자본 소유자의 재산권을 보호하고 거래의 자유를 보장하기 위해 법적, 제도적 틀을 만들게 하면서 국가를 지속적으로 개입시킨다. 문화산업도 크게 다르지 않았다.

국가 주도로 문화산업을 장려한 시기는 대체적으로 국민의 정부가 출범한 이후부터라고 할 수 있다. 국민의 정부는 외환위기 타개라는 시대적 소명을 가지고 출범했기 때문에 경제 살리기는 당면한 최우선의 과제였다. IMF로부터 구제금융을 받는 조건으로 여러 분야에서 구조조정이 있었으며, 금융, 기업, 노동 부문에서 신자유주의로의 전환이 추진되었다. 이 무렵 산업자본 시대에 형성된 경제구조와 패러다임이 지식 중심으로 전환된다고 하여 지식기반경제라는 담론이 형성되기도 했다.

지식기반사회에서는 지식을 생산하는 사람이 지식노동자다. 그러나 산업자본 시대의 노동자와는 사회적 표상이 다르다. 창의적인 노동을 하는 사람들이며 지식을 경영하는 지식경영자의 모습으로 나타난다. 정보와 상징적 가치를 생산하는 노동이 새로운 경제의 핵심적인 노동이라는 지식기반경제 담론의 효과라고 볼 수 있다.

지식기반경제는 결과적으로 문화산업이라는 국가경쟁력 분야를 육성하고자 하는 정책의 배경이 되었고, 문화산업을 육성하고자 하는 법·제도의 정비가 시작되었다. 문화산업을 진흥하기 위해 마련된 제도 안에서 문화 콘텐츠는 본격적으로 팔려나가기 시작했다. 해외로 수출된 문화·콘텐츠는 경제적 효과를 보여주었고 한류는 신성장동력으로 평가되기도 했다. 때문에 문화의 상품화로 인해 발생할 수 있는 여러 문제들이 축소되거나 은폐되어버린다.

그리고 지식기반경제, 지식기반사회에서는 산업자본주의 시대의 노동은 드러나지 못한다. 노동은 창의성과 결부되어 하나의 문화적 현상으로 나타난다. 문화산업의 영역에서는 창작활동을 하는 예술가로서 문화산업의 트렌드를 창조하는 역할로서 나타나는 것이다. 이들에게는 다양한 상황에서 최적의 의사결정을 내릴 수 있는 능력이 요구되기도 한다. 담론은 이들을 천재적 재능과 영감으로 제작을 하는 창의노동자로 구성해낸다. 직업정체성은 문화산업의 노동자가 아니라 문화산업을 선도하는 전문가로서 형성시켜야 하는 윤리적 태도를 강요받는다.

신자유주의는 개인의 자유로운 삶의 의지 위에 군림하는 것이 아닌 새로운 권력을 통해 통치한다. 자기계발, 자기관리, 열정 착취를 하게 만드는 기술이 신자유주의 통치술의 핵심이다. 신자유주의적 자기계발 노동윤리를 내면화한 주체는 자신의 선택을 자유의지에 의한 것으로 보고, 결과에 책임지는 주체가 된다. 이때 성공 담론은 자기착취의 결과를 자기관리로 바라보게 한다(최영화, 2014). 이러한 상황에서 이들 문화산업의 노동자들은 끊임없이 자기계발해야 하며, 문화산업의 창의성을 유지해야 하는 시대적 과제까지도 짊어지고 있는 건 아닌지 모르겠다.

3장 문화산업에서 노동과 지식

이 장은 저자와 인터뷰 대상자들 간의 인터뷰 내용을 중심으로 구성했다. 인터뷰 대상자는 저자의 지인과 지인에게서 소개받은 사람들이다. 이들은 문화산업의 여러 분야에 종사하고 있는 사람들이고, 이들로부터 글의 주제와 관련하여 많은 이야기를 들을 수 있었다. 인터뷰 대상자들의 진술을 인용하거나 소개하는 경우 편의상 참여자라고 표기했다.

⟨표 3-1⟩ 인터뷰 대상자들

사례	성별	연령	직업	주요 활동 분야	경력(년)
Ⓐ	남성	41	가수	가수 및 기타연주	15
Ⓑ	남성	33	작곡가	작곡 및 편곡	8
Ⓒ	남성	38	개인사업	前 연주 활동	6
Ⓓ	남성	33	베이스시트	음반 발매 및 연주	7
Ⓔ	남성	32	엔지니어	방송 및 공연 음향	4
Ⓕ	남성	43	방송인	예능 및 교양	21
Ⓖ	남성	43	독립 PD	시사교양	16
Ⓗ	여성	44	방송작가	시사교양 및 라디오	20
Ⓘ	여성	56	방송작가	드라마 기획	28
Ⓙ	여성	44	감독	독립영화, 다큐멘터리	16

참여자들의 문화산업과 관련된 생애를 소개하면 다음과 같다.

〈참여자 Ⓐ〉는 중학교 2학년 때 처음 기타를 접했고 스무 살 무렵까지 독학으로 기타 연주를 배웠다. 군대를 다녀온 이후 전문 연주인이 되기 위해 미국으로 유학을 떠났다. 3년간의 유학생활 이후 귀국했으며, 스튜디오 녹음 및 공연활동을 시작했다. 몇 년 동안은 녹음과 공연활동을 했고, 그 이후 활동과 경제력에 대한 한계를 느끼고 작곡을 하기 시작했다. 최근에는 스스로 노래도 하고 작곡도 하는 싱어송라이터의 모습으로 변화했다.

〈참여자 Ⓑ〉는 아마추어 음악인인 아버지의 영향으로 어린 시절부터 음악적인 환경에서 자랐다. 고등학교에 진학해서는 친구들과 스쿨밴드를 조직했고, 3년 후 실용음악과로 진학했다. 대학 생활 동안 전문 연주자의 길을 가려고도 했으나, 음악가로서 큰 밑그림을 그리고 군대 제대 후 작곡을 독학해 전문 작곡가로서 길을 걸었다. 몇 년 전에는 영화배우와 듀엣으로 앨범을 냈고 얼마 동안은 저작권 수익을 올리기도 했다. 작곡 및 편곡 일을 하며 꾸준히 활동하고 있다.

〈참여자 Ⓒ〉는 십대 후반 라디오에서 팝송을 접하고 기타를 배웠다. 그리고 전문 연주가를 희망하며 아마추어 음악인 생활을 시작했다. 지인의 소개를 통해 스튜디오에서 데모 녹음을 하며 기타와 작곡을 배웠다. 역시 지인의 소개로 레슨과 지역행사에서 연주를 했다. 이러한 활동으로는 경제적으로 어려움이 컸기 때문에 밤무대 활동을 병행했다. 최근에는 모든 음악활동을 접고 개인사업을 시작했다.

〈참여자 Ⓓ〉는 고등학교 1학년 때 스쿨밴드에서 베이스를 배우면서 음악을 시작했다. 고등학교 졸업 후에 실용음악과에 진학했으며 음악활동을 계속하고자 군대도 공군 군악병으로 다녀왔다. 제대 후에 지인들과 함께 홍대를 중심으로 음악활동을 하고 있다. 3인조 블루스 밴드를 결성해 정규 앨범을 냈으며, 공연활동을 꾸준히 하고 있다.

〈참여자 Ⓔ〉는 고등학생 때 스쿨밴드에서 음악을 처음 시작했다. 가수가 꿈이었던 그는 대학 진학 후에도 가수가 되고자 기획사를 찾아다니며 오디션을 봤다. 작은 기획사에 소속되어 데뷔를 준비하던 중 여러 가지 문제로 인해 중단되었다. 이후 음향에 관심을 가지게 되었고 현재는 음향 엔지니어로 활동하고 있다.

〈참여자 Ⓕ〉는 대학 재학 중 모 방송사 개그 콘테스트에서 금상을 수상하며 방송계에 데뷔했다. 1990년대에는 비교적 큰 인기를 끌었다. 이후에도 큰 작품은 아니지만 꾸준하게 활동하며 대중들과 만나고 있다.

〈참여자 Ⓖ〉는 대학에서 신문방송학을 전공했고 졸업 후에 자연스럽게 방송일을 시작하게 되었다. 외주제작사에서 조연출로서 방송일을 처음 시작했고 이후 경력이 쌓여서 연출을 하게 되었다. 독립 PD로 성장하는 전형적인 경로를 거쳤다. 주로 시사교양 프로그램을 연출했다.

〈참여자 Ⓗ〉는 대학 졸업 후 막내작가로 방송작가를 시작했다. TV 시사교양 분야에서 주로 활동했고 최근에는 라디오 방송으로 넘어와서 작업을 하고 있다. 프리랜서 방송작가이기 때문에 여러 방송사에서 일을 하고 있다. 한국방송작가협회 회원이다.

〈참여자 Ⓘ〉는 작가로서는 드물게 지상파방송사 공채로 방송 일을 시작했다. 대학 졸업 후 방송사 공채에 합격해서 일을 시작했으며 쇼 오락, 코미디, 예능 작가로 활동했다. 코미디 작가상과 작품상을 수상하기도 했다. 최근에는 외주 프로덕션에서 드라마 기획팀장으로서 일을 하고 있다. 드라마 구상과 기획에 관한 일을 한다. 한국방송작가협회 회원이다.

〈참여자 Ⓙ〉는 대학에서 사학을 전공하고, 졸업 후에 월간지 기자로 3년간 활동하다가 독립영화단체에 가입하며 영화인이 되었다. 2004년에는 여성영화인상을 수상하기도 했다. 주로 다큐멘터리 영화를 제작하며 꾸준히 작품활동을 하고 있다. 최근에는 지적장애인과 전업주부를 대상으로 미디어 교육도 실천하고 있다.

1. 문화산업의 구조 변화

1) IMF와 문화산업

국민의 정부가 출범한 이후 문화산업이 진흥되었다. 문화산업이 가지는 경제적 효과에 관심을 가졌기 때문이다. 한국만의 상황은 아니었다. 비슷한 시기 영국에서는 블레어 정부가 창의산업이라는 개념을 제시했고, 경제적 가치 상승과 고용 창출을 위한 전략들을 제시하기도 했다. 그 대상은 문화산업과 콘텐츠산업이며 IT와 미디어 분야까지 포괄했다. 2000년 2월 문화관광부는 문화산업은 지식집약산업으로서 다양한 창구효과를 통해 높은 부가가치를 창출하고, 관련 산업 분야뿐만 아니라 다른 산업에까지 연관효과를 유발하기 때문에 적극적인 진흥이 필요한 분야라고 했다.

2000년인가? 처음엔 영화진흥위원회에서 제작지원 받아서 영화를 찍었다. 최근에야 CJ 제작지원도 생기고 했는데, 지금 생각해보면 어느 시기부터 제휴도 제작지원 제도에 영향을 받았던 것 같다(참여자 ⓙ).

참여자 ⓙ는 1997년에 영화 일을 시작했다. 공교롭게도 그가 일을 시작한 시기는 IMF 시기[1]와 국민의 정부가 시작할 무렵이었다. 또한 문화를 산

---

1 엄밀한 표현은 외환위기로 인해 IMF로부터 구제금융을 받은 시기가 정확하지만, IMF가 한국 사회에 주었던 상징성으로 인해 편의상 IMF 시기라고 사용한다.

업으로 육성하고자 한 시기와도 겹친다. 그래서인지 2000년 영화진흥위원회에서 제작지원을 받아 영화를 제작하기도 했다. 영화 일을 시작하고 4년차에 정부의 지원을 받아서 활동했다는 것은 시기적으로 혜택을 받은 것으로 볼 수 있다.

참여자 ⒥가 영화 일을 시작하면서 받은 월급은 한 달에 30만 원 남짓했으며 그나마도 일 년에 12번을 받기 어려웠다고 한다. 대부분 환경이 열악했기 때문에 단체 홍보영상이나 후원의 밤 영상을 제작해주며 돈을 벌기도 했다. 이러한 상황에서 정부의 지원 정책은 제작활동을 하는 데 많은 도움이 될 수 있다. 그러나 모든 문화산업 분야에 지원을 하지는 않았던 것으로 보인다.

여건은 더 안 좋아졌다. IMF 때 페이가 확 떨어졌고, 외주 제작사가 망한 경우도 많아서 돈 못 받는 일도 많았다. 페이는 떨어진 것이 회복되지 않고 그 수준으로 계속 갔다(참여자 ⒣).

방송작가인 참여자 ⒣는 1994년부터 방송 일을 시작했다. IMF 외환위기 전에는 방송작가 대우가 크게 나쁘지 않다고 진술했는데, IMF 이후로 상황이 급격히 나빠졌다고 했다. 그리고 상황은 좀처럼 회복되지 않았다고 했다. 방송작가의 경우 방송국에 고용되다 보니 방송국의 환경에 따라 노동조건이 결정된다. 정부가 문화산업 분야에 지원을 했지만 방송국 제작 현장에서 일하는 방송작가에게 직접 지원하지는 않았기 때문에 당시 방송작가들은 정부의 진흥 정책에 포함되지 않는 직업군이었다.

2003년 12월 〈실미도〉가 최초로 천만 관객을 동원했다. 그보다 전에 국민의 정부 시절 대표적 흥행 영화는 2001년 〈친구〉가 818만 명, 1999년 〈쉬리〉가 580만 명[2]을 기록했다. 영화 분야는 집중적으로 지원한 분야였다. 2004년 2월 〈태극기를 휘날리며〉가 다시 천만 관객을 돌파했고, 2005년 〈왕의 남자〉, 2006년 〈괴물〉, 2009년 〈해운대〉, 2012년 〈도둑들〉, 〈광해〉, 2013년 〈7번 방의 선물〉과 〈변호인〉, 2014년 〈명량〉까지 2007년과 2008년을 제외하고는 해마다 천만 관객 영화가 나왔다.[3]

영화 분야 지원을 위한 영화진흥위원회가 1999년 5월에 출범한 이후 영화 분야에서 거둔 성과들은 문화산업 진흥과 관련이 있다고 하겠다. 이와 같이 영화 분야에 일련의 성과가 나타났기 때문에 영화 분야에 계속 지원을 할 명분이 되었다. 그러나 이 명분 때문에 지원에는 성과가 따라야 한다는 성과주의가 중심적 가치가 되었다. 성과주의는 사실 상업주의와 유사한 개념이다. 정부가 문화산업을 진흥한 이유도 경제적 효과에 주목한 것이라는 것을 고려하면 성과주의로의 귀결은 어찌 보면 당연한 것이기도 했다.

대우는 괜찮았다. 〈유머 일번지〉, 〈한바탕 웃음으로〉, 〈가족 오락관〉 이렇게 동시에 3개 프로그램을 한 적이 있었다. 꽤 많이 벌었다. 90년대 중반까지 평균 4000~5000만 원 정도를 받았다(참여자 ①).

참여자 ①는 1987년부터 방송작가 일을 시작하여 1990년대에 왕성한 활동을 했다. 2014년 7월 기준 '출판, 영상, 방송통신 및 정보서비스업'의 월평균 임금은 386만 원으로 조사되었는데(고용노동부, 2014), 참여자 ①가

---

2 이른바 영화 한 편으로 벌어들인 돈이 쏘나타 자동차를 150만 대 수출한 효과와 같다는 '쏘나타 프레임'을 낳았던 그 유명한 〈타이타닉〉은 1998년 2월 기준 557만 명이 관람했다. 〈쉬리〉보다도 낮은 성적이다. 국민의 정부가 문화산업을 진흥하고자 했던 이유가 여기에서 단적으로 나타난다.
3 영화진흥위원회 공식 집계.

20년 전 받은 금액과 큰 차이가 없다. 시간 경과를 생각해보면 많은 돈을 받은 사례라고 할 수 있다. 이는 두 가지 측면에서 해석이 가능하다. 하나는 참여자 ⑴의 특수성이라고 할 수 있고, 다른 하나는 1990년대에는 전반적으로 방송작가의 처우가 상당히 괜찮았다고 평가할 수 있다.

> 대학을 졸업하고 94년에 일을 시작했다. 당시랑 비교하면 작업 환경이 많이 안 좋다. 페이도 안 좋아졌고, 위상도 그렇고, 모든 게 안 좋아졌다. '드라마 작가는 돈 많이 벌잖아' 하는데, 같은 작가라고 해도 나하고는 관계가 없는 일이다(참여자 ⒣).

참여자 ⒣는 대학을 졸업하고 바로 방송작가 일을 시작했다. 일을 시작하고 몇 년 후 IMF 상황을 겪는데 그때 이후로 방송작가의 급여, 처우, 위상 등이 급격히 안 좋아졌다고 진술했다. 그리고 드라마 작가와 자기와는 급여 차이가 있다고 말했다. 따라서 20년 전 많은 급여를 받았던 참여자 ⑴의 사례는 인기 있는 작품을 맡았다는 것과 방송국에서 작가들에 대한 처우가 좋았던 IMF 이전 시기라는 상황이 복합적으로 작용한 결과라고 볼 수 있다. 문화가 산업으로 진흥된 시기는 IMF의 구제금융이 시작된 1998년 국민의 정부라는 것을 고려하면 방송국도 급격한 산업논리에 적응한 것으로 보인다.

2) 무엇이 변했는가?

(1) 구조의 변화

문화라는 단어와 산업이라는 단어를 합쳐 문화산업이라는 개념이 만들어졌지만 애초에 두 단어의 조합은 논쟁적이다. 제조업과 같이 제품을 대량생산하는 산업과 문화라는 가치들의 연결이 경우에 따라서는 이질감을 줄 수 있기 때문이다. 문화는 화폐단위로 환산할 수 없는 가치를 가진다는 시각이 존재하기 때문이다. 문화산업이라고 규정되는 것을 상업화로 보는 시각도 많다.

　최근의 상황이 크게 다르지 않다. 정부가 정책적으로 진흥해온 문화산업은 상업화되어 있다는 비난에서 자유롭지 못하다. 문화산업의 진흥은 이른바 경제 살리기의 목적이 있었기 때문에 오히려 상업화는 당연한 수순이었을 수도 있다. 그러나 사람들의 주목을 받고 상품을 거래해야 하는 것이 우선시되다 보니 흥미나 외모 중심으로 이른바 문화상품이 생산된다. 따라서 창조적 가치라고 할 수 있었던 것들이 조용히 사라졌고, 대중에 대한 강한 자극만이 재생산되고 있다고 할 수 있다. 이를 산업이라는 개념이 가지는 한계라고 볼 수도 있고 산업 그 자체의 특질이라고 할 수도 있다.

　　문화산업의 상업화라고 하는 게 애초에 말이 안 된다. 산업이라는 것이 이미
　　상업화를 위해 작동한다. 산업이 어떤 이상적 가치를 만들어내고 하는 것이
　　아니다. 시장의 논리가 최우선의 가치일 뿐이다(참여자 ⓙ).

　한국적 상황에서 문화산업은 외국과 달리 산업의 모습으로 구체화된 시점이 그리 오래되지 않았다. 문민정부 시대[4]에 문화산업이 있었지만 국가적인 측면에서 진흥하고 장려하는 대상은 아니었고 국민의 정부 이후부터 국가적인 측면에서 장려되기 시작한다. 당시 경제위기를 타개하기 위해 정보기술과 문화를 새로운 성장동력으로 제시했고 정책적으로 진흥했다. 따라서 위의 진술처럼 문화산업이 상업화되었다고 비판하는 시각은 그 자

4　김영삼 정부 시기 1993년 2월 25일부터 1998년 2월 24일까지다.

체로 모순적이라는 것을 지적할 수 있다.

> 문화도 하나의 산업이다. 제조업과 크게 다르지 않다고 본다. 기술력이 필요
> 하고 노동력도 필요하고 자본력도 필요하다. 이러한 것들이 있어서 생산이
> 된다. 문화산업도 같다고 본다. 기술력, 노동력, 자본력 다 필요하다. 문화라
> 고 하면 보이는 것이 화려해서 그렇지 큰 차이는 없다고 본다(참여자 ⓒ).

문화를 예술적 가치가 있는 대상으로 봤을 때 문화산업이라는 것은 일
정 부분 문화의 예술적 가치를 포기하는 것일 수도 있다. 문화산업도 일반
제조업과 같이 상품을 생산하는 과정이 있으며 상품 생산을 위한 여러 요
소들, 즉 기술력, 노동력, 자본력이 요구된다. 그러나 문화라는 이름으로
인해 일반 제조업과는 다르게 보일 수 있음을 참여자 ⓒ는 언급했다. 아마
이 부분이 문화상품이 다른 제조업의 상품과 다른 부분일 것이다. 가령 영
화, 드라마, 음악 같은 문화상품의 경우 일반 제조업에서 생산한 상품과는
다르다. 이 부분이 이른바 '문화'라고 지칭할 수 있는 부분이며, 이러한 상
품을 생산한 사람들은 화려하게 보일 수 있는 것이다.

문화산업은 대표적인 창의산업이며 창의력으로 무장한 창작자들, 이른
바 지식노동자들이 산업을 대표하는 것처럼 인식된다. 이는 정부의 정책
적 결과다. 정부는 문화산업을 진흥하기 위해 빠르게 움직였으며, 문화산
업 진흥을 국가정책으로 채택했다. IMF 당시 문화산업의 진흥은 경제위기
를 타개하기 위한 방법이기도 했지만, "문화산업 선진국의 세계시장 석권
에 대한 대처"로서 도전과제로 삼기도 했다(문화관광부, 2000: 9). 십여 년이
지난 지금 한국의 문화콘텐츠가 세계 여러 나라에서 주목받는 것을 보면,
경제상황 개선과 세계시장 도전이라는 정부의 과제는 자체의 목적을 달성
했다는 평가가 가능하다. 그러나 경제성장 이후에 또는 그 과정에서 나타

난 결과는 상황을 낙관적으로만 볼 수 없게 한다.

빨리 만들어내야 한다. 이른바 오더가 들어오면 언제까지 곡을 달라고 한다. 물론 내 노래를 만드는 경우는 천천히 하지만, 누가 의뢰를 하면 그 날짜에 맞추는 편이다. 그렇다고 돈이 빨리 들어오는 건 아니다. 방송 같은 경우 보면 정신없이 돌아간다. 쪽대본이라고 하는 게 익히 알려져 있다. 역시 시간 때문에 발생하는 것 아니가 싶다. 그런 걸 보면 뭔가 안정적인 시스템이 필요하다고 본다(참여자 ⓒ).

경제성장과 세계시장 도전은 성과제일주의를 낳았다. 외한위기 타개는 국가적으로 직면한 과제였기 때문에 이를 위한 조치는 빠른 판단이 필요했고 신속하게 수행되었다. 지식정보와 과학기술을 육성하기 위해 법 제도의 규제완화가 이루어졌다. 규제완화는 시장에서 여러 이해당사자의 문제가 얽혀 있기 때문에 각계각층의 충분한 논의를 통해 실행해야 하지만 경제위기 상황 아래서 그러한 논의를 위한 시간이 허락되지 않았다. 왜냐하면 경제위기는 정부나 국민이나 불편한 상황이며 위기 상황이 지속되는 것을 용인하지 못했기 때문이다. 따라서 경제위기 타계를 위한 모든 조치는 바로 실행되었다. 지식기반경제의 모든 가능성이 수렴된 것으로 보이는 문화산업은 그렇게 진흥된 산업이다. 문화산업은 빠른 성장을 보였다. 외환위기 때 들여온 구제금융도 4년이 채 안 되는 기간 안에 전액 상환했다. 위기상황을 타개해야 한다는 긴장감이 성과제일주의를 양산했을지도 모른다.

가장 중요하게 여겨지고 있는 것은 경제적 가치이다. 정부와 산하기관에서부터 문화산업의 글로벌 경쟁력을 강조하고 있고 방송사나 엔터테인먼트 기업들도 자신들의 글로벌 경쟁력이 국가 발전에 얼마나 기여하고 있는지에 대해 강조하고 있다. 이러한 상황 속에서 문화 복지나 문화적 다양성 같은 가치들은 지켜지기 어렵다. 물론 창작하는 사람들은 각자 자신들의 가치들을 우선시하고 있겠지만 정부와 기업 그리고 그를 둘러싼 담론들이 경제적 가치 위주로 흐르고 있다는 것은 확실하다(참여자 ⑭).

창의산업으로 인식되는 문화산업에서도 성과제일주의가 적용된다. 이를 뒷받침하는 것이 경제적 가치라고 할 수 있다. 문화산업은 당시의 정치적 기획에 의해 진흥되었기 때문에 그에 따르는 일종의 결과를 제시해야만 했던 것이다. 따라서 미디어기업이나 정부는 경제성에 집착하고 말았고 문화 자체에 집중하지 못했다. 그럴 이유가 없었는지도 모른다. 창작자들은 각자의 이유로 창작을 했지만 창작활동은 지식과 창의력을 담아내서 작품을 만들어내는 과정이라기보다 시간에 쫓겨서 상품을 만들어야 하는 노동조건에 놓이게 되었다. 경제성과 효율성을 우선시하는 담론에 의해 창작활동을 위한 체계적이고 안정적인 시스템이 작동하지 못했다. 문화산업에서 다양한 영역에 종사하는 개개인이 창의성을 토대로 이윤을 창출하고, 이를 통해 국가 경제를 성장시키는 것이 문화산업이라고 인식되어온 이유가 크다고 할 수 있다.

(2) 노동환경의 변화

IMF 시절의 한국 노동시장의 가장 큰 변화는 고용의 유연화로 설명된다. IMF는 구제금융을 지원하는 조건으로 강력한 구조조정을 요청했다. 대규모 실직 사태가 발생했고, 사회적 안전망이 제대로 갖춰지지 않았던 시절5 많은 사람들이 길거리로 내몰렸다. 노숙자(homeless)라는 단어가 그때부터 언론에 등장하기도 했다. 고용의 유연화는 많은 비정규직을 양산했고 이들은 불안정한 고용상태에서 노동과정에 참여할 수밖에 없었다. 방송계도 크게 다르지 않았다. 방송작가는 정규채용과정이 없다. 프로그램당 계약을 맺는, 말 그대로 비정규직 프리랜서다. 업무에 불만을 가질 수가 없다. 다른 작가가 그 자리를 쉽게 대체할 수 있기 때문이다.

> 프로그램의 작가일 뿐이다. 프로그램이 폐지되면 내 일자리도 없어진다. PD가 전화해서 수고했고, 내일부터 안 와도 된다고 해도 끝이다(참여자 Ⓗ).

> PD들은 작가를 자기가 데리고 일하는 사람이라고 생각한다. 전화나 문자로 이제 그만하셔도 된다고 하는 경우가 있다(참여자 Ⓖ).

> 돈을 PD가 주는 것도 아니고 작가와 갑을관계는 아니지만, 사람을 쓰는 것은 PD가 쓰는 것이니까, PD가 생사여탈권을 쥐고 있다(참여자 Ⓗ).

방송작가는 프로그램 제작에서 역할을 수행하고 있음에도 노동조건이 불안정하다. 방송 프로그램당 원고료를 받는 작가들은 수시 개편이 될 경우 일자리를 잃는 경우도 종종 발생한다(최현주·이강형, 2011). 방송사가 제작비를 절감하게 되는 경우 주로 삭감되는 부분이 작가들에게 지급되는 원고료이기도 하다. 방송작가의 경우 프로그램 단위별로 업무를 수행한다고 해도 큰 틀에서 방송국에 고용된 것이기 때문에 방송국의 환경에 따라 영향을 받는 것이다. 특히 PD가 프로그램 제작을 총괄하기 때문에 PD의

---

5 현 박근혜 정부에서도 사회적 안전망이 구축되지는 않았다. 오히려 IMF 이후 정치적·경제적 이데올로기로 인해 사회 안전망 구축에 대한 논의는 정치적 수사 (rhetoric)에 머무르거나 여야의 논쟁에 머무르고 있다.

말 한마디가 부담으로 작용할 수도 있다.

반면 방송작가가 방송사에 정규직으로 채용되는 시기가 있었다. 참여자 ①의 사례가 대표적이다. 그는 대학 졸업 후 방송사의 구성작가 채용공고를 접한 후 응모했고, 구성작가 공채로 방송 일을 시작했다.

> 86년에 MBC 구성작가 공채 2기였고, 87년에 KBS 코미디작가 공채 1기다.
> 이 시기가 방송국에서 작가의 중요성을 알던 시기다. 작가를 대충 쓰는 것이
> 아니라 전문적인 사람을 써야 된다는 분위기가 있었다(참여자 ①).

지금은 방송작가가 공개채용을 통해 선발되는 것이 아니라 지인 등 인맥을 통해 방송에 입문하지만 1986년 당시는 정식채용과정이 있었다. 참여자 ①에 따르면 방송작가를 1년에 한 번씩 모집하지는 않았지만 주기적으로 작가를 공개채용했다. 업무 능력이 있는 사람을 전문적으로 키우려고 한 절차로도 이해가 되며, 비정규직이 별로 없었던 사회적 상황을 반영하는 것으로도 이해할 수 있다. 그러나 1990년대 후반에 작가 공채는 사라진다. 또한 공개로 채용된 경우라도 계약기간이 끝나면 프리랜서가 된다.

> 매년 공채가 있었던 것은 아니고, KBS 코미디작가는 7기 정도까지 뽑았다.
> 7기면 90년대 후반까지는 있었다. 공채로 입사를 해도 계약기간이 끝나면
> 프리랜서가 된다(참여자 ①).

IMF 이전 방송작가를 공채로 선발했더라도 계약기간이 끝나면 프리랜서로 전환되었던 것이다. 기자나 PD와 같이 매년 공채를 했던 것도 아니고, 공채선발 인원도 정규직이 아니라 일정 기간 계약을 하는 형식이었다. IMF 이전의 좋았던 시기라고 하더라도 온전하게 고용을 보장받던 직군은

아니었던 것이다. 게다가 외환위기 이후 IMF 상황은 전반적으로 방송직군의 고용을 불안하게 했다. 방송 일에 계약직이 적극적으로 도입되었고, 계약이 지속되더라도 계약직 노동자들의 고용상태는 크게 개선되지 못했다.

> IMF 이후에 인력에 대한 유연성으로 인해서 계약직이라는 것이 생겼다. 재미있는 건 계약하고 2년 후에는 정규직으로 채용해야 하는데, 1년 11개월 일하게 한 후 한 달 쉬고 다시 채용한다(참여자 ⓖ).

정부가 정책적으로 문화산업을 장려한 결과 문화산업은 경제적 가치를 가장 중요한 것으로 고려한다. 시장에서 성과를 올리는 상품 또는 사람만이 인정받는 상황이라고 볼 수 있다. 이러한 상황에서 일정한 지식과 경험을 축적한 종사자들 이른바 전문가들도 상품과 같이 소비되어버린다. 또한 전문인력의 재생산이 어려운 구조다. 재생산보다는 다른 사람을 손쉽게 구하고 손쉽게 버리는 상황이 되었다. 따라서 문화산업의 전문가들은 상업시스템에 최적화된 전문가라는 이해도 가능하다. 이상의 진술을 정리하면 IMF라는 시대적 상황에서 구조조정으로 인해 유연화된 노동 형태가 나타났으며, 정부는 경제위기를 타개하기 위해 문화산업을 진흥했지만 결과적으로 문화의 상품화는 물론이고 인력도 상품화된 상황이 전개되었다고 볼 수 있다. 이 상품화는 매우 적극적이고 급진적으로 전개되었다.

3) 문화의 상품화, 노동의 상품화

경제성이 없는 것은 시장에서 사라지는 것이 어떻게 보면 당연한 논리다. 이 경우 발생하는 문제는 시장에서 문화상품이 소비되는지 혹은 소비되지 않는지의 문제로 귀결된다. 즉, 문화상품의 시장성과는 소비에 의해서 결정되는 것이다. 따라서 수요가 많은 문화상품은 지속되고 수요가 없는 문화상품은 시장에서 사라지게 된다. 이 경우 문화 다양성을 구축하는 일은 쉽지 않게 된다. 문화상품의 가치문제를 떠나 문화상품의 존립 여부가 철저하게 자본의 논리를 따르기 때문이다. 문화산업이라는 단어 자체도 산업에 중점을 두는 용어이며 문화 자체에 집중하기보다 이윤을 추구하기 위해 작동하게 된다.

> 문화산업은 전반적으로 대상들이 산업화되어야 하는 것이다. 영화를 산업으로서 영화, 예술로서 영화로 분류할 수 없다. 문화산업에서 영화 자체는 산업화될 수밖에 없는 것이라고 본다(참여자 Ⓙ).

문화산업은 말 그대로 산업이다. 작동방식이 산업의 논리를 그대로 따르기 때문이다. 따라서 문화산업 안의 문화는 산업화되어야 하는 대상이 된다. 참여자 Ⓙ는 영화를 산업과 예술로 분류할 수 없다고 했지만, 현실 속에서 영화는 이른바 산업화된 영화라면 산업의 외양을 띄게 된다.

> 천만 관객 영화가 10년 전에는 실미도, 태극기 휘날리며 정도였는데 지금은 만화도 천만 명이 보는 시대다. 물론 모든 영화나 만화가 흥행에 성공한다고 볼 수는 없지만, 영화시장은 그만큼 커진 것 같다(참여자 Ⓒ).

문화산업이 국가적인 차원에서 진흥된 이후 시장의 규모는 확대되었다. 외환위기 이후 신자유주의적 국가정책으로 인해 경제지표가 개선되었고 국민 소득의 증가로 인해 문화산업도 확장했다. 신자유주의는 문화산업에도 예외는 아니다. 정부, 언론, 자본이 문화산업을 작동시켰고 문화산업은 거대한 이익을 가져다주는 산업으로 등장하기도 했다. 2000년대 초반에 지식기반경제, 지식기반사회 등으로 시대 상황이 규정되기 시작했고, 산업의 성패는 지식과 창의성과 같은 가치로 평가되기 시작했다. 그리고 등장한 것이 이른바 '쏘나타 프레임'이다. 영화 한 편으로 벌어들인 돈이 쏘나타 자동차를 150만 대 수출한 효과와 같다는 내용이었다. 이후 문화산업엔 국위선양이라는 가치도 포함되기 시작했다. 대중가요가 해외로 수출되면서 한국이라는 나라를 소개하게 되었고, 이로 인해 한국에 대한 호감이 높아진다는 것이다. 이런 공식들이 만들어져서 한류를 유지·개발해야 한다는 주장들이 나타났다.

정부와 기업은 문화콘텐츠의 영향력을 알게 되었고 관련 부서를 설립하고 사업을 추진했다. 정부는 정책을 수립했고 기업들은 영화, 음반 분야에 투자를 했다(김평수, 2014). 문화산업은 그 특유의 경제적 성격으로 인해 일반 제조업보다 더 큰 이윤을 창출하는 산업으로 평가된다. 대표적으로 문화산업은 규모의 경제가 작동하기 때문에 초기 투입비용은 높지만 한계비용은 제로로 수렴하여 초판 이후의 생산에 투입되는 평균비용은 크게 감소한다. 또한 네트워크 외부성도 문화산업의 경제적 특성을 설명한다. 네트워크 외부성은 상품을 소비하는 소비자가 많아지면 많아질수록 그 상품의 가치가 높아지는 개념이다. 즉, 생산을 위한 비용은 감소하고 소비를 하면 할수록 상품의 가치는 높아진다.

경제적으로 접근하면 돈이 되는 게 가장 중요한 것이고, 다소 고상하게 접근하면 반대가 될 수 있다. 문화라고 다 고상할 필요는 없다. 대중들이 좋아하는 것을 제공하는 것이 중요하다고 본다. 그러면 역시 경제적인 생각을 안할 수 없게 된다(참여자 ©).

문화산업이 시장의 논리를 따르면서 시장에서 성공하는 상품만 소비되고 그 반대의 경우는 사라진다. 창작에 있어서 시장성만을 고려하는 것은 아니지만 대중들이 좋아하는 대상을 제공하게 되면 결과적으로 시장성을 고려할 수밖에 없다는 진술이다. 문화산업이 문화보다는 산업에 중점을 두는 용어로 인식되면서 문화 자체보다는 뭔가 이윤을 추구하기 위한 수단으로 여겨지고 있기 때문이다. 그러나 대중들이 좋아하는 문화상품을 상업적이라고 비난할 수는 없다. 대중들의 기호도 존중받아야 할 문화이기 때문이다. 다만 이른바 대중성만을 지향하게 되는 경제적 구조가 고착될 경우 다양한 문화는 사라질 가능성이 높다. 이도 역시 시장의 논리다.

　기업들의 경우 생산성을 증가시키고 생산비를 감소하기 위해 수직적으로 통합하는 경향이 나타났다. 수직적 통합의 경우 규모의 경제를 실현하기 쉽고 시장에서 독점적 지위를 행사하여 네트워크의 효과를 높일 수 있다. 수직적으로 통합된 미디어·문화기업은 콘텐츠의 생산과 배포에 미디어와 정보기술의 이용을 적극적으로 촉진시키기도 했다. 이 새로운 변화의 기본 원칙은 자본의 축적이다. 즉, 생산영역이든 분배영역이든 경제활동을 체계화하는 데 좀 더 효과적이고 합리적인 방법을 제공하는 것이다. 결국 변화의 핵심은 시장화, 경제화의 논리다(김평수, 2014; 성동규, 2006). 이러한 논리로 인해 문화산업은 이른바 돈이 되는 부분과 그렇지 않은 부분으로 나뉘게 되었다.

대부분의 사람들은 공중파 가수는 주류란 이미지와 함께 부와 명예를 갖춘 사람으로 생각하고 있다. 반면 인디 뮤지션은 늘 방구석에서 궁핍한 삶을 살며 애처롭게 노래하는 비주류란 생각이 강하다. 이러한 차이가 문화산업 기반의 취약성을 보여주고 있다고 생각한다(참여자 ⑩).

대중에게 폭넓게 소구되는 문화는 그 자체가 경쟁력이 있는 것이므로

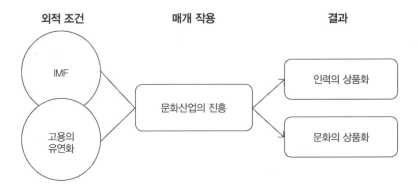

〈그림 3-1〉 문화산업 진흥이 문화산업 구조에 미친 영향

주류라는 이미지를 갖게 되고, 반대의 경우 비주류의 이미지를 갖는다. 흔히 언더그라운드라고 말하는 인디음악 신(scene)이 여기에 해당한다. 언더그라운드에서 생산되는 음악은 소수의 마니아 취향의 음악이라는 인식도 있고, 다수가 즐기기는 음악은 아니기 때문에 주목을 받지 못한다. 경제적으로 성공하기 어려운 조건이 형성된다. 결과적으로는 산업에서 도태될 수도 있는 조건에 놓여 있는 것이다. 이는 문화의 상품화와 인력의 상품화를 잘 보여주는 사례라고 할 수 있다.

이상에서 논의된 결과를 정리하면 〈그림 3-1〉과 같이 정리할 수 있다. 1990년대 후반으로 돌아가면 IMF라는 시기적 상황이 있었고, 구제금융을 지원받는 조건으로 산업 전반에 강도 높은 구조조정이 있었다. 비정규직도 증가했다. 정부는 경제위기를 타개하기 위한 방법으로 창의력이 뒷받침되고 부가가치 효과가 큰 문화산업에 주목했다. 지식기반경제라는 사회적 담론 또한 문화산업의 진흥에 당위성을 제공했다. 문화산업 진흥은 외적 조건에 의해 성과주의 또는 상업주의로 귀결될 수밖에 없었다.

대중문화라고 불리는 대상들에서 창조적 가치들은 사라지고 어떻게 하면 대중을 자극할 것인지만 강하게 나타났다. 산업에서 시장성을 인정받지 못한 분야들은 배제되고 추방되었기 때문이다. 문화가 산업화되었다는 것 외에 다른 의미는 없다. 그 결과 문화의 상품화는 물론이고, 노동 인력도 상품화되었다. 이러한 과정이 국민의 정부 이후 나타난 문화산업의 구조 변화라고 할 수 있다. 다음으로는 변화된 문화산업의 구조에서 나타나는 지적 노동은 어떠한지 살펴볼 필요가 있다.

2. 문화산업 구조와 지식노동 환경

1) 디지털 기술과 노동의 변화

(1) 방송 분야

지식기반경제로 이행하기 위해 추진된 IT 인프라 구축은 문화산업과 함께 진흥되었는데, 기술발달은 문화가 산업화되는 데 토대를 마련한다. 무형으로 존재하는 문화가 저장매체에 기록되었고 디지털화가 가능해 유통 배급이 네트워크 상에서 이뤄지기도 했다. 디지털 콘텐츠의 파급력은 문화산업의 각 분야에 많은 영향력을 행사했다. 디지털 콘텐츠가 가지는 복제(copy)의 용이성으로 인해 급속도로 대중에게 확산된다(강진숙·한찬희, 2009). 문화콘텐츠에는 멀티미디어 콘텐츠가 포함되기도 했고, 위성방송, DMB, IPTV가 순차적으로 등장해 콘텐츠를 이용할 수 있는 플랫폼이 다양해지기도 했다. 따라서 문화는 콘텐츠의 개발, 제작, 유통, 소비를 포함하는 산업으로 자리를 잡을 수 있었다(이병민, 2008). 기술은 생산영역에도 많은 변화를 발생시켰다. 대표적으로 아날로그 장비들이 디지털로 전환되면서 몇 가지 양상들을 보였다.

장비가 작아졌고 저조도에서 촬영을 할 수 있게 되었다. 늘 조명 팀을 데리고 다녔는데 조명 팀이 없어도 된다. 야간에 촬영을 할 때 형광등 불빛만 있으면 저조도에서도 찍힌다. 조명이 있으면 화질이 더 좋긴 하지만, 조명이 없으니까 비용도 적게 든다(참여자 ⓖ).

저조도에서 촬영이 가능하다는 것은 어두운 곳에서도 조명 없이 촬영을 한다는 것이다. 이는 조명 노동은 없어져도 촬영 노동은 그 양이 늘어나는 것을 의미한다. 과거 아날로그 장비를 사용할 때는 어두운 곳에서 촬영을 하고자 하면 조명이 필요했지만 지금은 특별한 조명 없이도 촬영이 가능하게 되었다. "정해진 날짜에 촬영을 못하더라도 추가 촬영이 가능하다"(참여자 ⓖ). 아날로그 장비를 사용할 경우 정해진 날짜와 시간에 촬영을 해야 했지만 디지털 장비를 사용한 이후는 좀 더 촬영 스케줄이 유연해진 것이다. 카메라의 성능이 좋아지고 상대적으로 가격도 낮아져서 과거처럼 한두 개의 카메라로 상황을 담는 것이 아니라 다양한 시선에서 촬영을 해야 했기 때문에 촬영 인력이 증가하기도 했다. 그러나 이 인력의 대부분은 비정규직이다.

카메라가 많아졌다. 스튜디오 같은 경우 옛날에는 세 대 정도, 지금은 10대 이상 들어간다. 야외촬영은 옛날에는 ENG(electronic news gathering) 카메라 한 대였다. 지금은 20~30대 들어간다(참여자 ⓕ).

기술발달로 인해 카메라가 경량화·소형화 되었고 현장에서 다양한 모습을 담기 위해서 카메라가 많이 사용된다. 카메라의 증가는 카메라 인력의 증가를 의미한다. 디지털 카메라의 등장과 NLE(Non-Linear Editing system: 비선형 방식) 편집 시스템의 보편화로 인해 미디어산업에 다양한 유형의 계약직·프리랜서 PD들의 진입을 가능하게 했다(김동원, 2010). 디지털 기술로 인해 촬영 및 편집 장비들이 저렴해졌고, 관심이 있는 사람이라면 손쉽게 배울 수 있게 된 것도 이 분야에 인력이 증가하게 된 원인이라고 할 수 있다.

97년에 다큐 할 때만 해도 리니어 편집이었다. 98년에 디지털 카메라가 나와서 좀 싸게 살 수 있었는데 편집기가 없으면 편집을 할 수 없었다. 편집기가 몇 천만 원대였다. 99년에 컴퓨터에 보드를 깔아서 디지털 편집을 할 수 있게 되면서부터 개인 작업자들이 늘었다. 그 전에는 단체에서 작업을 많이 했었는데 디지털 기술이 개인 작업자들을 늘리는 데 엄청난 영향을 줬다(참여자 ⓙ).

그러나 위와 같이 증가한 촬영 인력들은 대다수가 비정규직 인력이다. 인력이 많다 보니 이들의 노동력의 가치가 감소하며, 낮은 급여에도 일을 하게 된다. 방송아카데미와 같은 교육기관에서 일정한 교육을 받은 사람들도 촬영 현장에 투입되어 촬영을 담당했다. 이들의 고용 형태는 주로 계약직이었기 때문에 고용상태는 늘 불안했다. 문화산업 분야에서 기술로 인해 노동이 변화되면서 새로운 인력이 필요한 경우가 생기기도 했지만 새로운 인력은 대체로 비정규직으로 고용되는 경우가 많다.

디지털 기술이 생산영역에 들어와서 나타난 변화는 하드웨어에서 소프트웨어로 이동, 장비의 소형화, 작업시간의 단축, 생산성 향상 등으로 정리할 수 있다. 이러한 모습들은 사람이 일을 편리하게 할 수 있게 한다. 일을 편하게 하게 되면 생산성의 향상은 당연히 나타난다. 생산성의 향상은 기술에 의해 가능한 것이기 때문에 노동이 기술에 의해 일정 부분 대체된 것이다. 문화산업에 도입된 기술은 상품의 생산성을 높이는데, 이는 인력 투입을 최소화하는 형태를 띤다.

노동 강도는 더 심해졌다. 과거에 촬영감독에게 콘티를 보여주면서 설명하고, 촬영감독이 촬영하는 동안 PD는 주변 상황을 살피고 관찰할 수 있었다. 현장에서 다음 시퀀스를 생각할 수 있는 여유가 있었다. 최근에는 혼자 찍다 보니 주위의 것을 생각하지 못해서 프로그램의 질이 떨어지기도 한다(참여자 Ⓖ).

과거에는 사연을 엽서로 받았지만 지금은 SNS로 받는다. 방송국에서 퇴근하면서, 엽서를 들고 가지 않는 이상, 업무가 끝나지만, SNS는 24시간 보고 있어야 한다. 24시간 일을 하는 것과 같다. 그렇다고 추가적으로 페이를 더 받거나 하지는 않는다(참여자 Ⓗ).

IT 또는 디지털 기술은 당대의 혁신으로 평가받았고 경제적·사회적·문화적 환경에 많은 영향을 줄 것으로 평가받았다. 최근에도 디지털 기술이 심화되어 디지털을 넘어서 '스마트'한 기술 또는 '스마트'한 단말기 등이 속속 출현했고 스마트 시대라는 규정도 나타났다. 그리고 해당 기술은 삶의 질과 연관되어 풍요로운 사회로 변모할 것이라는 낙관적 평가를 제시하기도 했다. 그러나 기술의 심화가 반드시 그런 결과를 가져오는 것은 아니다. 기술의 심화는 노동의 심화로 이어질 수 있다. 참여자 Ⓖ의 경우 디지털 장비가 도입된 이후 인력이 줄었으며, 본인의 업무가 증가해서 프로그램 제작의 질이 떨어진다고 진술했다. 참여자 Ⓗ의 경우도 디지털 환경이 업무에 편리성을 주기보다는 업무량을 증가시켰다고 진술했다.
반면 앞의 참여자 Ⓕ와 Ⓙ는 디지털 기술로 인해 인력이 증가한 사례를 언급했다. 참여자 Ⓖ와 Ⓗ의 진술과는 정면으로 배치된다. 그러나 그 이유는 단순하다. 문화산업의 지적 노동이 다수의 비정규직군이기 때문에 고용이 증가하는 경우는 드문 사례라고 할 수 있다. 노동 강도가 높아진 사례는 고용 예비 인력의 증가로 인해 임금이 낮아졌음에도 불구하고, 제작비 절감 차원에서 추가 인력을 고용하지 않는 경우라고 하겠다. 물론 참여자 F와 같이 지상파방송사에서 일을 하는 경우 상대적으로 많은 제작인력을 접할 수 있기 때문에 제작 환경에 인력이 증가했다고 진술한 것이다. 그러나 여전히 이들은 비정규직에 불과하다.

> 20년 전에 TV 작가할 때, 작가는 원고만 쓰는 것으로 알았고 원고만 썼다. 지금은 촬영도 따라 나가고 편집할 때도 붙어 있어야 한다. A부터 Z까지 작가가 앉아 있어야 일을 할 수 있다. 내가 싫어서 안 할 수도 있지만 안 하면 나는 제외되고 다른 작가가 하게 된다. 먹고 살려면 그런 일도 다 해야 하는 상황이 되었다(참여자 H).

마르크스(1999)는 기존의 기술을 사용하는 것보다 새로운 기술을 사용하게 되면, 자본가가 얻을 수 있는 잉여가치가 증가한다고 했다. 이 잉여가치는 전적으로 노동자들의 노동시간에서 나온다. 위의 진술(참여자 G, H)에서도 기술의 도입은 노동 강도의 심화와 노동시간의 연장으로 나타났다. 이들의 노동을 통해서 얻는 이익은 이들을 고용한 법인에 귀속된다. 물론 노동자의 노동력에 대한 비용은 지불되었지만, 여기서 지적하는 것은 생산된 잉여가치가 법인에게 귀속된다는 점이다.

디지털 기술이 발달해 문화산업에서 기술 분야 인력을 대체하기 시작한 것은 2000년대 중반부터 시작되었다고 볼 수 있다. 이 무렵 디지털 장비의 도입은 기술직 업무의 효율성을 가져왔고 많은 인력이 현장에 투입될 필요가 없어져 인력이 감소되는 경향을 보였다. 방송사의 경우 기술직을 감소시키기 위해 신규채용을 하지 않았고 다른 직종으로 전환시키는 방침을 수립하기도 했다. 그리고 기술이 필요한 경우 외주 업체에 맡기거나 비정규직을 고용하여 작업하기도 했다. 기술 도입이 개인의 업무를 편리하게 하지만 조직 차원에서는 비용 절감으로 경제성을 최대한 높여야 하기 때문이다. 이러한 측면에서 기술이 노동을 대체하는 것은 심화될 가능성이 있다.

(2) 음악 분야

음악 분야에도 기술의 도입은 많은 변화를 야기했다. 하드웨어가 소프트웨어로 변했고, 비용을 많이 들이지 않아도 작업을 할 수 있는 환경이 되었다. 과거에는 음악을 하려면 고가의 장비가 필요했고 전문적인 스튜디오에서 작업을 해야 했다. 따라서 음악을 하려는 지망생들에겐 진입장벽이 다소 높았다. 디지털 기술 도입으로 인해 변화된 환경에서는 컴퓨터 하나만 있으면 음악을 제작할 수 있게 되었기 때문에 경제적 진입 장벽은 낮아졌다고 볼 수 있다.

디지털 기술이 음악 쪽에는 많은 변화를 주었다. 비용을 크게 들이지 않아도 음악을 할 수 있다. 고가의 장비, 하드웨어가 소프트웨어로 변했고, 컴퓨터 자체가 익숙해져서 컴퓨터로 쉽게 음악을 만들 수 있게 되었다. 컴퓨터 하나만 있어도 미디 작업과 녹음을 할 수 있게 되었다(참여자 Ⓑ).

예전에는 음반 발매하는 데 들어가는 비용이 굉장히 컸다. 녹음실 대여, 엔지니어 비용, 그 밖에 여러 부대비용이 든다. 그리고 과거에 개인 작업을 하던 경우에 여러 가지 하드웨어 악기가 굉장히 고가였는데 지금은 대부분 소프트웨어로 작업하고 비용이 굉장히 절감되었다. 비교적 쉽게 음반을 발매할 수 있게 되었다(참여자 Ⓐ).

이와 같이 손쉽게 음악을 만들 수 있게 환경이 조성된 이후 나타난 현상은 많은 음원이 쏟아졌다는 점이다. 대형 기획사, 중소 기획사 모두 기획된 음원을 발매하고 있으며, 인디 뮤지션들도 음원을 발매한다. 음원이 많다는 것은 대중음악의 다양성이 제고되기 때문에 이용자들의 입장에서는 반가워할 만한 일이다. 그리고 음원이 인터넷과 모바일로 유통되면서 월정액제로 무제한 내려받기가 가능해져서 역시 이용자들은 저렴한 가격에 원하는 음악을 이용할 수 있게 되었다. 디지털 기술로 인해 작업의 효율성도 높아졌다.

디지털 기술이 발달하게 됨으로써 작업시간의 단축과 간편함, 생산성이 향상되었다고 생각한다. 디지털 기술 덕분에 장비가 소형화되었고, 기술의 발전으로 인해 전반적인 작업 환경이 하드웨어에서 소프트웨어 중심으로 이동했다(참여자 Ⓓ).

디지털 장비가 작업하는 데 수월하다. 예를 들면 사운드를 잡기 위해 마이크 설치부터 콘솔 작업에 이르기까지 여러 단계를 거치는데, 이러한 과정이 간단해진다. 쉽게 말하면 사람이 일을 하는 데 편리하게 만들어져 있다(참여자 Ⓔ).

방송 분야에서 기술의 도입은 장비가 발달하여 업무의 효율을 도모할 수 있었으나, 인력의 감소로 인해서 업무 당사자는 노동의 강도가 심해지는 경향을 보였다. 반면 음악 분야에서는 기술 도입으로 저렴하게 음악을 생산할 수 있으며, 생산성 향상 등 작업의 효율성이 높아지는 것으로 나타났다. 이러한 차이가 발생하는 이유는 방송 분야가 음악에 비해 많은 인력이 필요한 분야, 즉 노동집약적 분야이기 때문이다. 기술 도입으로 인해 감소된 인력을 혼자 감당하기 어려운 것이다. 음악 분야의 경우 소규모로 작업이 가능하며 기술 도입으로 인해 개인 작업의 효율성이 증가하게 되었다. 방송 분야는 개인 작업의 효율성이 증가했지만 인원 감축으로 업무량도 늘어난 것이다.

음악 분야의 경우 노동 강도 외에 다른 문제가 발생한다. 손쉽게 생산되고 손쉽게 이용되다 보니 음원의 가치가 하락하는 문제다. 음원 가치의 하락은 결과적으로 창작자들의 노동력 가치의 하락을 뜻하기도 한다. 음원 가격도 곡당 거래되던 것에서 월정액제로 거래되면서 가격이 더 하락하게 되었다. 더 큰 문제는 쏟아지는 음원이 통신망으로 유통되면서 음원 판매의 주도권이 통신사로 넘어갔다는 점이다. 창작자 입장에서는 음원을 팔아도 큰 수익을 올리지 못하는 구조가 되었다. 기획사의 입장에서도 초대형 히트를 하지 않는 이상 음원으로 수익을 발생시키지 못한다. 인디 뮤지션들은 인디 뮤지션대로 수익 구조를 만들어야 한다. 반면 기획사의 경우 다른 수익 창구를 활용하게 된다.

기획사는 소속 가수(최근의 추세는 대체로 아이돌)에게 투자한 비용이 있기 때문에 수익을 보전하기 위해서 행사에 소속 가수들을 내보내게 된다. 아이돌의 경우 가수가 되는 것이 목표였기 때문에 방송이나 행사나 가리지 않고 다니게 된다. 또한 본인이 원하는 곳에만 출연할 수 있는 입장도 아니다. 이들은 가수가 되고 싶은 마음에 기획사 오디션에 응모했고, 합격한 이후 기획사와 계약을 맺을 때 계약 조건에 대해 문제를 제기할 만한 처지가 아니기 때문이다.[6] 따라서 일각에서는 부당한 거래에 의한 노동착취라는 말이 나오기도 한다. 한류라는 문화강국의 이면 뒤에는 연예인을 희망하

---

6 『구름빵』이라는 동화책 작가가 출판사와 맺은 계약도 아이돌과 기획사가 맺는 계약과 유사하다. 이른바 갑을관계가 계약으로 나타나는 것이다.

는 청소년들의 열정을 착취하는 구조가 숨겨져 있다. 이들의 열정 역시 비물질적 노동으로서 연예기획사의 자본에 포섭된 것이라 할 수 있다.

디지털 기술의 등장으로 인해 방송 분야의 경우 비정규직 인력이 증가했다. 이들은 고용이 보장되지 않고, 고용되었더라도 경우 업무량이 증가하는 사례를 보였다. 음악 분야의 경우 소규모 작업이기 때문에 업무의 효율을 가져왔다. 그러나 업무의 효율은 결과적으로 노동력의 가치 하락과 노동력을 통해 생산한 상품의 가치 하락을 가져왔다. 그럼에도 두 분야의 이른바 지적 노동자들은 자신들의 노동력 유지를 위해서 스스로 전략적 과제를 수행하고 있었다.

2) 일을 위한 일

문화산업의 지적 노동은 창의적인 작업을 수행하는 과정이다. 이는 문화산업이 정책적으로 장려된 이후부터 지속적으로 요청된 사안이다. 문화체육관광부가 발행한 보고서에는 영국이 1998년, 미국이 2000년에 창의성과 관련된 비전을 제시했고, 한국도 문화가 창의성의 인큐베이터라는 전제에서 출발해 2004년 문화를 통한 국가의 지속발전의 비전을 제시한 창의한국을 발표했다고 언급되어 있다(문화체육관광부, 2013a). 이명박 정부의 경우 고용 없는 성장과 세계 경제위기 상황에서, 창의적 문화가 새로운 대안으로 주목받고 있는 창의경제 시대에 문화를 통한 경제의 체질 개선과, 신성장동력 창출을 위한 질 높은 고용과 성장을 견인할 수 있도록 정책의 새로운 대안을 모색했다(문화체육관광부, 2013c). 문화는 창의적인 것이며 창의적인 문화를 통해 국가의 발전을 가능하게 한다는 주장은 문화산업 진흥의 논리가 되어왔다. 실제 문화산업에 종사하는 참여자들도 창의성이 자신들의 노동에서 중요한 것으로 인식하고 있었다.

직종과 상관없이 본다면 청소를 하는 것도 창의적인 마인드를 가지고 한다면 창의적일 수 있다. 다만 창의적 마인드를 갖는 데 있어서 다양한 예술적 경험, 음악, 영화, 독서 등의 활동이 중요하다고 생각한다(참여자 Ⓐ).

문화산업에서는 창의성을 바탕으로 창작활동을 해야 하기 때문에 창의성은 중요하게 고려되는 사안이다. 문화라는 것이 관습에 의한 것이기 때문에 완벽한 창작(창조)은 불가능하다고 했을 때 대상에 대한 다양한(또는 새로운) 관점과 해석을 제시해야 하기 때문에 창의적 마인드가 중요하게 인식되는 것이다. 그러나 문화콘텐츠는 기계로 찍어내는 상품이 아니기 때문에 끊임없이 창의력을 동원하여 창작활동을 하기에는 어려움이 따를 수밖에 없다. 예를 들어 육체노동이라도 휴식 없이 노동을 계속하는 것은 불가능하기 때문이다. 따라서 창의력을 지속적으로 배양하기 위해 문화산업 노동자들은 각자의 시간을 투자한다.

창의성과 관련된 노동의 새로운 정체성을 잘 표상하는 노동은 미디어 노동(media work)일 것이다(서동진, 2012). 미디어 노동은 상징과 정보를 생산한다는 측면에서 지적 노동이기도 하다. 방송국의 PD들, 특히 예능 PD들은 창조적 엔터테이너로서 묘사되고 취업을 준비하는 사람들에게는 선망의 직업으로 꼽히기도 한다. 해마다 공채 기간이 되면 수백 명에서 많게는 수천 명의 지원자가 응시하지만 합격하는 사람들은 몇 명에 불과하다. 언론사 입사시험을 언론고시라고 칭하는 데는 이런 이유가 있는 것이다. 공채를 거치고 PD가 되면 예의 그 창의적 업무를 수행해야 한다. 그리고 방송국에서는 창의력의 유지·계발을 위한 프로그램을 제공하기도 한다.

방송국에서 출장도 많이 보내주고, 외국에 나가서 공부도 할 수 있게 해주고, 방송국에서 견학도 시켜주고 세계적으로 유명한 뮤지컬, 락 밴드 공연도 많이 보러 다니게 해준다(참여자 Ⓕ).

문화산업과 마찬가지로 미디어산업도 창의성이 강조되는 산업이다. 방송국에서 제작되는 프로그램이 시청자들의 기호를 충족시키면, 다양성, 혁신성, 창의성을 갖췄다는 평가를 받는다. 마찬가지로 이를 수행하는 인력도 업무수행을 위해 다양성, 혁신성, 창의성을 갖춰야 하는 것이다. 방송국에서는 이러한 지적 노동의 수행을 위해 창의성을 배양할 수 있는 기회를 제공한다. 이는 개인에게 제공되는 혜택이 아니라 방송국이 수익을 얻기 위해 노동력을 훈련시키는 활동이다. 그럼에도 이들은 창의적 작업을 수행하는 창조적 인물로 묘사된다.[7]

창의성 말고도 업무 수행에는 다른 것이 필요하다. 공동작업을 하는 경우에 필요한 능력이 이에 해당한다고 할 수 있다. 아래의 진술처럼 하나의 프로젝트를 위해 여러 팀이 결합하여 업무를 수행하는 경우, 참여자 Ⓔ는 프로젝트의 성공적 수행을 위해 여러 사람의 의견을 조율하고 격려할 수 있는 능력을 지적 노동환경에 필요한 것으로 들고 있다.

실력도 중요하지만 사람과 사람의 문제가 있어서 실력만으로는 해결되지 않는 문제가 발생한다. 현장 운영능력이 대표적이다. 여러 팀이 모여서 하기 때문에 서로 간의 의견을 조율할 수 있는 융통성도 필요하다. 성공적인 공연을 만들기 위해 화합하고 조율한다. 궁극적인 목표는 성공적인 공연이 되어야 하는 것이다(참여자 Ⓔ).

---

7 BBC의 〈탑기어〉를 한국 버전으로 들여왔을 때, 최승준 CP도 고민이 없었던 것은 아니다. 하지만 그는 특유의 발상 전환으로 〈탑기어 코리아〉를 안정적으로 연착륙시켰다. http://blog.naver.com/6riverrun/50126406220. 2014년 10월 10일 접속.

작가와의 호흡이 중요하다. PD가 표현하고자 하는 것을 말로 표현하면 작가는 그것을 글로 표현한다. PD는 그 글을 보고 영상으로 표현한다. 이게 잘 되었을 때 작품이 잘 나온다. 작가하고 같이 커뮤니케이션을 해서 대본이 나왔을 때 서로 생각이 같았다는 것을 알게 된다. 호흡을 맞춰서 만드니까 결과물이 좋았다(참여자 ⑥).

이러한 능력을 갖춘 사람들은 대체적으로 한 팀의 리더인 경우가 많다. 리더는 자신의 팀은 물론이고 연계하고 있는 팀과의 화합과 성공적인 업무 수행을 위해 융통성을 발휘할 때도 있고 때로는 중요한 결정을 내려야 할 때도 있다. 이러한 모습은 피터 드러커가 주장한 지식노동자의 전형을 보여주는 것이다. 프로젝트가 성공하면 그 성과는 팀원들에게도 주어지지만 프로젝트를 성공으로 이끈 리더가 가장 주목받게 된다. 그는 혁신적이고 창의적인 능력을 통해 업무를 성공적으로 이끌었으며 지적 노동이 무엇인지를 보여주는 사람이 된다. 지적 노동에서 창의성도 물론 중요하게 인식되는 요소지만, 지적 노동의 성공 후에는 구체적인 과정으로서 팀원들의 노동이 생략된다. 지적 노동이 창의적 활동이라고 지칭될 때 그 이면에 있는 여러 구체적인 노동이 생략되는 점은 지적 노동이 가지는 담론의 효과라고 할 수 있다.

3) 창의력의 유지와 자기계발

문화산업은 문화보다 산업이 강조되는 산업이고, 정부의 주도로 인해 이윤을 추구하는 산업으로 정비되었다. 이는 한국 사회의 역사성에 기인한다. 1990년대 말 외환위기가 있었고 이를 극복하기 위해서 정부는 정보통신 부분과 문화산업을 육성했다. IMF로부터 구제금융을 받는 조건으로 구조조정이 단행되었고, 이 과정에서 의도적 또는 비의도적으로 구시대적 가치를 청산하고 새로운 경제질서를 확립했다. 산업자본주의 시대의 생산 시스템과 결별하고 지식경제사회가 도래되었다는 담론은 이 시기에 등장했다. 지식이 경쟁력이기 때문에 지식을 통해 경제개발을 해야 한다는 논의였다. 문화산업도 예외는 아니었다. 예외가 아닌 정도가 아니라 문화산업이 지식경제사회에 잘 어울리는 모델이었다.

> 작곡 레슨 받으면서 나름대로 공부를 한 분야가 미디 쪽이다. 당시 시퀀싱 프로그램, 이른바 작곡 프로그램이 케이크워크(Cakewalk), 로직(Logic), 소나(Sonar), 큐베이스(Cubase), 누엔도(Nuendo) 등이 있었는데, 나는 빨리 공부하고 싶은 마음에 인터넷에서 동영상 강좌를 다 봤다. 로직 사용법은 한 달 정도에 마스터했다(참여자 ⓒ).

지식을 통해 경제를 개발하고 가치를 생산하는 것은 당시 모든 사회 분야에 요청된 것이었는데, 정부는 문화산업을 중심에 두고 정책을 진행했다. 문화산업의 종사자들은 최소한 자발적으로 무언가를 만들려고 하고 시간을 투자하기 때문이다. 참여자 ⓒ는 음악을 시작하면서 자신이 배워야 할 부분, 공부해야 할 부분에 대해 명확한 생각을 가지고 있었다. 그리고 실천에 옮긴 것이다. 이는 작곡이라는 최종생산물을 위한 과정이었다. 누가 시키지 않아도 자발적으로 생산과정으로 들어간 것이다. 이는 한 사람의 열정이라고도 볼 수 있을 것이다. 성공에 대한 열망이 열정으로 나타나고 이 열정은 성공을 갈망하며, 자신의 노동조건을 자연스럽게 또는 담담하게 받아들인다.

> 이쪽 일이 중독성이 강하다. 시작도 좋아서 하게 된다. 좋아서 하게 된 일이

고 지금도 좋아서 하고 있다. 열심히 해야 하는 동기부여가 자연히 생긴다. 열심히 하는 사람들은 대체적으로 잘 되는 것 같다(참여자 Ⓐ).

문화산업의 종사자들이 문화산업으로 유입되는 경우는 대체적으로 좋아하는 일을 하기 위해서다. 중학교, 고등학교 시절부터 해왔던 악기연주가 직업이 되는 경우가 있고, 대학 졸업 후 지인을 통해 자연스럽게 일을 시작하게 된 경우가 있다. 이들은 현재하고 있는 일을 떠나서 다른 일을 한다는 것을 상상하기 어렵다. 가령 참여자 Ⓐ의 경우 이십대 중반에 직업으로서 음악을 시작했고, 마흔 살이 된 지금도 음악을 하고 있다. 경제적 조건이 나쁘다고 다른 일을 할 생각은 전혀 없다. 따라서 스스로 계발하라는 요청이 이들에게는 부자연스러운 강제라기보다 삶의 방식으로서 이미 체득하고 있었다.

자기계발이라는 측면보다는 독서 자체가 일상이다. 남들은 취미 범주이겠지만, 직업적 특성도 있고 생활 중 한 부분이라고 할 수 있다(참여자 Ⓗ).

작가라면 스스로 습득해야 한다. 방송 스토리텔링과 미디어에 관한 이야기를 가르치고 있는데, 이를 가르치려면 많이 봐야 한다. 전 세계에 있는 것을 다 뒤져서 보기도 하고, 남들이 숨겨놓은 파일도 구글 같은 데서 찾을 수 있는 능력도 있어야 한다. 내 경우는 책, 영화, 드라마, 일드, 미드 안 보는 것이 없다. 공부하려고 보는 것이 아니라 생활이다(참여자 Ⓘ).

참여자 Ⓗ와 Ⓘ는 방송작가다. 이들은 모두 경력이 20년이 넘었다. 어느 정도 그 분야의 베테랑이라고 할 수 있다. 이들이 습관 또는 일상적으로 독서를 하고 일을 위해 시간을 투자하는 것은 오랜 시간 일을 하면서 체화된 것이다. 이들은 자연스러운 것이라고 말하지만 일을 위해, 달리 말하면 생존을 위해 생활해왔다고 볼 수 있다. 작가이기 때문에 이들이 생존을 위해 계발한 것은 남들과는 다른 작품, 즉 창의적인 작품을 생산하는 능력이다.

여기서 일을 하려면 창의력도 필요하고 전문성도 필요하지만, 항상 새로운 것을 익히고 배워야 한다. 예전에 컴퓨터 음악을 배울 때 신디사이저 하나로 음악이 끝나는 줄 알았다. 그런데 샘플러가 등장했고 신디사이저는 오히려 한물간 구식이 되었다. 샘플러만 배우는 것이 아니다. 관련된 여러 장비들을 배워야 한다. 배운다고 끝나는 것도 아니다. 적절히 사용하는 것이 더 중요하다(참여자 ⓒ).

창의력과 전문성만이 문화산업의 노동조건이 아니다. 새로운 기술이 등장하면 빠르게 배워 익힐 수 있는 능력, 그리고 새로운 기술을 적재적소에 사용할 줄 아는 감각이 필요하다. 전반적으로 묶는다면 지식·지적 능력이라고 할 수 있다. 문화산업에서 종사하는 사람들은 이러한 능력을 끊임없이 계발해야 하는 조건에 있는 것이다. 그런데 시야를 조금 넓혀보면 이러한 자기계발은 비단 문화산업에서만 나타나는 현상은 아니다. 대학생들은 이른바 스펙을 위해 봉사활동에 참여하며(이희은, 2014), 직장인들은 진급을 위해 외국어와 자격증을 공부한다. 경쟁에서 살아남아야 한다는 절박함이 현실로서 다가오기 때문이다. 문화산업도 다르지 않다. 경쟁에서 살아남는 방법을 모색해야 한다.

지식노동, 창의노동하면 잘 잡히는 개념은 없는데, 머리를 쓰는 것으로 생각된다. 물론 영감을 통해 곡도 쓰고 하지만 쉬운 과정은 아니다. 어떻게 하면 더 창의적일까 고민도 하고, 다른 사람의 곡도 들어보고, 생각도 많이 하게

〈그림 3-2〉 문화산업 구조와 지적 노동 환경

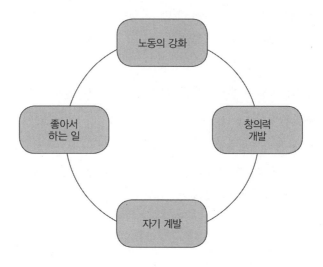

된다. 나와 비슷한 수준의 누군가가 있다면 내가 그 사람보다 뭔가 뛰어난
것이 있어야 내가 팔리지 않나(참여자 Ⓓ).

문화산업의 노동환경에서 전문성과 경쟁력은 필수적인 요소가 되었다.
덧붙여 창의력도 필요하다. 남들과는 다른 창작물을 만들어내야 하기 때
문이다. 단순히 경쟁에서 이겨야 한다는 접근도 가능하지만 스스로 만들
어낸 창작물에 자신이 만족하지 않으면 창작의 의미는 크게 떨어진다. 따
라서 전문성, 경쟁력, 창의력은 문화산업의 지적 노동자들에게는 생존을
위해서뿐만 아니라 자기만족을 위해서도 필요한 요소인 것이다.

논의를 정리하면 좋아서 하는 일이 직업이 되었고, 강화된 노동환경에
서도 노동을 유지한다. 그리고 자신의 노동력 유지를 위해서, 일을 위해서
자연스럽게 창의력을 계발하게 되었다. 자신이 속한 환경에서 도태될 경
우 생존에 위협을 받기 때문이다. 자기계발도 수행된다. 그러나 역설적으

로 이러한 자기계발은 도태되지 않기 위해서, 생존을 위해서 체화된 것이다. 〈그림 3-2〉과 같이 이들의 경험을 강화된 노동환경 속에서 생존을 위한 순환 굴레로 표현할 수 있다. 자연스러운 것이지만 생존의 절박함이라는 측면에서 자연스럽지 않은 자신의 일과 노동과정에 대한 태도라고 할 수 있다. 그리고 창의력 계발과 자기계발은 성과주의로 나타난다. 문화산업은 이미 시장의 논리가 지배하는바, 대중이 외면한 상품은 도태된다. 대중이 외면한 상품을 창작한 창작자도 같이 도태된다.

상업영화 하는 사람들은 영화 실패하면 다음 영화 만들기 어렵다. 못 만든다고도 한다. 영화산업의 자본이 커졌기 때문에 기본적으로 자본을 회수할 수 있어야 투자를 한다(참여자 ⓙ).

3. 취미, 일, 노동

1) 일일까? 노동일까?

(1) 새로운 것을 만드는 전문적 작업

문화산업에서 생산은 창조성에 기반을 두고 있다. 문화콘텐츠의 유형이 영화, 드라마, 음악 등의 텍스트로 나타나기 때문이다. 이러한 유형은 창작에서 예술성을 평가받는 영역이다. 영화나 드라마의 경우 산업혁명 이후의 문화 같지만 그 이전부터 존재했던 희곡, 소설에 작품의 근거를 두고 있다. 기술발달 이후로 새로운 표현기법을 통해 영화나 드라마라는 장르로 구성될 수 있었다. 음악의 경우 고대부터 있던 예술 분야였기 때문에 음악에 예술성을 결부시키는 과정이 이질적이지 않다. 다만 이러한 문화들이 대중문화로서 그리고 문화산업에서 생산되는 경우 예술성이 결부될 수 있느냐의 문제가 발생하는데, 어느 방향이던 해석은 가능하다. 그리고 창작자들이 스스로 창의적이고자 하고 창의성을 가지고 생산을 하고 있다. 이러한 창의성은 지적 노동과 밀접한 관계가 있다.

> 늘 새로운 것을 찾아야 한다. 방송국 입맛에 맞는 아이템을 찾아내야 하기 때문에 늘 새로운 것을 찾으려 한다. 아이템을 창의적으로 찾아내기도 하고 포맷을 새로운 것으로 개발하는 시도들도 한다(참여자 Ⓗ).

> 창조적이고 어려운 작업이다. 마이크나 스피커를 공연장에 걸어 놓는다고 다 소리가 나는 것은 아니다. 보컬에 따라 여러 장비를 통해 효과를 첨가하고, 객석 규모에 따라 스피커 위치, 각도 등을 고려해서 전반적인 장비를 세팅해야 한다. 이러한 과정이 단순 노동은 아니다. 한두 달에 배울 수 있는 것은 절대 아니다. 전반적으로 창조적인 과정이다. 그래서 단순히 엔지니어라고 부르지 않는다. 사운드 디자이너라고 부른다(참여자 Ⓔ).

문화산업에서 창작은 무엇인가를 만드는 데서 시작한다. 이때 기본적인 원료만 주어진다. 소설의 경우 등장인물, 사건이라는 소재를 가지고 글을 구성하며, 음악의 경우 여러 개의 음(note)과 화성(chord)을 가지고 곡을 쓴다. 이때 원료 상태에서 창작물 이른바 작품 상태로 변화될 때 투입되는 것이 창의력이고 지적 과정으로서 노동이라고 할 수 있다. 단순히 사건을 배열하고 음을 배열한다고 창작이 되지는 않는다. 공연장에서도 관객들에게 최적의 음향을 제공하기 위해서 마이크, 스피커 등을 적합한 위치를 찾아서 배치한다. 그리고 조정실에서 소리를 확인하면서 배치를 다시 바꾸기도 한다. 이 과정은 직접적으로는 귀에 의존하는 것 같지만 소리를 확인한 이후는 머리로 계산해서 재배치를 해야 하기 때문에 지적인 활동이 수반된다. 전문적으로 훈련받지 않으면 그 작업 자체가 불가능하기도 하다.

눈에 보이지 않는 것을 만들어내고 이를 통해 사람들에게 내가 생각하는 것과 내가 말하고자 하는 것을 전달하는 작업이기 때문에 충분히 창의적인 작업이고 어려운 직업이라고 생각한다(참여자 Ⓑ).

옛날에는 그냥 찍어놓은 것을 시간 순서대로 붙였고 군더더기만 덜어내는 편집이었다. 지금은 시간 순서 없이 앞의 것을 뒤에 붙이고 뒤의 것을 앞에 붙이고, 말도 단어별로 편집을 해서 새로운 문장을 창조해내고 있다. 이야기를 만들어내는 수준으로 발전했다고 봐야 한다. 옛날에는 이야기를 다듬는 수준이었다면, 지금은 이야기를 창조해내는 수준이다(참여자 Ⓕ).

이들의 노동은 무엇인가를 만들어내는 것이다. 이러한 측면에서는 일반 노동과 크게 다르지 않을 것이다. 그러나 이들이 만들어내는 것은 물질적이지 않은 대상이다. 음악이나 음향은 잘 정돈된 소리를 제공한다. 연기의 경우 계산되고 만들어진 감정을 제공한다. 다른 노동보다 창의적으로 인식되는 것은 물질적이지 않은 것을 만들어내기 때문이다. 특히 원료 외에는 주어지지 않은 상태에서 대중들의 감정에 소구할 수 있는 또 다른 감정 상태를 만들어 제공하는 것이다. 그래서 어렵다. 대중들의 기호를 고려하기도 하며 자신의 작업 스타일을 구축해야 하기 때문이다. 꾸준히 창의적인 상태를 유지해야 문화산업에서 노동자로서 살아갈 수 있다.

창의적이라 생각한다. 창의적 마인드를 가지고 있는 것과 가지고 있지 않은 것과는 큰 차이가 있다. 예술 계통에 종사하는 사람들이 창의적이지 않은 경우가 있지만 창의성은 중요하다(참여자 Ⓐ).

창의적이지 않으면 고용상태를 유지하기 어려울 수 있고, 고용된 상태가 아니더라도 작업을 수행해나가기 어렵게 된다. 이 경우 자신의 작품이 대중들에게 알려지기는 요원하다. 따라서 문화산업의 지적 노동자들은 끊임없이 창의적인 상태를 유지해야만 한다. 창의적인 상태를 유지하는 것은 문화예술인으로서 시장에서 경쟁력을 갖는 측면이 있기 때문이다. 시장에서 생존조건으로서 창의성을 유지하는 것은 내적 조건보다는 외적 조건이기 때문에 강제되는 것이다. 이러한 강제를 창의력과 조응시키는 것은 사실 단순한 문제는 아니다.

지적 노동자들이 만들어내는 콘텐츠인 영화, 드라마, 음악의 경우 그 내용에 대중들과 공유된 가치가 들어 있다고 볼 수 있다. 하나의 문화이기 때문에 공감대가 형성되는 작품들이 많은 인기를 얻기도 한다. 이러한 측면에서 이 분야의 종사자들은 화려해 보이기도 하며 전문직으로 불린다. 스스로도 그렇게 인식하는 경향이 있었다.

단순한 노동이나 반복되는 작업이 아닌 특별한 지식과 전문적인 지식이 필요한 작업을 수행한다. 어떤 사람들은 5분 만에 곡을 쓴다고도 하는데, 흔한 사례는 아니다. 계속 그렇게 하라면 못한다. 한다 해도 품질을 담보할 수 없다. 5분 안에 곡을 쓴 경우도 수많은 시간 동안 습득이 있어서 가능한 것이다 (참여자 Ⓑ).

음향작업이 없으면 음악은 당연한 것이고 영화나 드라마를 만들 수 없다. 만들 수 있겠지만, 사운드가 풍부해지지 못한다. 영상은 고퀄리티인데, 음향이 저퀄리티라면 상상할 수 있겠는가. 하루아침에 배우는 것도 아니다. 문화콘텐츠를 만들 때는 음향전문가는 필수적이다(참여자 ⓔ).

참여자 ⓑ는 작곡을 직업으로 하고 있다. 곡을 쓰는 작업은 단순한 노동이나 반복 작업이 없다. 아이디어가 있으면 짧은 시간에도 작업이 가능하다. 곡을 쓰는 수준까지 오르기 위해서는 많은 훈련도 필요한 것이 사실이다. 따라서 작곡가들은 전문적인 직업군으로 볼 수 있다. 비단 작곡가뿐만이 아니다. 음향엔지니어의 경우 모든 콘텐츠에 필수적이다. 소리가 없으면 정보전달이 불가능하고, 음향이 빈약하면 콘텐츠를 풍부하게 감상하기 어렵다.

문화산업의 지적 노동자들은 본인의 대중적 인지도를 떠나 전문성을 함양하고자 한다. 이 연구의 참여자들만 봐도 스스로 전문적 지식, 창의력 등을 계발하고 있었다. 이러한 전문성이 반영되어 문화 자체가 대중들에게 가까워져서 더 발전했고 세계적 수준으로 상승했다고 볼 수 있다.

대중들도 음악과 가까워졌고 일반 대중들도 음악을 듣는 수준이 높아졌다. 그래서 K-POP이 더 발전하고 세계적으로 인정받는 것 같다(참여자 ⓑ).

연습생들을 회사에서 잘 훈련을 시키기 때문에, 데뷔한 아이돌들 보면 다들 잘 한다. 예전에는 대중가요 댄스음악하면 별것 아닌 것으로 치부했지만 지금은 그렇지 않다. 전문영역이 생긴 것이다(참여자 ⓐ).

사실 성과라는 압박을 받을 수 있지만 한국의 대중음악은 K-POP이라는 장르로 구축되었고 외국에서도 하나의 장르로서 평가를 받고 있다. 기획사에서는 정기적인 오디션을 거쳐 연습생들을 선발하는데, 연습생으로 선발되면 일정한 연습기간을 거쳐 데뷔할 수 있는 기회를 얻는다. 연습기간 동안 전문적인 트레이닝을 받게 되는데, 노래, 춤, 악기연주, 연기 등 종류가 다양하다. 이들을 가르치는 트레이너들도 대학에서 해당 분야를 전공한 사람들이고 유학을 다녀온 트레이너들도 있다. 이러한 트레이닝 시스템에서 교육을 받고 데뷔하는 아이돌들은 어느 정도 실력이 검증되었다고 할 수 있다. 대형 기획사의 경우 더욱 체계적인 훈련을 제공하고, 중소 기획사의 경우는 그보다 덜 체계적인 훈련 프로그램을 제공한다. 따라서 연습생들도 대형 기획사로 가려고 하는 편이다.

기획사 시스템에서 생산되는 문화상품으로서 K-POP은 국내외에서 좋은 반응을 얻고 있기는 하지만, 기획사 시스템이 가진 문제도 상존한다. 기획사의 자본력에 따라서 기획되는 콘텐츠가 달라지고 대중적으로 호응을 얻지 못하면 K-POP의 주변부에 머무르게 된다. 경쟁의 논리가 항상 적용되는 것이다. 따라서 전문성이 없는 문화산업의 노동자들의 가치는 떨어지게 된다. 가수, 댄서, 작곡가, 엔지니어 등 범주를 가리지 않는다. 참여자 Ⓑ와 Ⓔ의 경우는 자신들의 업무에 따르는 적절한 보상이 있어야 한다고 말했다. 그러나 현실 속에서 이들에게 적절한 보상이 가지 않는 경우가 많았다고 말했다.

(2) 다르게 표현하는 작업

문화산업에서 노동은 창의적 작업이며 무언가를 새롭게 창작하는 것으로 보인다. 이 때문에 문화산업의 노동은 창의노동으로서 지적 노동이 수행되는 공간이다. 그러나 이 창의성이라는 것을 참여자들은 무언가 새롭게 창작하는 것으로 인식하기도 하며, 새롭지 않다고 인식하는 경우, 즉 문화산업의 지적 노동이 창의적이지 않다고 하는 경우도 있었다.

어떤 부분에서는 창의적이라 할 수 있겠지만 우리가 흔히 알고 있는 대중음악이라는 카테고리 안에서의 작업이기에 완벽한 창의적 작업이라고 보기는 힘들다고 생각한다(참여자 ⓓ).

영화, 드라마, 음악 같은 게 만들어지면서 사람들이 창조, 창의력에 대한 생각들을 하는 것 같다. 그런데 100% 창조라는 게 가능할까 싶다. 이미 머릿속에는 어릴 때부터 공부했던 코드 진행, 스케일이 있다. 예를 들어 I-vi-ii-V^8 같은 진행은 구구단 같은 거라고 할 수도 있는데, 여기에다 멜로디를 붙이면 곡이 되고 창작했다고 말한다(참여자 ⓒ).

어쩌면 창작은 과거의 관습에서 하나 더 나아간 것에 불과하다. 문화라는 것이 인류사를 관통하면서 발생하고 소멸하고 했던 관습에 기대고 있기 때문에 창조라는 것도 과거 관습의 테두리를 걸치고 있을 수 있다. 관습에 얽매여 있거나 반복되는 것이 아니라면, 과거의 관습에서 더 나아갈 수 있는 시도들은 창의적 작업이라고 볼 수 있다. 이러한 작업을 수행하기 위해서도 과거의 문화를 이해하고 학습해 나가는 노력과 지성이 필요하기 때문이다.

상식을 뒤엎을 수 있는 것, 같은 생각이라도 다르게 표현할 줄 아는 것, 완전하게 100% 창작은 어려운 것 같고, 기존에 있는 것들을 관찰하면서 자기만의 아이디어를 첨가한다든지, 서로 다른 두 프로그램을 뒤섞어 놓는다든지, 이러한 시도들이다(참여자 ⓕ).

---

8 대중음악에 있어서 가장 기본적이면서도 대표적인 진행이다. 코드(chord)로 표현하면 C—Am—Dm—G의 진행이 된다. 상당수의 대중음악에서 이 진행이 변주되어 나타난다.

똑같은 내용이라도 어떤 그릇에 담는가에 따라 다르다. KBS에서 〈미녀들의 수다〉가 있었다. JTBC에서 〈미녀들의 수다〉 남자판인 〈비정상회담〉을 내 났다. 미남들의 수다라고 하지 않았다. 제목에서 정치성을 가지고 있다. 이 야기 범위가 정치, 경제, 사회, 문화 등 모든 것을 다룬다. 〈비정상회담〉은 충분히 새롭다(참여자 ①).

문화라는 특수성을 고려하면 문화산업의 지적 노동에 필요한 것은 창의 성이라고 할 수 있다. 그러나 오롯한 창조라는 것이 가능한가라고 하면 완 전한 창조는 어렵다는 의견을 제시했다. 사실 대중문화에서 흔히 접할 수 있는 여러 콘텐츠들은 서로 유사성을 가지기도 하며, 특정의 모티브를 차 용해서 작품을 만들기도 하기 때문이다. 극단적인 상황에서는 표절 논란 이 발생하기도 한다. 따라서 대상(원료)을 작품으로 만들어내는 과정에서 개인이 가진 어떠한 능력이 필요하게 된다. 이것을 흔히 창의력이라고 하 는 것이다. "같은 생각이라도 다르게 표현할 줄 아는 것"이 창의력의 원천 으로 작동한다고 보는 것이 더 정확할 수 있다.

2) 지식의 수행, 노동의 수행: 지적-육체노동이라는 이중적 긴장

참여자들과 인터뷰를 진행하는 동안 이들이 자신들의 일을 지식노동이 냐 육체노동이냐를 넘어서 노동의 범주에 포함시키지 않으려는 경향을 보 였다(특히 참여자 Ⓐ와 Ⓙ). 참여자 Ⓐ는 자유분방한 음악인의 전형적인 사 고방식을 가지고 있기 때문에 자신의 일을 노동과 등치시키려고 하지 않았 다. 그러나 업무수행을 위해 여러 가지 해야 할 일을 잘 알고 있었고 중요 성도 알고 있었다는 점에서 자기계발하는 주체의 모습도 가지고 있었다.

참여자 Ⓙ의 경우 다큐멘터리 작업을 하는 독립영화 감독이기 때문에 역시 자신의 작업을 산업화된 노동과는 거리가 있는 것으로 설명했다. 또한 그는 지식노동의 범주화에도 반대 의견을 피력했다.

> 지식노동이라는 표현에 동의하기 어렵다. 나만 해도 몸을 많이 쓴다. 노동에 대해서 감정노동이나 지식노동이라고 부르는 것 자체도 그 일이 가지고 있는 성격의 한 부분을 표현한 것에 불과하다(참여자 ⓙ).

이 연구는 "지적 노동은 지식이 중요하게 강조되는 사회에서 나타나는 노동의 한 형태이며, 물질적이지 않은 문화적 내용을 생산하는 노동"을 지적 노동으로 개념화했다. 따라서 문화산업의 노동은 전형적인 지적 노동이다. 그러나 현실의 문화산업 공간에서는 육체적 노동이 빈번히 나타나고 있다.

> 계약직 FD, 연출보조, 이런 사람들은 노동 강도가 세다. 20~30대 카메라가 찍은 영상을 이 사람들은 다 봐야 한다. 이틀만 찍어도 몇 백 시간의 분량이 나온다. 이걸 다 봐서 3~4시간 분량으로 만들어야 한다. 그러면 PD가 이것을 가지고 한 시간짜리로 만든다(참여자 ⓕ).

FD나 연출보조보다 PD가 업무의 주도권을 가지고 있긴 하지만 이들의 일이 크게 다르지 않다. 구체적인 상황에서 다를 수 있지만 모두 프로그램을 기획하고 만들고 편집하는 과정에 있다. FD나 연출보조가 육체노동을 하고 PD가 지적 노동을 하는 것은 더더욱 아니다. 이들의 노동이 외부에 비춰지는 모습은 창조적 문화생산자의 모습이다. 그러나 현실적으로는 PD가 더 주목을 받고 FD나 연출보조는 배제된다. 문화산업이 가지는 이른바 부가가치는 PD의 아이디어에서 생산되는 것으로 나타난다. 바로 문화산업의 진흥을 가능하게 했던 지식경제담론의 효과이다.

따라서 지적 노동인가 육체노동인가의 문제가 아니라 지적 노동이라는 담론의 효과 뒤에 가려진 육체노동을 드러내는 것이 필요하다. 이는 문화산업에서 지적 노동이 가지고 있는 의미가 무엇인지를 드러내는 작업임과 동시에 노동 주체로서 실천하는 주체성을 확립하는 계기가 될 수 있다.

끊임없이 생각한다(참여자 Ⓐ).

우리 같은 사람들은 창작을 하는 사람들인데 창작을 위해서는 24시간 동안 항상 생각해야 되니까 그게 제일 힘들다(참여자 Ⓙ).

자신들의 노동성에 대해 부정하는 견해를 피력한 참여자 Ⓐ와 Ⓙ는 자신의 작업에 대해서 논문에서 말하고자 하는 창의력을 계발하거나 유지하기 위해 '생각'이라는 행위를 수행한다고 했다. 이러한 측면에서 보면 지극히 표면적이지만 지적 노동을 수행한다고 할 수 있다. 그리고 지적 노동인지 육체노동인지 하는 부분에 대해서는 참여자 Ⓕ의 진술이 정답에 가까운 것 같다.

형식이나 장르에 따라서 요구되는 성질이 다르다. 개그 프로그램은 창의성이 많이 요구가 되고, 야외에서 촬영하는 프로그램 같은 경우는 창의력보다는 육체적으로 힘들다. 촬영이 많기 때문이다. 24시간 넘게 카메라가 계속 따라다니기 때문에 카메라로 찍고 있다는 사실 자체로 사람이 계속 긴장을 하게 되고, 말을 가려서 해야 하고, 힘든 부분이 있다(참여자 Ⓕ).

육체노동이지만 지적 노동으로 인식하여 극단적으로 해당 노동을 서비스로 보고, 노동에 대한 대가를 지불하지 않는 경우가 있었다.

> 인건비를 서비스로 생각한다. 견적서 쓸 때 인건비 항목이 없는 경우도 있
> 다. 장비 따라서 사람이 나가는 것으로 본다. 사람이 하는 것을 서비스로 보
> 고, 굉장히 중요한 부분인데 물질적으로 잡히지 않아서 그런 것 같다(참여자
> Ⓔ).

문화산업 노동을 대수롭지 않게 여기는 사례이다. 방송국에서도 제작비
를 절감할 때 작가들의 원고료를 손쉽게 내리는 것과 유사한 사례다.

노예제도 아래서는 노예를 착취하되 죽게 하지 않지만 문화강국이라는
나라에서 문화산업의 지적 노동자는 죽기도 한다.[9] 자유시장경제 시스템
에서는 자기가 결정하고 자기가 계약의 주체가 된다. 이 경우 다른 사람과
경쟁이라도 붙게 되면 비용 절감을 위해서 인건비를 내리는 것이 손쉬운
방법이다. 자본가가 잉여가치 증가를 위해 임금노동자들의 노동시간을 증
가시키는 방법과 마찬가지다.

역설적인 것은 지적 노동자들은 자신들이 계약의 주체, 즉 주인으로서
호명된다는 점이다. 스스로가 스스로의 가치를 깎아야 하는 것이 자기 결
정·혁신·독창성·창조성과 같은 기업가 자질(Brennan, 2009)과 연관되어
있는 문화산업의 지적 노동자(피터 드러커의 표현으로는 지식노동자)의 모습
이다. 이러한 측면에서 지적 노동자의 모습이 형성된다면 그 개념은 기각
해야 하며 이면의 이데올로기를 들어내야 한다.

---

9 사회안전망이라는 것은 취약하기 짝이 없다. 허울뿐인 문화강국의 유지를 위해
어느 정도의 희생이 더 필요한 것인지 생각하기 힘들다.

3) 창의력의 역할

문화산업에서 생산은 창조적인 작업으로 간주된다. 문화산업을 장려한 여러 정부기관의 보고서에서도 그렇고, 언론에서도 문화를 창조성과 결부시켜 바라본다. 일반적인 인식도 문화는 새로운 것을 창조하는 과정과 계발하는 과정과 연결된다. 문화가 산업이라는 외피를 쓰고 경제성을 강조할 때도 창조성에서 조금도 벗어나지 않았다. 오히려 창조성을 강조했다고 봐야 한다. 문화산업에서 창조성은 그 자체로 상품성을 의미하기 때문이다. 문화산업의 지적 노동자들도 이러한 창조성을 필요로 한다. 작품을 만들기 위해서는 필수적인 요소이기 때문이다. 그러나 창조성은 창의적인 과정을 통해 나타나는 것이고 창의적인 과정을 위해서는 배움과 지식이 필요하다. 대중들에게 제공되는 문화콘텐츠가 동일한 것의 반복일 경우 대중들이 느끼는 흥미는 반감되기 때문이다. 따라서 창작 과정에 새로운 것을 전달할 수 있는 지적 노동이 수반된다.

> 나 같은 경우는 TV 모니터를 좀 많이 한다. 모니터를 하면서도 계속 생각을 한다. 나라면 여기서 뭐라고 얘기를 할까. 나라면 여기서 뭐라고 질문을 던질까. 이 프로그램이 더 발전하려면 또는 새롭게 보이려면 어떤 형식을 첨가해야 할까 하는 것을 끊임없이 생각을 해야 한다(참여자 Ⓕ).

문화산업은 자신의 창의적 노력을 투입해 경제적 결과물을 얻어내는 구조이기 때문에 이들의 직업에서 중요한 것은 창의적 작업을 통해 새로움을 주는 것이다. 창의적 작업이라고 표현되는 것이 시장에서 어떠한 선택을 받을 것인가의 문제와 따로 떨어져 있지 않다. 오히려 문화콘텐츠의 이용자들에게 선택을 받을 수 있을지 판단하는 식견이 필요하다. 이러한 이유에서 참여자들은 자신의 노동과정 속에서 여러 가지 질문을 스스로 던지고 고민하고 해답을 찾는 과정을 수행하고 있었다.

> 후배 작업실에서 녹음했다. 특별한 악기들이 필요한 건 아니었고 컴퓨터 한 대로 모든 작업이 끝났다. 내가 곡을 썼고 후배가 녹음하고 세련된 느낌을 주기 위해 소리를 좀 다듬었다. 뮤직비디오도 핸드폰으로 찍고 프리미어로 편집했다. 둘 다 프리미어를 사용할 줄 모르는데 인터넷 찾아보고 사용법을 익혔다(참여자 Ⓐ).

> 제작하는 쪽에서 이렇게 만들어봐라 저렇게 만들어봐라 하면 해줘야 한다. 싫다고 할 수 없다. 그 요구를 다 수용하는 게 쉽지는 않다. 준비가 되어 있어야 한다. 일차적으로 그렇고, 그 요구나 내가 만들고 싶은 만큼의 퀄리티를 내기 위해서 연습해야 한다. 공부는 당연한 것이고, 이미 준비된 사람들에게 의뢰가 가지 누군지도 모르는 사람에게 곡 의뢰를 하겠나(참여자 Ⓒ).

지적 노동의 수행은 자기계발의 과정이기도 하다. 자신이 남들과는 다른 위치를 점유해야 자신의 작품을 인정받을 수 있기 때문이다. 이를 통해 경쟁력을 갖게 되며 자신의 창작활동을 유지할 수 있다. 모르는 분야가 생기면 새롭게 공부를 해야 하고, 알고 있는 지식도 더 다듬는 자세가 필요하다. 자기 작품활동을 위한 계발 과정이기도 하지만 역시 경쟁력을 갖추기 위한 과정이기도 하다. 자신들의 지식 또는 그 능력이 창작에 중요하기 때문에 이들은 지속적인 자기계발 과정 속에 있는 것이다. 이러한 자기계발과 지식 습득의 과정은 계속해서 나타나기 때문이다.

최근에는 학교에도 전공이 생겼다. 학교에서 배워서 취업하는 경우도 있다.

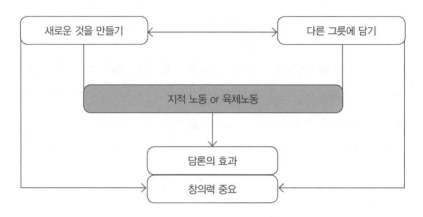

〈그림 3-3〉 지적 노동의 특징과 경험의 양상

취업을 해서도 배워야 한다. 사수에게 배우고, 스스로 연습하고, 공부하고, 책도 당연히 봐야 한다. 새로운 장비를 들여왔는데 매뉴얼도 하나 이해 못하면 작업을 할 수가 없다. 현장에서도 계속 배워야 한다. 현장에서 배우는 것이 더 크다(참여자 Ⓔ).

이들의 노동은 분명 창조적인 과정에 있는 것에는 틀림없다. 창조성, 창의성(력), 다양성, 혁신성 등 지적 노동을 수행하는 과정에서 나타나는 여러 가지 의미가 부여된 특성들은 이들이 유지해야 하는 직업윤리적 태도이기도 하다. 이는 문화산업이 정책적으로 진흥되면서 나타난 담론의 영향이라고 볼 수 있다. 이유는 간단하다. 새로운 경제모델을 통해서 생산성을 향상시키려는 정치적 기획으로서 문화산업이 진흥되었고 또 그렇게 규정되었기 때문이다. 따라서 문화산업의 노동자들은 지적 노동자로서 노동의 정체성을 부여받았고 지식과 창의력을 계발하는 주체로 구성되었다. 물론 실제로도 스스로 활동을 위해 자기계발을 하고 있지만, 문제는 노동과정 또는 창작과정의 전후 맥락이 제거되고 특유의 지적 노동으로서 개인이 가지고 있는 창의성만 강조된다는 점에 있다.

정리하면 〈그림 3-3〉과 같이 도식화할 수 있다. 문화산업의 지적 노동은 지적 노동인가 육체노동인가 하는 문제가 있을 수 있다. 결과적으로 둘다 가능하다. 그러나 문화산업 진흥이 경제 살리기를 위한 일종의 정치적 기획으로서 시작된바, 문화산업의 노동을 육체노동이라기보다 지적 노동으로 제시했다. 이는 과거 산업생산모델에서 정보생산모델로 이행하는 시기라는 담론 ─ 이른바 지식경제사회 ─ 으로 인해 노동의 표상은 정보생산 행위로 나타난 것에 기인한다. 그럼에도 참여자들은 실제 작업에서 지식을 포함해 창의성을 중요하게 생각했다. 이 창의성을 두 가지로 범주화될 수 있는 것인데 하나는 새로운 것을 만드는 작업이며 다른 하나는 다르게 보이기 위한 작업이다. 둘 다 쉬운 작업은 아니고 부단한 노력이 수반되어야 하는 과정이다. 이러한 측면에서 문화산업의 지적 노동자들을 오히려 더 창의적 작업을 하는 직업군으로 보이게 하는 효과가 있을 수도 있다.

4. 지식노동을 위하여

1) 문화정책의 문제점

문화산업이 제도적으로 진흥되어 산업의 규모는 증가했다. 국가경쟁력의 한 부분이기 때문에 규모의 증가는 당연한 귀결일 수도 있다. 2005년 콘텐츠산업[10]의 매출액은 57조 2588억 원을 기록했고, 2012년에는 87조

---

10 한국콘텐츠진흥원은 콘텐츠산업을 출판, 만화, 음악, 게임, 영화, 애니메이션, 방송, 광고, 캐릭터, 지식정보, 콘텐츠솔루션으로 구분하고 있다(한국콘텐츠진흥

2716억 원을 기록하면서 괄목할 만한 성장을 보여왔다(한국콘텐츠진흥원, 2012, 2013). 87조 원의 매출규모는 2013년 현대자동차의 매출액 규모와 맞먹는다.[11] 하나의 산업이 일개 제조업체의 규모와 유사하다는 것은 제조업체의 규모를 실감하게 하기는 하나, 콘텐츠산업의 종사자 수는 2012년 61만 1437명이고(한국콘텐츠진흥원, 2013), 현대자동차의 종사자 수는 9만 8348명[12]인 것을 고려하면, 문화산업이 정책에 힘입어 외연이 확장했지만 결과적으로 빈약한 구조를 보여주고 있는 것이다.

> 스스로 파헤쳐야 하는 구조이다. 직장인이 아니기 때문이다. 프리랜서의 비
> 애이다. 한두 작품에 이른바 대박이 나는 경우가 있어서 사람들이 로또처럼
> 생각하기도 한다(참여자 ①).

일례로 천만 관객이 나오는 영화시장의 경우 배우들은 억대의 출연료를 받지만 제작 스태프의 경우 연평균 수입이 1107만 원이며, 팀장급 이하는 631만 원의 연봉을 받는 것으로 조사되었다(양승희, 2014.10.17). 중심이 강하고 주변부가 약한 현상을 단적으로 보여주는 사례다. 대기업이 투자, 제작, 배급까지 담당하는 수직 구조로 인해 군소 제작사가 제작을 하더라도 상영관을 확보하기 어려운 실정이다. 따라서 이른바 다양성 영화는 대중들에게 다가가기 어렵고, 대기업이 제작과 배포를 담당하는 영화만 상영관에 걸린다. 이에 대해서 지속적으로 스크린 독과점이라는 문제제기가 있었다.

원, 2013).

11 87조 3076억 원(자동차 71조 5350억 원, 금융 및 기타 15조 7726억 원). 현대자동차 홈페이지에서 확인할 수 있음.

12 현대자동차 CSR 홈페이지에서 확인할 수 있음.

음악의 경우도 비슷하다. 과거 음반(CD 또는 카세트테이프)을 통해 음악을 듣던 시절에는 음반 판매가 주요 수입원이었다. 따라서 음반에 대한 홍보가 중요하게 여겨졌다. MP3가 등장한 이후 음반이 사라지고 음원이 그 자리를 대신하게 되었다. 음원은 시장에서 유통되는 가격이 워낙 저가이기 때문에 음악을 제작하는 사람들에게 주요한 수입원이 되지 못하고 있다. 물론 대중적으로 큰 성공을 거두는 경우 음원 수익이 발생하기는 하나 소수에 국한된다. 거대 기획사에 전속된 가수들은 음원 수익이 아니더라도 방송에 출연하여 이름을 알리고, 유명세를 타게 되면 광고 촬영을 하거나 다른 분야로 진출하여 수익을 얻는다. 반면 그렇지 못한 뮤지션들은 특별한 수익이 없는 상태를 유지하게 된다. 경우에 따라서는 생활고를 겪기도 한다. 이는 비단 음원이 유통되면서 발생한 현상은 아니다. 무명 뮤지션들의 어려움은 음반 시절이나 음원 시절이나 마찬가지다. 문화산업에서는 대중들에게 어느 정도 알려졌는가가 부의 척도가 되기 때문이다.

정부도 이와 같은 문제점을 인식했는지 문화산업의 진흥에 무명 창작자들에 대한 지원도 포함했다. 이에 앞서 시민사회와 문화예술계 현장의 논의를 모으고 여러 정부산하 기관들이 제도화 연구를 실시하기도 했다.[13] 2000년대 중반에는 국회에 예술인 복지를 제도화하기 위한 법안들이 다수 발의되기 시작했지만 사회적 무관심과 복지에 대한 구체적인 모델을 둘러싼 논란 속에서 표류했다. 이후 가수 이진원과 최고은이라는 무명작가의 죽음으로 인해 예술인 복지가 사회적인 의제로 대두되었고 '예술인 복지법'이 제정되기도 했다(이원재, 2014). 이러한 복지제도는 제정되고 잘 시행

---

13 가령 한국문화관광정책연구원의 『예술인사회보장제도 연구』, 한국문화관광연구원의 『문화예술인 공제회 설립을 위한 기초연구』, 한국문화예술위원회의 『예술인 복지모델 세부설계 연구』 등이 있었다(이원재, 2014).

되고 있는가도 중요하지만 고루 지원이 되는지도 중요하다.

예전에 달빛요정만루홈런 사고 이후에 정부에서 뮤지션들 지원한다는 것을 알았다. 그 이전에는 몰랐다. 그나마 있던 제도도 없어진 건데, 누가 기획하고 누가 심사하는지 어떻게 알 수 있는가. 그런 제도가 있으면 알릴 필요가 있고 심사 과정도 투명할 필요가 있다(참여자 Ⓐ).

참여자 Ⓐ는 한국콘텐츠진흥원에서 대중음악 창작을 위해 인디 뮤지션들에게 지원금을 주는 제도를 언급했다. 이 제도는 참여정부 때 시행되다가 이후 이명박 정부 때 폐지되었다. 이진원 씨의 죽음으로 인해 오히려 사람들이 많이 알게 되기도 했다. 이진원 씨처럼 지원금을 받은 경우가 있다면 참여자 Ⓐ는 지원금을 받을 수 없었다. 지원을 했다가 탈락한 것이 아니라 그 제도 자체를 모르고 있었기 때문이다.

위의 경우는 제도가 있었음에도 잘 알지 못해서 그 제도의 혜택을 받지 못한 사례라고 할 수 있다. 당사자의 무관심 때문일 수도 있지만 다양한 음악인을 발굴한다는 측면에서 적극적인 홍보를 할 필요가 있다. 비단 문화예술 지원뿐만 아니라 사회 여러 분야에 정부의 지원정책은 효율적으로 홍보되고 있다고 보기 어렵기 때문이다. 지원제도가 있으면 지원대상을 상대로 잘 알려야 할 필요가 있다.

또한 지원제도가 폐지된 것도 문제인데, 정권이 바뀌면서 폐지되었다. 문화산업은 국가경쟁력이라는 차원에서 진흥된 산업이고 이명박 정권으로 바뀐 후에도 진흥이라는 기조는 변하지 않았다. 그러나 문화예술인에 대한 지원사업 중 하나가 사라진 것이다. 이른바 가난한 뮤지션의 창작활동을 장려하는 사업이었는데 정부가 효율성 없는 정책으로 간주하고 폐지한 것이다. 그러나 문화산업의 다양성 확보 차원에서는 인디 뮤지션들의 활동을 장려할 필요가 있다. 한류라는 이름으로 각광받는 K-POP만 장려한다면 문화산업은 획일화되고 종국에는 황폐해질 수 있다.

> 영화진흥위원회에서 제작지원 사업이 시작되어서 상황이 좋아졌다. 2000년 정도에 영화진흥위원회에서 제작지원 받아서 영화를 찍었다. 활동비를 받았던 것 같다. 특별한 관리 없이 완성된 제작물을 제출하면 되었다(참여자 ⓙ).

김대중 국민의 정부 시절 지원을 하되 간섭하지 않는다는 유명한 문화산업의 정책기조를 떠올리게 하는 이야기다. 실제로 지난 2004년 2월 10일 서태지가 7집 앨범을 가지고 컴백을 했을 때 김대중 전 대통령과 면담을 했다. 그 자리에서 김대중 전 대통령은 "문화예술은 정부가 도와줘야 한다. 그러나 도와주면서 정부가 간섭을 하면 그것은 죽여 버리는 것이다"라는 말을 남기기도 했다.[14] 이러한 맥락은 경제적 지원은 물론이고 창작의 자유도 전적으로 지원한다는 입장이다. 정부의 지원을 받기 때문에 창작의 자유가 보장되지 않는다면 만들어지는 결과물들은 정권에 의해 장악된 언론사의 보도행태와 크게 다르게 나타나지 않을 것이다. 실제로 문화산업은 정권의 목적에 의해 왜곡되기도 한다. 가령 친정부적인 영화를 기획하는 영화제작사와 비판적인 시각을 견지하는 영화를 제작하려는 제작사가 있다면 정책적 지원은 동일해야 한다.

여기서의 간섭은 전적으로 심의를 통한 내용 간섭을 말한다. 간혹 문화예술인들에 대해 경제적으로 지원하면 도덕적 해이가 일어날 것이라고 의심하는 경우가 있다. 지원금을 유용하거나 결과물을 내지 않고 생활을 영위할 수도 있다는 의심이다. 이런 의혹을 제기하는 사람들은 공적자금의

---

14 http://tvpot.daum.net/v/j72dHbEvzUs$에 접속하면 그 내용을 확인할 수 있다.

지원을 받은 단체나 개인들은 수행한 활동과 결과를 제시해야 하고, 취지 내지는 목적에 맞는 활동을 했는지 확인해야 한다는 주장을 한다(전해웅, 2014.3.28). 이러한 과정은 지원 사업에 포함되는 절차이기 때문에 이행의 의무는 당연한 것이다. 이행의 의무를 지원사업의 목적이나 취지에 결부시킨다는 것은 결과적으로 창작물에 대한 평가를 하는 것이 아니라 창작과정의 성실성을 평가하는 것이다.

이 경우 정부의 개입이 발생한다. 심의 내용에서의 간섭, 진행 절차에 대한 성실 의무 이행에 대한 관여, 경제적 효과라는 측면에서 지원대상에 대한 규정은 모두 정부의 간섭 내지는 개입으로 봐야 한다. 모두 각자의 논리는 있겠지만 지원은 하되 간섭하지 않는다는 기조에서는 벗어난다. 문화산업이 진흥의 대상이라는 측면에서 과거와 현재 정부의 정책기조가 같다고 해도 각 실행 단위에서는 차이를 보이고 있다. 2001년 설립된 문화콘텐츠진흥원이 2009년 문화라는 단어가 탈락하고 콘텐츠진흥원으로 변모한 것을 보면 과거와 현재의 정부에서 문화라는 개념을 어떻게 봤고, 보고 있는지를 단적으로 알 수 있다. 문화산업에서 경제성이 우선되는 콘텐츠를 더 중요하게 보고 있는 것이다.

한편 2011년 예술인 복지법이 제정되고 그 일환으로 예술인 복지재단이 설립되었다. 예술인복지재단은 조직의 사명과 목표를 "예술인의 직업적 지위와 권리보호, 예술인의 복지증진"으로 제시하고 있다.[15] 예술인복지재단은 예술인의 직업적 권리를 법적으로 보호하기 위해 산재보험에 가입

---

15 주요사업으로는 예술인의 사회보장 확대 지원, 예술인의 직업안정·고용창출 및 직업전환 지원, 원로 예술인의 생활안정 지원 등 취약예술계층의 복지 지원, 개인 창작예술인의 복지 증진 지원, 예술인의 복지실태 및 근로실태의 조사연구, 예술인의 복지금고의 관리·운영, 예술인 공제사업의 관리·운영(한국예술인복지재단 홈페이지).

할 수 있게 했는데 예술 활동을 하다가 산재로 피해를 입는 경우는 빈번하게 나타나는 사례라고 볼 수 없다. 오히려 실업상태에 대한 구제를 위해 고용보험이 더 필요하다. 그뿐만 아니라 일반 노동자들이 4대 보험을 일반적으로 적용받는 데 비해서 문화예술인들은 적용대상이 아니다. 그나마 있는 산재보험도 도급계약을 체결한 문화예술인이 선택적으로 가입하는 형식이고 보험료를 전액 본인이 부담하게 되어 있다(김종목, 2013.10.16).

예술인복지재단은 도급계약 등 계약을 채결할 때 사용할 표준계약서를 보급하는 사업을 추진하고 있다. 그러나 표준계약서는 권고에 불과하기 때문에 채택에 대한 법적 강제가 불가능하다. 이는 계약의 당사자들이 자율적 경제행위의 주체이기 때문에 이들의 계약을 법적으로 강제하기 어렵기 때문이다. 재단에서는 그밖에도 여러 사업을 추진하는 것으로 보인다. 그러나 현실적으로 문화예술가들에게 실질적으로 도움이 되는 제도가 시행되고 있는 것으로 보기 어렵다. 정부입법에 의해 설립된 기구이기 때문에 상급기관에 의한 지시도 받게 되고 기구 자체의 자율성을 확보하기도 어려운 상황이다. 이러한 측면에서 문화예술인에 대한 현실적 복지 제공은 요원해 보이기만 한다.

지난 2013년 11월 5일 뉴스타파는 문화체육관광부의 아무개 과장이 예술인복지재단의 대표와 직원들에게 폭언과 협박을 일삼을 사실을 폭로하기도 했다. 문화체육관광부의 재정 지원이 끊겨 재단 행정은 마비상태라고 보도되었다. 권력의 기호대로 예술의 자유로운 정신을 휘두르려는 당국의 관료적 태도가 재단의 설립 취지를 흐리게 한 것이다.[16] 재단이 사업을 현실성 있게 추진하지도 못하고 있는 상황에서 상급기관의 압력에 의해 그마저 있던 사업도 제대로 진행하지 못하고 있는 상황이라고 평가가 가능

---

16 뉴스타파 2013년 11월 5일 방송(http://newstapa.org/1415).

하다. 문화예술 복지는 한류사업과 같이 주목을 받는 분야가 아니기 때문에 정부에서도 주도적으로 진행하는 사업은 아닌 것이다.

문화의 발전은 특정한 개인이 주도하는 것이 아니고, 여러 공유된 가치를 통해 이루어진다. 산업도 마찬가지다. 특정 사업자가 주도하는 산업은 지표상으로는 발전된 것처럼 보이지만 그 이면에는 독과점의 폐해 등이 나타난다. 산업의 경쟁력 또한 제고되기 어렵다. 따라서 문화산업도 이러한 문제를 고려한 정책을 수립할 필요가 있다. 전반적인 문화산업의 발전은 다양성이라는 토대에서 가능하기 때문이다.

2) 더 나은 현실은 가능한가?

정부는 경제위기 상황에서 여러 정책을 통해 경제위기에서 벗어났다. 특정 산업 분야에서도 불황이나 위기상황이 발생하면 정부가 규제완화나 지원정책을 통해서 상태를 회복시키거나 위기상황을 구제해준다. 국가 경제위기는 국가 차원을 넘어서는 일이기 때문에 무조건적 이행이라는 당위명제였다면, 산업의 한 분야에서 발생하는 위기의 경우에 시장의 상황이라는 변수가 있기 때문에 무조건 지원을 하는 경우가 많지는 않다. 그러나 그 산업 분야가 국가 경제에 미치는 영향이 큰 경우에는 국가위기상황과 동일시되어 지원정책이 신속하게 수행된다. 외환위기 상황의 문화산업이 그러한 측면에서 진흥되고 장려된 것이다.

이렇게 장려된 문화산업은 제도적 기반을 통해 한류라는 이름으로 세계시장에서 높은 경쟁력을 확보하고 있다. 한류는 국가 이미지에도 효과적이다. 한류의 기반이 약해지는 것은 국가경쟁력 후퇴와 국가 이미지 하락이라는 부작용이 발생하기 때문에 한류의 유지는 국가의 입장에서는 중요하다. 따라서 한류와 관련된 정책사업은 지속적으로 유지되고 있다. 문화체육관광부에서는 한류를 지속적으로 발전시키는 사업을 추진하고 있다.[17] 그러나 15~16년 전 경제위기라는 긴 터널을 빠져나왔을 때나 한류가 세계적으로 각광을 받고 있는 지금이나 노동자들의 저임금 장시간 노동이 강요되고 있다. 경제 회복을 위해 범국가적 차원의 노력이 필요한 것으로 강조되고 이 과정에서 노동자들의 노동은 은폐된다. 한류도 마찬가지다.

안재현이 별에서 온 그대 찍고 많이 유명해졌다. 방송도 많이 하고 CF 수익도 큰 것으로 알고 있다. 결과적으로 보면 드라마 덕분에 잘 된 것이다. 배우와 제작사는 저작권을 받을 것이고, 스태프들은 며칠 밤을 새우면서 촬영했는데, 하루 일당, 월급 받으면 끝이다(참여자 Ⓔ).

문화산업의 종사자는 여러 분야에 나뉘어 있다. 드라마의 경우 주연배우, 조연배우, 보조출연자가 있고, 연출 부분에는 감독, 조감독, 연출스태프, 그 밖에도 촬영스태프, 음향스태프 등이 있다. 드라마가 대중적으로 성공하게 되면 유명해지는 것은 배우다. 이를 통해 방송출연료, 광고출연료, 출연료 상승 등의 이익을 얻는다. 그러나 스태프의 경우 어떤 형태로든 고용되어 있기 때문에 고용 계약에 따른 인건비만 받는다. 이 경제적 차이는 크다. 드라마뿐만 아니라 음악의 경우도 이른바 대박을 치면 수익을 얻는 것은 가수, 기획사 정도이다. 음원을 만들기 위해 투여된 스태프들의 노동은 고용된 상태에서 지급받은 인건비가 수익의 전부이다. 그나마 대중적으로 성공하는 작업에 참여한 경우 인건비를 받을 수 있지만 그렇지 못한 경우도 많다. 같은 문화산업에서 빈익빈 부익부 현상이 나타나는 것이다.

---

17 문화체육관광부 한류마당 홈페이지 참조.

극소수의 혜택을 받은 이들, 흔히 말하는 대형 기획사의 기획력 등이 뒷받침
되지 않는 문화예술인들은 현실적으로 힘든 것이 사실이다. 저작권, 저작인
접권, 음원수입 구도 자체가 창작자에게 유리하게 돌아갈 수 없는 구도라 빈
익빈 부익부가 존재할 수밖에 없다(참여자 Ⓑ).

문화콘텐츠 성공의 기준은 경제적 이익이 되었다. 문화산업이 국가경쟁
력으로 호명되는 순간부터 경제적 이익은 최종심급에서 성공의 여부를 판
단한다. 그리고 이 과정에서 문화상품은 수요와 공급이라는 시장원리의
적용을 받으며, 효용가치가 없는 문화상품들은 소멸된다(박정배, 2013). 문
화산업이 시장원리의 지배를 받기 때문에 콘텐츠도 상업성이 있는 콘텐츠
만 제작된다. 자본을 확보하고 있는 기획사는 지속적으로 생산을 하지만
상업적으로 성공할 수 있는 콘텐츠만을 생산하게 된다. 극단적으로는 동
일한 콘텐츠가 반복적으로 생산되는 척박한 상황이라고 볼 수 있다. 그러
나 자본은 거대하게 상품을 집적시키고 자기증식을 한다. 자본의 이면에
는 창작을 하지만 거대한 기획력 앞에 소외된 문화창작자들이 하루하루를
살아가고 있다.

MP3를 반대할 수는 없지만 어느 정도 절충이 필요하다. 음원사이트에서
800원을 주고 노래 한 곡을 내려받으면 작곡자에게는 25원 정도 준다고 한
다. 창작자들이 정확한 대가를 가질 수 있는 시스템의 확립이 필요하다. 창
작자에게 타당하게 수익이 돌아갈 수 있는 수익구조가 만들어져야 한다고
생각한다(참여자 Ⓑ).

음원수익분배는 그동안 논쟁이 많았던 부분이다. 창작자, 실연자, 기획
사, 이동통신사들이 저작권과 저작인접권이라는 법률에 의해 이해관계가

얽혀 있기 때문이다. 일부에서는 저작자(이른바 창작자들)에게 돌아가는 수익이 낮다고 문제를 제기하기도 하며, 다른 쪽(주로 저작인접권을 행사하는 법인)에서는 타당한 수익구조라고 주장하기도 한다. 대체적인 여론은 저작자들에게 더 많은 수익을 줘야 한다고 하는데, 단순히 가난하거나 불쌍해서 동정심으로 더 주어야 한다는 접근은 곤란하다. 이들은 시혜의 대상이 아니기 때문이다. 노동하는 주체, 자신의 생산물에 대한 권리를 가지는 주체로서 정립될 필요가 있다. 그러나 현실 속에서 더 큰 문제는 음원이 이동통신사의 망으로 유통되고 이동통신사의 상품으로 구성되었기 때문에 가격이 크게 하락한 점이다. 수익구조를 변화시킨다고 해도 큰 수익이 가지 않는다. 가령 참여자 ⑧의 진술처럼 25원 받는 것이 50원 정도 받는 수준이 될 것이다. 본질적인 접근이 필요하지만 쉬운 일은 아니다.

시장논리에 의해 문화가 획일화되고 다양성을 지키려는 소수의 문화예술인들은 창작활동 자체가 어려운 경우가 있다. 문화산업 전체의 다양성을 확보하는 차원에서 봤을 때 이들에 대한 지원은 당연하다고 볼 수 있다. 그러나 일각에서는 문화예술인 복지의 필요성을 이해하지 못하는 경우도 있다. 문화예술인들이 가지고 있는 특유의 게으름, 불성실한 이미지가 한몫 거들기도 한다. 그러나 문화예술인에 대한 복지는 필요하다는 시각도 분명히 존재한다. 이들의 창작활동은 문화산업 전체의 양적, 질적 다양성을 확보하는 토대이기 때문이다. 세계적으로 유명한 아티스트는 진공상태에서 나타나지 않는다. 정부 또는 사회적인 차원에서 문화예술인에 대한 지원을 통해 이들의 창작활동이 더욱 발전될 수 있게 해야 한다.

독립 다큐와 같은 영화들이 관객과 만날 수 있는 곳이 많아졌으면 좋겠다. 지금은 멀티플렉스 때문에 더 만나기 힘들다. 상업영화도 걸릴 수 있는 게 제한되는 상황에서 독립 다큐는 독립상영관 말고는 없다. 비상업적인 오락물들이 관객과 만날 수 있는 지원이 필요하다(참여자 Ⓙ).

창작활동을 하는 문화예술인들이 창작물을 만들어도 소개되는 창구가 없으면 무용지물일 것이다. 상업적인 생산물이 아니더라도 항상 관객-수용자를 대상으로 하기 때문이다. 따라서 참여자 Ⓙ는 제작지원이 아니더라도 많은 대중들에게 소개될 수 있는 배급 부분에 지원이 필요하다고 언급했다. 이는 영화 분야만 그런 것이 아니다.

많은 창작자들이 대중들에게 소개될 수 있는 공연문화 또는 음반시장이 필요하다(참여자 Ⓑ).

인디신에는 훌륭한 아티스트들이 많다. 그들이 아이돌 그룹보다 실력이 모자라서 인디신에 활동하는 것이 아니다. 투자자는 수익성이 없는 곳에 투자하지 않는다. 문화산업의 빈익빈 부익부 현상이 사라지기 위해서는 창의성과 개성을 존중할 줄 아는 많은 대중들이 곳곳에 묻혀 있는 실력 있는 아티스트들을 끄집어내서 재조명받을 수 있게끔 해줘야 한다(참여자 Ⓓ).

그동안 문화콘텐츠 산업을 육성한다고 하면서 추진된 사업은 경제적 효과 ― 고용유발, GDP 상승 등 ― 에 중점을 두었다. 이 과정에서 국가 경쟁력은 빠짐없이 등장하기도 했다. 문화산업에 전문인력이 부족하기 때문에 양성해야 된다는 주장도 있었는데(가령 창의적 인재 양성이라는 구호), 실제 전문인력을 양성하는 과정이 개발되기보다 일정 금액을 지원하고 그 효과를 검증하는 방식이 대부분이었다. 그리고 검증이 필요하다는 의견도 있다(전해웅, 2014.3.28). 문화산업 지원은 공공자금이 들어가는 사업이기 때문에 그에 대한 이른바 설명책임이 있어야 한다는 것이다. 이 책임이 과도

하게 강조되면 자유로운 창작을 방해하는 걸림돌이 될 수도 있고, 성과 내기에 급급해 평범한 콘텐츠를 만들 수도 있다.

특별한 정책은 필요 없고 창작을 방해하지 않았으면 좋겠다. 심의, 접속차단, 경우에 따라서는 자유롭게 사고할 수 없는 분위기도 조성된다. 음악하는 사람 입장에서는 정말 불편하다(참여자 Ⓐ).

오히려 지원하는 측면에서 통제(또는 관리)가 발생하면 문화산업 노동자들의 입장에서는 불편할 수도 있다. 지원정책이 실효성 있게 수행되지 못하는 이유이기도 하다. 또한 지원정책이 실시되어도 문화산업의 다양한 노동자들에게 지원이 갔는지 그 이후에 결과는 어떻게 되었는지도 쉽게 알려지지 않는다. 정권이 바뀔 때마다 문화를 양성하고자 대규모 사업을 벌였지만, 현실적으로 지원을 받은 지적 노동자들을 찾아보기 어렵다. 극장 개봉관에 걸리는 영화에서나 문화 관련 기관에서 지원금을 받아 제작되었다는 안내 정도를 확인할 수 있다. 이러한 측면에서 다음의 진술은 문화예술인의 지원방향을 모색해볼 수 있는 계기를 마련한다.

본인이 본인 스스로 일거리를 찾아서 떠도는 수밖에는 없다. 40대 50대 미래에 대한 설계는 거의 없다. 일만 안 떨어지기를 바라면서 계속하는 것이다. 노후 때문에 대부분의 연예인들이 사업을 제일 많이 하고, 아니면 공부를 해서 학교 쪽에 간다든지 그런 식의 준비들을 하고 있다(참여자 Ⓕ).

문화산업의 지적 노동자나 문화예술인이 방송에 출연을 하고 연예인이라는 이름을 얻게 되면 복지사업의 대상에서 벗어난다. 한류를 선도하는 문화산업의 진흥이라는 거대 담론에 묻혀버린다. 그리고 한류를 선도하는 연예인들과 문화산업의 지적 노동자의 간극은 좁혀지지 않는다. 특히 연예인들은 인기가 수입의 척도가 되기 때문에 대중적으로 인기가 있는 연예인과 그렇지 못한 연예인의 차이는 크다. 대중들이 선망하는 연예인이라는 직업임에도, 오히려 그렇기 때문에 노동조건에 대한 의견을 제시하기 어렵다. 대부분의 것을 개인이 해결해야 하는 상황에 있는 것이다. 프로그램 섭외도 스스로 해야 하는 등 비정규직 노동자의 전형을 보이고 있다.

> 연예인들 같은 경우는 어디 의지할 곳이 없다. 노조에 말을 한다고 일을 할 수 있는 것도 아니다. 사회보장 같은 것이 되어 있는 것도 아니고, 개인적으로 해결하는 방법밖에는 없다. 나 같은 경우도 나랑 어울릴 것 같은 프로그램이 있으면 관련 주제를 공부해서 PD에게 접촉을 해본다든지 한다(참여자 Ⓕ).

일반적으로 연예인이 되면 기획사에 소속되어서 기획사가 일을 제공한다. 기획사는 소속 연예인을 대신하여 영업을 하는 것이다. 이 과정에서 발생할 수 있는 여러 문제(가령 법률 소송)를 사전에 차단할 수 있다. 그리고 기획사는 자사의 연예인이 곧 자산이기 때문에 체계적인 관리를 할 필요가 있다. 그러나 이러한 경우도 대중적으로 큰 인기를 얻고 있는 연예인에 한정된다. 경력 21년 차의 연예인인 참여자 Ⓕ는 대중적 인기와는 다소 거리가 있다. 연예인이라는 이유로 인해 사회적 보장을 받지 못하고, 혼자 해결해야 하며, 일도 혼자서 찾아 나설 수밖에 없다. 연예산업이라는 구조가 인기가 없는 연예인에게는 혹독하다. 이들에게 미래에 대한 설계는 없다.

> 일 없이 집에 있는 사람들도 많다. 일이 있어도 불규칙하다. 되게 불안하다. 불과 6개월 전에는 다섯 개, 여섯 개 하고 있었다. 지금은 두 개만 하고 있다. 여기는 언제 어떻게 될지 모른다(참여자 Ⓕ).

일을 하고 있어도 언제 그만두게 될지 예상하기 어렵다. 시청률과 같은 척도가 상업적 성공을 평가하게 되고 프로그램의 존폐를 결정하기 때문이다. 따라서 본인의 직업과는 다른 부업으로 사업을 하거나, 학위를 받아서 학교에 자리를 잡는 것을 고려하기도 한다. 자신의 직업과 관련해서는 자기계발을 하거나 자기 PR도 해야 한다. 문화산업은 지식기반경제로 이행되었다는 담론의 과정에서 지식을 생산하는 창의적인 노동이 가능한 산업으로 나타났다. 그곳의 종사자들은 전문성과 창의성이라는 조건을 갖춰야 한다. 또한 주체적인 지식노동자이기 때문에 스스로를 경영하고 결정해야 한다. 그러나 현실 속에선 불안정한 고용상태가 유지되는 비정규직에 불과하다.

문화산업의 균형을 유지하는 데 정부의 정책적 지원도 필요하지만 대중들의 일반적 인식의 변화도 필요하다. 가령 아도르노나 호르크하이머는 대중문화가 대중들의 획일화를 가져온다고 비판하지만, 문화공간에는 다양한 문화들이 많이 존재한다. 대중들의 기호 자체가 유행에 민감해서 주변화되어 있는 문화에 관심이 없다. 이러한 관점에서는 여전히 아도르노식의 비판과 시장논리 비판이 유효하지만, 좀 더 열린 태도로서 문화산업을 바라볼 필요가 있다.

개성이 존중되는 것 같지만 결국 트렌드와 대중성이 곧 문화라는 인식이 더 크다. 많은 예술인들이 설자리를 잃어가는 듯하다. 이런 인식이 개선되고 대중이 소수의 장르를 받아들이고 메이저와 마이너라는 경계가 허물어질 때 문화산업의 균형이 이루어질 것이라고 본다(참여자 ⒟).

참여자 ⒟는 개성이 존중되는 것 같지만 실제로는 유행에 민감한 대중의 속성을 안타까워했다. 사실 많은 지적 노동자로서 예술인들이 설자리가 사라지는 것은 시장의 속성이기도 하다. 문화산업은 시장의 속성으로 작동한다. 따라서 많은 예술이 대중들에게 풍요로운 문화적 삶을 담보한다면, 혹은 할 수 있다면, 정부는 문화산업 진흥 정책을 펼친 것처럼 소수의 문화도 진흥을 하면 된다. 이는 문화의 공공성을 고려한다면 진흥을 해야 하는 영역이기도 하다.

문화산업을 통해 국가경쟁력을 제고하고 문화강국으로 도약하기 위해서는 제도적 인프라가 구축되어야 했다. 국민의 정부 이후 박근혜 정부에 이르기까지 문화산업을 진흥하기 위한 정책이 수립되어왔다. 그러나 현실 속에서 대중적 호응을 얻지 못하는 문화예술인은 주변화되었고, 20년 이상의 경력을 가진 사람도 생계를 걱정한다. 문화산업 진흥정책이 현실의 문제까지 아우르지 못하고 있기 때문이다. 상업 논리에 치우쳐 기형적 성장을 해온 탓도 있다. 문화는 국민 모두가 향유하는 공공재의 성격을 갖는다. 문화강국이 되기 위해서는 오히려 국민 모두가 향유할 수 있는 문화환경을 조성할 필요가 있다. 따라서 문화예술인 복지 정책이 필요하다. 이때 복지의 대상을 정책적 시혜를 베푸는 대상으로 위치시키는 관점은 지양해야 한다.

복지정책의 목적이 문화예술인을 시혜적인 울타리에 가두는 것이라면 문화예술인은 단순히 법률적 객체의 위치에 머무르고 만다. 창작 주체로서 경제적 권리 신장을 위한 정책이라는 목적을 분명하게 해야 한다(이원재, 2014). 복지 문제에 접근하는 정부의 시각도 마찬가지다. 경제력이 부족한 이질적인 타자에게 경제적 관용을 베푸는 것이 복지가 아니기 때문이다. 지적 노동자들이 가난하다고 관용의 대상이 되는 것은 더더욱 아닐 것이다. 국가의 역할은 공공의 목적을 옹호하고 사회적 공익을 위하여 경제적 생산을 이용하고 재분배하는 것이다. 공익은 추상적일 수 있지만 필요성을 인식하지 못하면 개인의 삶은 위축된다(조지·와일딩, 1999). 개인의 위축은 나아가 사회의 위축으로 돌아온다. 문화산업이 공공재로서 역할을 수행하고 그를 통해 사회적 부를 가능하게 하려면 문화예술인 복지 문제는 현실적으로 접근할 필요가 있다.

5. 보론: 음악인들을 위한 변명[18]

전직 가수이자 현재 대형 연예기획사 소속의 한 작곡가는 2013년 기준 저작권 수입이 9억 원이 넘었다. 유명 가수이자 제작자인 박 모 씨의 경우 12억 원 이상 벌어들인 것으로 보도되었다. 그 외에도 한 해에 수억 원의 저작권 수익을 올리는 가수 또는 작곡가들이 언론에 보도되며 이야깃거리가 되기도 했다. 이유는 단순하다. 노래 한 곡, 많게는 몇 십 곡으로 수억 원을 벌기 때문이다. 세계적으로 히트한 〈강남스타일〉의 경우 천문학적인 수입을 올린 것으로 알려져 있다. 노래 한 곡으로 적게는 수천만 원 많게는 수억 원을 벌 수 있는 이유는 저작권이라는 노래 이용료가 지불되기 때문이다.

현재 문화체육관광부의 음원 전송료 징수규정에 따르면 음원 이용 건당 수익이 음원사이트 40%, 제작자/기획사 44%, 작곡/작사/편곡 10%, 가수/실연 6%로 배분된다. MP3 음원 한 개를 내려받는데 600원인 것을 고려하면 작곡자에게는 24원(600×4%)의 수익이 배분된다.[19]

최근 음원 유통은 MP3 내려받기보다 실시간 감상이라는 이른바 스트리

---

18 미디어스에 기고한 필자의 글 세 개를 묶어서 구성했다.
19 600원에서 작곡/작사/편곡이 10%의 수익을 갖는데, 관례상 작곡/작사/편곡이 4:4:2의 구조로 수익을 다시 나눈다. 따라서 작곡만 했을 경우 24원의 수익을 갖게 된다.

〈표 3-2〉 음악 저작권료 분배 현황

년도	분배금액	회원 수	분배금액/회원 수
2011	112,262,003,208	13,421	8,364,652.6
2012	113,790,242,701	15,058	7,556,796.6
2013	111,086,921,815	17,041	6,518,803.0
2014	121,588,779,871	19,508	6,232,765.0

자료: 한국음악저작권협회(www.komca.or.kr)

밍 방식이 주를 이룬다. 스트리밍 방식의 경우 음원 전송료는 1/100 수준으로 떨어진다. 왜냐하면 문화체육관광부는 음원이 재생될 경우 곡당 3.6원의 저작권료를 지급하게 했기 때문이다. 음원사이트를 제외하고 3.6원에서 제작자/기획사, 작곡/작사/편곡, 가수/실연의 권리 주체들이 수익을 배분받는다. 음악 저작권은 두 군데 신탁업체에서 관리하는데, 한국음악저작권협회라는 곳이 대부분의 음악 저작권을 관리하고 있다.

〈표 3-2〉는 지난 4년간 음악 저작권 신탁업체에서 저작권 수익을 거둬들이고 저작권을 신탁한 회원들에게 분배한 금액이다. 2014년 기준 저작권사용료 분배금액은 1210억 원의 규모에 이르고 있다. 저작권을 신탁한 회원들은 1만 9508명이다. 연평균 저작권사용료 분배금액은 623만 원 정도이다. 전체 분배금액은 100억 원 정도 증가했지만 회원 수의 증가로 인해 1인당 평균 분배금액은 하락했다.

2015년 기준 최저임금은 시간당 5580원이다. 이 금액을 주당 유급주휴 8시간 포함한 주 소정근로 40시간으로 월 환산하면 116만 6220원(5508원×209시간)이 된다(최저임금위원회 홈페이지 참조). 이 금액을 연봉으로 받는다고 하면 1399만 4640원(116만 6220원×12개월)이 된다. 저작권료로 생계를 이어가는 저작자가 있다면 최저임금의 1/2 수준으로 생계를 이어가는 형편이다.

24원의 저작권료가 최저임금에 도달하려면 4만 8592건의 내려받기가 필요하다. 물론 작곡/작사/편곡까지 하면 곡당 60원을 벌 수 있다. 내려받기도 1만 9437건으로 줄어든다. 그러나 저 4만 8000이라는 수치, 또는 1만 9000이라는 수치는 일반적인 수준에서는 달성하기 어려운 수치다. 책과 비교하면 대략의 느낌을 알 수 있다. 한국출판문화산업진흥원에 따르면 2012년 기준 출판물의 경우 초판 인쇄부수는 평균 2733부 정도로 조사되었다. 반품률은 18.6%라고 한다(「출판산업 실태조사」 참조).

박근혜 대통령은 2015년 신년 기자회견에서 문화를 통해 새로운 성장동력을 얻어 국제 사회에서 문화강국이 되도록 실천하겠다고 했다. 비단 지금의 대통령뿐만 아니라 과거의 대통령들도 문화를 통해 경제를 성장시키고자했다. 이때마다 강조되었던 것이 저작권강화였다. 저작권법은 1957년 제정된 이래 저작물 이용환경의 변화와 저작권 보호추세에 대응하기 위해 20회에 걸쳐 개정되었다. 개정의 핵심은 저작권 강화, 일방적 강화였다. 저작자의 정당한 권리를 보호하고 창작 의욕을 고취시킨다는 저작권 보호의 명분에도 불구하고 기껏해야 건당 몇 십 원의 수익을 제공하는 수준에 머물고 있다. 문화를 대하는 정부의 수준 같기도 하다.

수억 원의 저작권료는 일반적인 창작자들에게 까마득한 수준이다. 수억 원의 저작권 수익을 버는 창작자들이 언론을 통해 보도되지만 문화산업의 빈익빈 부익부가 사라지지 않는다. 저작권은 창작자에게 자신의 저작물 이용에 대해 배타적으로 부여되는 권리이지만 법적 귀속은 주로 개인을 고용하고 있는 법인에게 간다. 무명의 작가가 제작사와의 계약에서 협상력을 발휘하기가 쉽지 않다. 유리한 협상을 하는 경우는 이미 이름이 알려진 작가들에 해당한다. 그럼에도 저작권을 강화해야 한다는 논리는 이어졌다. 저작권이 저작권을 둘러싼 이해당사자들에게 수익을 보전해주기 때문이다.

저작권을 옹호하는 논리는 작가가 독창적인 창조행위를 한다는 이른바 낭만적 저자 개념에 기대고 있다. 여기에는 두 가지 반박이 가능하다. 독창적인 창조행위를 한 사람의 권리를 왜 여러 사람이 분배하는가 하는 부분과 자본주의 상품생산에 있어서 노동의 분업화 부분이다. 특히 문화는 진공상태에서 발생하지 않고 통시성과 공시성을 갖기 때문에 작가 자체가 텍스트의 기원이 아니다. 여러 사람들의 생각이 반영된 결과물에 불과하다. 따라서 문화산업에서 낭만적 저자 개념은 허구에 가깝고 저작권 강화 논리로 이용되는 것은 분배의 모순을 드러내는 것이라 하겠다.

그러면 무엇을 해야 하는가? 가장 쉬운 대답은 창작자들에게 더 많은 금전적 보상이 돌아가게 하는 것이다. 그러나 음악산업에서 음원 가격이 애초에 저가로 형성되어 있어서 분배비율을 높인다고 수익구조가 크게 개선되지는 않을 것이다. 그다음이 정부의 정책 정도를 고려할 수 있다. 생활고를 겪는 창작자들을 위한 정부의 정책이 일부 시행되기도 했다. 수익구조 개선이나 정책 개선이나 창작자가 불쌍해서 도와준다는 관용적 시선으로 접근해서는 안 된다. 창작자들은 자신의 창의력을 표현하는 사람들이지 관용의 대상이 아니기 때문이다. 일부에서 대한민국은 문화강국이라고 한다. 문화강국이 창작자들을 정책적 시혜를 베푸는 대상에 위치시키는 것은 아닐 것이다.

2013년 음악저작물 창작 인원이 6767명이 배출되었다(〈표 3-3〉). 물론 이들이 다 창작활동을 하지는 않겠지만 창작자들은 꾸준히 배출될 것이고, 이들은 꾸준히 창작활동을 할 것이다. 문화산업의 발전을 위해서 창작자들에 대한 지원정책은 필요하다. 그러나 정책이 이들을 모두 시혜적인 울타리에 가두게 되는 것이라면 지양되어야 한다. 국가의 역할은 공공의 목적을 옹호하고 사회적 공익을 위하여 경제적 생산을 이용하고 재분배하는

	고등학교	전문대	대학	대학원	총계
2011	196	2,653	3,506	951	7,306
2012	227	2,840	3,451	995	7,513
2013	296	2,349	3,122	1,000	6,767

자료: 한국저작권위원회, 『저작권 통계』(2014년, 3권 4호).

것이다. 문화산업이 공공재로서 역할을 수행하고 (늘 강조하듯이) 그를 통해 사회적 부를 가능하게 하려면, 문화산업 지원정책은 다각도로 검토되어야 한다. 단순히 저작권 강화로만 해결되는 것이 아니라고 말하고 싶다.

저작권 강화가 제작을 하거나 창작을 하는 개인(이른바 작가들)에게는 큰 의미가 없기 때문이다. 저작권의 기원은 대략 300년 전으로 거슬러 올라간다. 최초의 저작권법으로 알려진 앤 여왕법(Statute of Anne)은 인쇄술의 발명으로 증가한 출판물에 대해 출판업자(지금으로 보면 플랫폼사업자 내지는 음반 제작자)들이 허가받지 않은 출판에 대한 규제를 요청하면서 제정된 법으로 알려져 있다.

출판업자들은 시장의 불확실성을 통제하고 허가받지 않은 출판을 통제하여 부를 축적했고, 국가는 검열 없이 출판되는 서적을 통제하여 자신들의 권력을 유지하고자 한 이해관계가 조응하여 생긴 제도라고 할 수 있다. 물론 앤 여왕법이 저작자를 보호하지 않은 것은 아니지만, 출판업자들이 가지는 독점력으로 인해 저작권의 지위는 열악했고, 단순히 출판업자들의 복제권 이상의 의미를 가지지 못했다.

최초의 저작권법이자 지금까지도 저작권법의 전범(典範)이 되고 있는 법제도가 가지고 있는 한계점이다. 현재 작동하고 있는 저작권은 창작자보다 창작자를 고용하고 있는 법인의 이익을 증진시키고 있다. 업무상 창작(work for hire)이 여기에 해당한다. 고용주(또는 자본가)가 임금을 지불하고 노동력을 구매했기 때문에 해당 노동으로부터 생겨난 가치나 결과물은 고용주에게 귀속된다는 논리다.

창작물이 유통될 때도 상황은 크게 다르지 않다. 창작물이 유통되면서 발생하는 이익은 유통사업자에게 귀속된다. 저작인접권이라는 법이 작동하기 때문이다. 저작권을 주장하는 논리는 자유로운 주체가 창작을 통해 하나의 문화적 산물을 만들어내기 때문에 그에 대한 보상을 제공해야 한다는 개념에서 시작한다.

이른바 낭만적 저자(romantic author)도 같은 논리를 뒷받침한다. 예술가의 독창성은 내면에서 발생하고, 외부의 영향력 없이 내면에서 창조된 작품은 개인이 전유하며 재산권으로 인정된다는 것이다. 그렇게 저작권을 옹호하는 낭만적 저자의 현실적 모습은 어떠한가. 자본가에 고용된 노동자, 삶과 죽음의 문턱에서 생활고를 겪는 무명의 작가가 아니었던가. 저작권 강화 논리는 누구를 위해 있는 것인지 이 시점에서 드러낼 필요가 있다.

2015년 4월 기준 한국음악저작권협회의 회장은 800만 원 가량의 저작권료를 받았다. 지인인 무명의 작곡가는 50만 원을 수령했다고 한다. 물론 두 명의 작곡가를 직접 비교하는 것은 무리다. 등록된 노래의 수가 다르고 대중적으로 이용되는 횟수가 다르다. 저작권 강화가 모든 작가에게 경제적 보상을 보장해주지는 않는다. 주어진 외적 조건에 따라 다르다. 내면은 무슨 내면이란 말인가. 모든 작가의 음원을 유통시키는 플랫폼은 저작권 강화에서 승리자로 남는다. 저작권 강화를 주장하기보다 저작권이 어떻게 작동되고 있는지 어떠한 의미를 가지고 있는지 논의해야 한다.

시스템의 문제를 좀 짚어보자. 한국 음원시장에서 음원 유통(또는 서비스)은 몇몇 이동통신사와 포털이 담당하고 있다. 유통 플랫폼이 많지 않다. 개별 이용자(음원 생산자) 차원에서 플랫폼에 접근하기가 어렵다. 즉, 협상력에 차이가 존재한다. 음원이기 때문에 싱글로 제작되며 유통된다. 예전처럼 패키지로 제작되고 소비되지 않는다. 다수가 만들어지며 쉽게 소비된다. 음원 가격이 높게 책정되기 어려운 상황이다. 다수의 음원이 발매되어도 인기순위에 올라가지 못하면 흥행에 실패한다. 대략 2주 안에 순위권으로 올라가야 한다. 시간이 지날수록 더 뒤로 밀린다.

인기순위는 합리적이고 공정하게 집계되지 못할 가능성도 있다. 포털의 실시간 검색어처럼 어뷰징(abusing)이 발생할 가능성이 있기 때문이다. 음원 수익도 문제가 많다. 음원 하나를 내려받고 600원이 결제되었다. 작곡자는 24원을 받는다. 홍대를 중심으로 활동하는 뮤지션들은 대체적으로 작사, 작곡, 편곡을 다한다. 그나마 60원을 가져갈 수 있는 자격(?)을 갖췄다. 음악을 하기 위해 어린 시절부터 혼자 공부하거나 선배들 따라다니면서 학습하게 되면 가사를 쓰고 곡을 쓰는 것은 자연스러운 현상이다.

그러나 이 60원마저도 전부 가져가지도 못한다. 왜냐하면 개별 음원 생산자 차원에서 음원 유통 플랫폼에 접근하기가 어렵기 때문에 전문적으로 유통을 해주는 업체와 계약을 맺기 때문이다. 이 경우 유통업체가 적게는 20% 많게는 30%의 수수료를 가져간다. 음원서비스, 음원 유통은 대체적으로 수직계열화되어 있다. 문화산업에서 수직계열화는 종종 나타나는 사업전략이기도 하다. 따라서 대체적으로 플랫폼(서비스와 유통을 모두 하는)쪽이 음원수익 중 높은 비율을 가져간다. 수익 분배 문제가 지속적으로 제기되는 이유이기도 하다.

기획 상품처럼 쏟아내는 기획사들의 음원의 경우 분업화된 생산시스템에서 나오기 때문에 작사 따로 작곡 따로 편곡 따로 한다. 이 시스템에는 춤, 노래, 연기까지 가르치는 선생들도 포함된다. 시장에서 팔릴 만한 상품으로 출시하고 당연히 수익을 얻는다. 음원 수익이 변변치 못하면 소속 가수를 예능 프로그램에 출연시키고 행사에 내보낸다. 기획사 입장에서는 수익을 위한 다양한 포트폴리오를 만든다. 기획사는 음원 수익도 44%를 가져간다(제작과 기획이 따로 발생하면 44%를 서로 맺은 계약에 따라 배분한다). 개별 음원 생산자가 아니니 플랫폼에 접근하기도 유리하다. 오히려 플랫폼이 모셔갈지도 모르겠다.

홍대에서 활동하는 뮤지션들은 위에 말한 기획사 시스템에 편입되어 있는 사람들이 아니다. 음악 활동을 유지하기 위한 수익 구조가 취약하다. 좋아서 하는 건데 돈만 보고 음악 하냐고 반문해서는 안 된다. 대한민국에서 자기 자신의 삶의 조건을 재생산하지 않는 사람은 없다. 번듯한 직장의 회사원이나 청소노동자나 음악 하는 '딴따라'나 지금의 조건을 최소한의 상태로 유지해야만 살아갈 수 있다.

저작권 수입으로 한 달에 몇 만원이 통장에 찍히고, 기타 레슨을 하고 클럽에서 공연하고 버스킹(busking)도 하고 전단지도 돌리고……. 이 모든 게 음악활동을 위한 포트폴리오다. 돈이 필요하면 때려치우고 회사나 다니라고 할 수는 없다. 어린 시절부터 음악공부만 해왔다. 음악을 안 하면 다른 적성을 찾을 수 있을까? 회사는 '딴따라' 출신을 어서 오세요 하고 받아줄까? 필자의 경우 실용음악을 전공했고 '딴따라'로 밥 벌어 먹고 살려다 이내 포기하고, 언론학 공부하고 직업인이 되었다. 전환 과정이 10년 걸렸다. 예체능의 경우 전공 전환이 쉽지 않고 빈번하게 나타나지도 않는다. 분야 자체가 장시간의 숙련기간을 필요로 하기 때문이다.

인기도 없고 돈도 못 벌고 실력도 없고 재능도 없고 음악하지 말라는 말을 음악 하는 사람에게 해야 하는가? 아니다. 직업 선택의 자유는 헌법에서도 보장하는 권리이기 때문이다. 음악은 내가 좋아서 하는 행위가 맞다. 싫으면 할 수도 없다. 좋아서 하기 때문에 열악한 환경에서도 견디고 살고 있다. 사회는 좋아서 하는 행위에 대해서 직업적 성격을 부여하려고 하지 않는다. 경제적 보상이 형편없다. 이른바 열정 페이를 강요한다. 의상 디자이너를 꿈꾸는 사람들, 작가를 꿈꾸는 사람들, 프로 게이머를 꿈꾸는 사람들, 이들의 열정은 해당 분야에서 노동으로 착취되고 있다. 회사원들은 자기경영, 자기계발이라는 미적으로 포장된 노동환경에서 놓여 있다.

　우리의 노동환경과 뮤지션(넓게는 모든 문화산업의 종사자)들의 노동환경과 경제활동도 크게 다르지 않다. 열정 페이가 강요되는 사회, 성공 담론으로 자기 착취를 합리화하는 사회, 문화산업도 이 시스템 안에도 작동하고 있다. 이 시스템을 거부하고 자유롭게, 그리고 자유로운 개인으로서 연합할 수 있는 방법을 찾아 억압된 노동환경을 바꿀 수 있는 변화가 필요하다.

에필로그
문화강국이라는 '멋진 신세계'와 '비열한 거리'

대한민국은 문화강국이다. 문화산업에는 창의력으로 무장한 지적 노동자들이 천재적 발상을 통해 콘텐츠를 생산하고 트렌드를 선도한다. 적어도 정부의 입장에서는 그렇다. 지적 노동자들은 어떠한 노동을 수행하고 있으며, 천재적 발상이 나오는 지적 노동은 무엇인가라는 물음에서 이 글은 시작되었다. 따라서 문화산업에서 지적 노동은 과연 존재하는 것인지 육체노동과는 다른 것인지를 다루고자 했다. 이러한 시각에 근거하여 보다 구체적으로 문화산업의 구조 변화와 지적 노동의 쟁점과 의미를 규명하고자 했다. 이는 지적 노동이 언제부터 생겨난 개념인지를 추적함과 동시에 그 성격을 규정하는 과정이다. 이를 위해 문화산업의 지적 노동자를 대상으로 그들의 노동수행 과정을 살펴보았다. 결과는 다음과 같이 정리할 수 있다.

첫 번째, 문화산업은 국가적인 차원에서 진흥된 이후 시장의 규모가 확장되었다. 천만 영화가 등장한 것도 그 무렵이다. 그러나 성과주의가 만연했고 상업화되어왔다는 비난에서 자유롭지 못했다. 문화산업의 진흥 자체가 경제 살리기라는 특정 목적에 의해 수행되었기 때문이다. 시장논리에 의해 사람들의 주목을 받고 상품을 거래해야 하는 것이 우선시되다 보니 흥미 위주의 문화상품이 생산된다. 따라서 창조적 가치라고 할 수 있었던 것들이 조용히 사라졌고, 대중에 대한 강한 자극만이 재생산되고 있다고 할 수 있다. 문화산업으로 또는 창조·창의산업이라고 부르는 상황의 역설을 보여준다. 문화산업이 창조산업이라는 것은 허구에 가깝다. 이는 산업이라는 개념이 가지는 한계라고 볼 수도 있고 산업 그 자체의 특질이라고 할 수도 있다. 문화산업이라는 개념 자체도 이미 산업과 시장논리를 담고 있는 것이다.

노동환경도 변화했다. 창작활동을 위한 체계적이고 안정적인 시스템이 작동하지 못했다. 창작활동은 지식과 창의력을 담아내서 작품을 만들어내는 과정이라기보다 시간에 쫓겨서 상품을 만들어야 하는 노동조건에 놓이게 되었다. 고용은 유연화되었고 방송작가들의 경우 PD들의 말 한마디에 경제적 활동의 지속 여부가 달려 있었다. 정부가 정책적으로 문화산업을 장려한 결과 문화산업은 경제적 가치를 가장 중요한 것으로 고려한다.

시장에서 성과를 올리는 상품 또는 사람만이 인정받는 상황이라고 볼 수 있다. 이러한 상황에서 일정한 지식과 경험을 축적한 종사자들 이른바 전문가들도 상품과 같이 소비되어버린다. 경제적으로 성공하지 못하면 결과적으로는 산업에서 도태될 수도 있는 조건에 놓여 있는 것이다. 문화산업에서 다양한 영역에 종사하는 개개인의 창의성을 토대로 이윤을 창출하고, 이를 통해 국가 경제에도 영향을 주는 개념으로서 문화산업이 인식되어왔지만 이 과정에서 상품화의 가속화를 가져왔다. 문화산업 진흥은 외적 조건에 의해 성과주의 또는 상업주의로 귀결될 수밖에 없었고, 문화의 상품화는 물론이고 노동 인력도 상품화되었다.

두 번째, 지적 노동의 환경 변화는 디지털 기술과 밀접한 관계를 가진다. 디지털 기술도 문화산업의 진흥과 함께 정책적으로 장려되었다. 따라서 변화의 양상도 극적이다. 변화의 양상을 방송 분야와 음악 분야로 구분해서 살펴보면 다음과 같다.

방송 분야에서 기술의 도입은 장비가 발달하여 업무의 효율을 도모할 수 있었으나 인력의 감소로 인해서 당사자는 노동의 강도가 심해지는 경향을 보였다. 저렴해진 장비로 인해 방송, 특히 촬영 인력은 양적으로 증가했지만 일부 지상파방송사의 프로그램에만 다수의 촬영 인력이 투입될 뿐 전반적으로는 노동 강도가 심해진 양상을 보였다. 흥미로운 점은 다수 증가한 촬영 인력은 주로 낮은 임금을 받는 비정규직이라는 점이다. 기술의 도입이 노동력의 가치를 저하시킨 사례라고 할 수 있다. 반면 음악 분야에서는 저렴하게 음악을 생산할 수 있으며, 작업의 효율성이 높아져 생산성이 향상된 것으로 나타났다.

기술 도입이 두 분야에 서로 다른 변화를 가져온 이유는 방송 분야가 음악 분야에 비해 더 많은 인력을 필요로 하는 분야, 이른바 노동집약적인 분야이기 때문이다. 방송 분야의 경우 기술 도입으로 인해 감소된 인력을 혼자 감당하기에는 어려운 것이다. 음악 분야는 소규모로 작업이 가능하며 기술 도입으로 인해 개인 작업의 효율성이 증가하게 되었다. 음악 분야는 기술 도입으로 인해 제작을 위한 경제적 진입장벽이 낮아졌다. 누구나 손쉽게 음악을 만들 수 있는 환경이 조성된 것이다. 음원도 많아 졌다. 대형 기획사, 중소 기획사 모두 기획된 음원을 발매하고 있으며, 인디뮤지션들도 음원을 발매한다. 음원이 많다는 것은 대중음악의 다양성이 제고되기 때문에 이용자들의 입장에서는 반가워할 만한 일이다.

그러나 다른 방향에서 문제가 등장했다. 손쉽게 생산되고 손쉽게 이용되다 보니 음원의 가치가 하락하는 문제다. 음원 가치의 하락은 결과적으로 창작자들의 노동력 가치의 하락을 뜻하기도 한다. 음원 가격도 곡당 거래되던 것에서 월정액제로 거래되면서 가격이 더 하락하게 되었다. 더 큰 문제는 쏟아지는 음원이 통신망으로 유통이 되면서 주도권이 통신사로 넘어갔다는 점이다. 창작자 입장에서는 음원을 팔아도 큰 수익을 올리지 못하는 구조가 되었다.

그럼에도 참여자들은 지속적인 창작활동을 위해 각자 전략적 실천을 하고 있었다. 바로 창의성을 기르기 위한 여러 가지 수행들이다. 이들은 창의성을 바탕으로 창작활동을 해야 하기 때문에 창의성은 중요하게 고려되는 사안이었다. 경제적으로 여유가 있는 방송사의 경우 창의력의 유지·계발을 위한 프로그램을 제공하기도 했다. 그러나 경제적으로 넉넉하지 못한 사람들의 경우 끊임없는 자기계발 과정 속에 자신을 위치시켰다. 누가 시키지 않아도 자발적으로 생산과정으로 들어간 것이다. 문화산업의 종사자들이 문화산업으로 유입되는 경우는 대체적으로 좋아하는 일을 하기 위해서다. 경제적 조건이 나쁘다고 다른 일을 할 수 있는 상황 자체가 아니다. 따라서 스스로 계발하라는 요청이 이들에게는 부자연스러운 명령이라기보다 삶의 방식으로서 이미 체득하고 있었다.

세 번째, 문화콘텐츠들의 유형이 영화, 드라마, 음악 등의 텍스트로 나타나고 이러한 유형은 창작에 있어서 예술성을 평가받는 영역이다. 따라서 창작자들은 스스로 창의적이고자 하고 창의성을 가지고 생산을 하고 있다. 이들의 노동은 무엇인가를 만들어내는 것이다. 특히 원료 외에는 주어지지 않은 상태에서 대중들의 감정에 소구할 수 있는 또 다른 감정 상태를 만들어서 제공하는 것이다. 그 때문에 꾸준히 창의적인 상태를 유지해야 문화산업에서 노동자로서 살아갈 수 있다. 따라서 창의성을 중요하게 여기고 있었고 자신들의 노동을 창의적인 생산으로 인식하고 있었다.

자신들의 노동을 창의적이라기보다 다른 표현을 찾는 과정으로 인식하는 경우도 있었다. 사실 문화생산에 있어서 완벽한 창작은 불가능한 부분이 있기 때문이다. 문화라는 특수성을 고려하면 문화산업의 지적 노동에 필요한 것은 창의성이라고 할 수 있다. 그러나 창의적이라는 것이 오롯이 가능한가라고 질문을 던졌을 때 참여자들은 완전한 창의력은 어렵다는 의견을 제시하기도 했다. 따라서 같은 생각이라도 다르게 표현할 줄 아는 것이 창의력이라는 의견을 개진하기도 했다.

다음으로 이들의 노동이 과연 지적인 것인가 육체적인 것인가에 대한 고찰이다. 참여자들과 인터뷰를 진행하는 동안 이들이 자신들의 일을 지식의 범주냐 육체의 범주냐를 넘어서 노동의 범주로 포함시키지 않으려는 경향을 보이기도 했다. 문화산업 내에서 표상되는 노동자의 모습과 자신의 모습을 동일시하기를 거부하는 태도였다. 그럼에도 그들은 지식노동과 육체노동의 이분법 자체가 모호하다고 진술했다. 오히려 육체노동 그 자체를 수행한다고 응답했다.

그러나 사실 이들의 노동이 외부에 비춰지는 모습은 창조적 문화생산자의 모습이다. 육체노동보다는 지적 노동행위로서 표상된다. 이것이 바로 문화산업의 진흥을 가능하게 했던 지식경제담론의 효과이다. 따라서 지적 노동인가 육체노동인가의 문제가 아니라 지적 노동이라는 담론의 효과 뒤에 가려진 육체노동을 드러내는 것이 필요하다. 이는 문화산업에서 지적 노동이 가지고 있는 의미가 무엇인지를 드러내는 작업임과 동시에 노동 주체로서 실천을 하는 주체성을 확립하는 계기가 될 수 있다.

참여자들은 꾸준히 창의적인 생산을 해오고 있고 자신들의 작업이 노동의 여부를 떠나 창의적이라는 것에는 동의했다. 그리고 창의성이 그들의 작업에 절대적이라고 생각하고, 창의적인 상태를 유지하기 위해 지속적으로 노력하는 모습을 보였다. 자기계발의 연장선에서 창의력을 유지하는 것으로 보인다. 이는 이들의 생존문제와도 직결되기 때문이다. 이들이 생존을 위해 끊임없이 자기계발이나 창의력을 계발하는 태도는 지적 노동 또는 육체노동의 구분이 아닌 감정노동의 범주로도 볼 수 있다. 직업윤리적 태도에 자신을 지속적으로 동일시해야 하기 때문이다.

네 번째, 문화산업의 다양성 확보 차원에서 인디 뮤지션들의 활동을 장려할 필요가 있다. 문화예술인 복지정책은 단순히 시혜적 정책이 아니라 문화콘텐츠의 다양성을 확보하고 이를 이용하는 이용자들에게 문화의 다양성을 제공하는 측면에서 시행될 필요가 있다. 문화가 발전하는 것은 특정한 개인이 주도하는 것이 아니고, 다양한 가치의 공유를 통해 발전한다. 산업도 마찬가지다. 특정 사업자가 주도하는 산업은 지표상으로는 발전된 것처럼 보이지만 그 이면에는 독과점의 폐해 같은 것이 나타난다. 산업의 경쟁력 또한 제고되기 어렵다. 따라서 문화산업도 같은 관점에서 정책을 수립할 필요가 있다. 전반적인 문화산업의 발전은 다양성이라는 토대에서 가능할 수도 있기 때문이다.

문화콘텐츠의 성공을 판단하는 기준은 경제적 이익이 되었다. 문화산업이 국가경쟁력으로 호명되는 순간부터 경제적 이익은 최종심급에서 성공의 여부를 판단한다. 그리고 이 과정에서 문화상품은 수요와 공급이라는 시장원리의 적용을 받으며, 교환가치가 없는 문화상품들은 소멸된다. 시장논리에 의해 문화가 획일화되고 다양성을 지키려는 소수의 문화예술인들은 창작활동 자체가 어려운 경우가 있다. 문화산업 전체의 다양성을 확보하는 차원에서 봤을 때 이들에 대한 지원은 당연하다고 볼 수 있다. 창작활동은 문화산업 전체의 양적·질적 다양성을 확보하는 토대이기 때문이다. 세계적으로 유명한 아티스트는 진공상태에서 나타나지 않는다. 정부 또는 사회적인 차원에서 문화예술인에 대한 지원을 통해 이들이 창작활동을 더욱 발전시킬 수 있게 해야 한다.

문화는 국민 모두가 향유하는 공공재의 성격을 갖는다. 문화강국이 되기 위해서는 오히려 국민 모두가 향유할 수 있는 문화 환경을 조성할 필요가 있다. 따라서 문화예술인 복지 정책이 필요하다. 국가의 역할은 공공의 목적을 옹호하고, 사회적 공익을 위하여 경제적 생산을 이용하고 재분배하는 것이다. 공익은 추상적일 수 있지만 필요성을 인식하지 못하면 개인의 삶은 위축된다. 개인의 위축은 나아가 사회의 위축으로 돌아온다. 문화산업이 공공재로서 역할을 수행하고 그를 통해 사회적 부를 가능하게 하려면 복지 문제는 현실적으로 접근할 필요가 있다.

이 글이 가지는 의미

첫째, 문화산업 분야의 지적 노동 현상에 대해서 이론화 및 개념화를 시도했다는 점이다. 이는 문화산업의 노동자들, 흔히 창의적 직업이라고 말하는 지적 노동자들의 노동이 어떠한 의미를 가지며 문화산업에서는 어떠한 기능을 하는지 규명하는 과정이기도 했다. 문헌 고찰을 통해 개념을 정리했고, 인터뷰 참여자들인 지적 노동자들의 진술을 통해 개념을 비교하고, 제시된 특성들과 부합하는 내용들로 구성했다. 그 결과 지적 노동이라는 것은 육체노동의 또 다른 이름이며, 정부가 문화산업을 진흥하는 맥락 속에서 당위성을 부여하고자 문화산업의 노동을 지적 노동으로 구조화한 것임을 드러냈다. 선행 연구들이 지적 노동의 등장 맥락과 특정한 역할을 하고 있다는 것을 설명했다면, 이 연구는 이를 넘어서 구체적인 산업 분야에서 지적 노동이 어떠한 형태로 나타나고 있으며, 그 의미가 무엇인지 규명하고자 한 작업이었다.

지식기반경제 또는 지식기반사회라는 담론 이후 모든 산업 분야에서 노동자들은 지식 경영자의 태도를 강요받았다. 문화산업의 경우 상대적 자율성을 갖는 주체로서 표상되기 때문에 지식기반경제의 최전선에 위치되었고, 문화산업의 지적 노동자들은 경영자적 태도를 강요받았다. 이는 결과적으로 육체노동을 가리고자 하는 하나의 신화적 이데올로기였고 이 연구는 그 부분을 분절해내고자 했다. 문화산업의 지적 노동자들이 피터 드러커식의 지식노동자로서 형성된다면 그 개념은 바로 기각해야만 한다. 이러한 부분은 향후 관련 분야의 후속 연구가 진행될 때 선행 연구로서 이론적 위치를 제공할 수 있을 것으로 기대된다.

둘째, 문화진흥정책은 신자유주의와 함께 시작된 하나의 정치적 기획으로서 구상되었다는 점을 드러낸 작업이다. 배경적 맥락은 디지털 기술의 진전과 미디어 환경의 발전, 이른바 다중미디어 시대라는 규정이다. 물론 이 시대 규정은 이 연구에서 이론적 차원으로 나타났지만 분석 차원에서는 구체적으로 드러내지는 못했다. 그러나 문화진흥정책과 신자유주의가 조응하여 정치적 기획으로 나타난 점을 분석했다. 이는 기술의 발전이라는 맥락에서 나타난 기술을 통한 생산성 향상과 지식을 통한 새로운 경영자로서의 직업적 태도가 정치적 수사이며 사회적 담론일 뿐이라는 것을 드러낸 작업이었다.

문화산업진흥은 경제 살리기라는 명분으로 실행되었던 것이며 이는 국민의 정부는 물론이고 최근의 이명박 정부, 박근혜 정부에서도 크게 달라지지 않은 정책이다. 왜냐하면 실제적으로 문화산업은 경제적 가치가 크기 때문이다. 그러나 문제는 경제적 이익의 공평한 분배라고 할 수 있다. 문화산업이 무엇인가를 풍요롭게 했다면 그 풍요는 널리 향유되지 못했기 때문이다. 그리고 문화산업에서 경제적 가치를 위해서 나타난 것은 지적 노동자라는 창의적이고 재능을 통해 생산을 하는 자율적 노동 주체의 탄생이다.

공평한 분배는 찾아보기 어려웠다. 문화산업은 문화보다는 산업적 요소가 매우 크며 산업의 논리는 자본의 순환과 연결된다. 이익분배방식에 대한 문제가 심각할 수 있는 것이다. 문화산업의 빈익빈 부익부 현상은 하나의 증상이다. 콘텐츠가 성공적으로 유통된다고 하더라도 여러 이해 당사자들에게 수익이 돌아가고, 이 과정에서 창작자가 수평적 계약을 맺기 어렵기 때문에 수익 분배 구조는 열악하다. 음악산업의 경우 유통구조 자체가 왜곡되어 있다. 따라서 창작자들의 권리를 높이고 그들에게 정당한 노동의 가치를 돌려주는 구조를 만들어야 할 필요가 제기되는 것이다. 문화산업에는 창의적이고 재능을 통해 생산을 하는 자율적 노동 주체가 있는 것으로 보이지만 실제적으로는 후자의 경우도 존재하지 않는다는 것을 분석했다. 존재한다면 하나의 신화일 뿐이다.

셋째, 문화산업의 구조 변화 속에서 나타난 지적 노동자들의 노동환경에 대한 문제점을 제시하고 지원방안을 정책적 관점에서 도출하고자 했다. 지적 노동은 육체노동의 다른 이름이다. 그러나 지적 노동이라는 이름이 주는 효과로 인하여 실제 존재하는 고강도의 노동은 자취를 감춘다. 현실 속에서 문화산업의 지적 노동자들은 고용 불안과 저임금 상태에서 노동을 이어가고 있다. 따라서 이러한 환경을 개선할 필요가 있는 것이다. 그 이유는 다음과 같다.

예술인들에게는 복지 차원으로 최소한의 생활을 할 수 있도록 해주는 것이 중요하다. 왜냐하면 문화 특히 음악의 경우 공공재 수준이 되었기 때문이다. 사람들이 저렴하게 즐기고 있지만, 생산을 위해 음악가들에게는 충분한 보상이 이뤄지지 못하고 있다. 따라서 국가가 국민들이 즐기는 것에 대한 보상을 음악가에게 해주는 차원에서 복지가 필요한 것이다. 제작비와 같은 형태의 창작을 지원하는 복지와 창작물이 안 나오더라도 기본적으로 그 사람들이 생활하면서 음악활동을 할 수 있도록 최소한의 사회 안

전망 차원의 복지가 필요하다. 문화가 가지는 공공성 역할을 기대하기 위해서는 특히 그러하다. 이는 지적 노동자들의 노동환경이 개선되어 문화산업이 대중들을 위한 공공재로서 기능하게 하기 위함이다. 이러한 측면이 문화산업을 정책적으로 장려하고자 했던 원래의 목적이라고 할 수 있다.

몇 가지 한계점

첫째, 지적 노동의 성격 규명과 함께 지적 노동자들을 실천적 주체로서 정체성을 새롭게 모색할 가능성을 찾아보고자 했다. 문화산업 내의 특정한 창작자들을 제외하고 대부분의 창작자들은 경제적 활동 및 사회적 안전망으로부터 배제되어 있다. 따라서 이들에 안전한 고용상태를 제공해야 한다는 식의 정책적 제언이 있어 왔다. 표면적으로는 환영할 만한 일이지만 고용상태를 보장받아야 하는, 정책 시혜의 대상에 머무르는 것에 불과하다. 따라서 개인적 욕구나 실현하고자 하는 직업적 정체성이 우선시되는 시각의 접근이 선행되어야 한다. 이 부분에서 연구는 이론적 차원에서는 당위성과 필요성을 언급했으나 정작 분석의 차원에서는 명확하게 드러내지 못했다. 지적 노동의 성격 규명과 함께 지적 노동자들의 주체성에 대한 규명도 실천적 차원에서 필요하다.

둘째, 지적 노동을 정치경제학적 접근을 통해 그 성격을 규명했지만, 지적 노동에 대한 이론화 작업에 있어서 여전히 과거의 이론적 틀에 머무르고 있다는 점을 지적할 수 있다. 그동안 미디어 정치경제학은 원론적인 측면에서 지나치게 추상적이었으며, 각론적인 부분에서는 소유와 통제구조에 집중했고 경험적 사례에 매몰된 부분을 지적받았다. 따라서 이 연구는 원론의 반복을 넘어서고, 소유와 통제구조, 경험적 사례에 매몰되지 않는 시각으로 지적 노동과 관련된 제현상에 접근하고자 했다. 과거 연구의 답습이라는 비판을 넘어서고자 했기 때문이다. 그러나 이 부분에 대해서 보다 진전된 관점의 이론화 및 개념화를 시도했다는 평가에 대해서는 다소 한계가 있을 것이다.

셋째, 이론적 차원에서는 다중미디어 시대를 규정했지만 분석의 차원에서는 다중미디어 시대의 의미를 크게 드러내지 못했다. 연구는 다중미디어 시대를 문화산업의 구조 변화와 동일한 선상에서 진행되고 변화된 것으로 고려하고자 했다. 따라서 문화산업의 구조 변화는 미디어의 발전 및 변화와 맥락을 같이한다. 그러나 아쉽게도 분석의 차원에서 이러한 지점에서 큰 의미를 도출하지는 못한 한계를 갖는다.

후속 연구에서는 지적 노동과 육체노동이 현실적 차원에서 어떻게 분석되며 이들이 생산하는 가치는 무엇인가에 더 집중할 필요가 있을 것이다. 이 글은 지적 노동이 부르주아 이데올로기로서 제시되는 맥락을 분석하고 비판한 것이지만, 지적 노동이 현실 속에서 사회적 생산의 기능을 하고 있는 측면도 있기 때문이다. 그리고 정치경제학, 문화연구 등 이론을 보다 정교화시켜서 문화산업의 변화와 미디어산업의 변화와 같이 비교 분석하는 이론적 틀을 개발할 필요가 있을 것이다. 이를 위한 하나의 시도였다는 점에서도 이 글의 의미를 찾을 수 있을 것이다.

참고문헌

1. 국내 문헌

강남준·이은미. 2010. 「다중 미디어 이용의 측정과 개념화」. ≪언론정보연구≫, 47
　　권 2호, 5~39쪽.

강남훈. 2002. 『정보혁명의 정치경제학』. 문화과학사.

_____. 2005. 「정보혁명과 지대에 대한 소고」. ≪마르크스주의 연구≫, 2권 1호,
　　212~227쪽.

강내희. 1992. 「언어와 변혁: 변혁의 언어모델 비판과 주체의 역동일시」. ≪문화과
　　학≫, 2권, 11~46쪽.

_____. 1998. 「IMF의 신자유주의 공세와 문화변동」. ≪경제와 사회≫, 통권 38호,
　　91~118쪽.

_____. 2000. 『신자유주의와 문화』. 문화과학사.

강성국. 2014. 「음악저작권의 딜레마」. 정보공유연대 기획강좌.

강준만. 2009. 『대중매체 이론과 사상』(개정판). 개마고원.

강진숙. 2005. 『담론분석 방법론: 뉴스담론의 의미와 주체구성』. 이진출판사.

_____. 2006. 「교육위기 담론의 의미와 주체구성 방식 연구」. ≪한국언론정보학보≫,
　　통권 33호, 7~52쪽.

_____. 2009b. 「정보 공유·집단지성·CCL」. 미디어공공성포럼 엮음. 『미디어 공공
　　성』. 커뮤니케이션북스.

강진숙·이광우. 2012. 「문화예술 프로그램 생산자에 대한 문화기술지 연구」. ≪한국
　　언론학보≫, 56권 4호, 339~364쪽.

강진숙·한찬희. 2009. 「디지털 출판콘텐츠의 제작·이용에 대한 매체미학적 연구」.
　　≪한국출판학연구≫, 35권 2호, 145~170쪽.

강형철. 2004. 『공영방송론』. 나남.

고용노동부. 2014. 『사업체노동력조사 보고서』.

고정민·황신희·안성아·심정훈·박지혜·김경희. 2013. 『문화콘텐츠 해외진출 방안』.
　　한국콘텐츠진흥원.

권호영·정미경·최세경·김철용·조경민. 2012. 『방송영상산업진흥 5개년 계획 연구』. 문화체육관광부.

김공회. 2012. 「인지자본주의론의 가치이론 이해 비판」. ≪마르크스주의 연구≫, 9권 1호, 89~122쪽.

김규찬·채지영·정상철·정헌일·이용관·김지혜. 2013. 『문화산업 정책역량 제고를 위한 교육방안 연구』. 한국문화관광연구원.

김동수. 2005. 『자본의 두 얼굴』. 한얼미디어.

김동원. 2010. 「한국방송산업의 유연화와 비정규직의 형성」. 한국외국어대학교 대학원 박사학위 논문.

_____. 2011. 「가입자 지대를 통한 방송시장 획정방안 검토」. 『유료방송 시장 획정과 공정경쟁 환경 조성』. 미디어정책 연속토론회.

김수행. 1988. 『정치경제학원론』. 한길사.

_____. 2002. 『자본론의 현대적 해석』(제1개정판). 서울대학교 출판부.

김순영. 2007. 「노동과정과 노동조건을 통해 본 방송 작가의 노동자성」. ≪페미니즘 연구≫, 7권 2호, 175~212쪽.

김승수. 2009. 「비판커뮤니케이션 50년」. 한국언론학회 50년사 편찬위원회 엮음. 『한국언론학회 50년사』. 한국언론학회.

김영애·박양주. 2000. 『지식정보사회에서의 미래 학교 구상』. 한국교육학술정보원.

김윤명. 2006. 「앤 여왕법에 관한 저작권법제사적 의의」. ≪산업재산권≫, 20호, 159~186쪽.

김지운·방정배·정재철·김승수·이기형. 2011. 『비판커뮤니케이션』. 커뮤니케이션북스.

김창남. 2003. 『대중문화의 이해』. 한울.

김평수. 2014. 『문화산업의 기초 이론』. 커뮤니케이션북스.

김향우. 2008. 「비생산적 노동의 존재와 의의」. 사회과학아카데미 전체토론회 발표 논문.

김호균. 2001. 「지식노동자의 생산성에 관한 연구」. ≪경상논총≫, 19권 1호, 17~51쪽.

노명식. 2011. 『자유주의의 역사』. 책과함께.

노창희. 2012.7. 「스마트 환경에서의 시청자 개념에 대한 재고찰」. ≪Digital Media

Trend≫, 109~130쪽.

대한무역투자진흥공사. 2002. 『해외소비자들이 본 한국의 국가 이미지와 시사점』.

류동민. 2000. 「디지털 네트워크 경제의 특성에 대한 정치경제학적 분석」. 강철규 외 엮음. ≪21세기 한국 사회경제의 발전전략≫. 여강출판사.

류동민. 2009. 『프로메테우스의 경제학』. 창비.

매일경제 한류본색 프로젝트팀. 2012. 『한류본색』. 매일경제신문사.

문강형준. 2012. 「자기계발의 시대, 미세하고 부드러운」. ≪문화과학≫, 통권 69호, 121~130쪽.

문상현. 2009. 「미디어 정치경제학의 학문적 지형과 이론적 과제」. ≪한국언론정보학보≫, 통권 45호, 77~110쪽.

문화관광부. 2000. 『문화산업비전 21: 문화산업진흥 5개년계획』.

문화체육관광부. 2010. 『2009 문화산업통계』.

_____. 2013a. 『한류백서』.

_____. 2013b. 『품격 있는 문화국가 대한민국: 정책자료집 1 총괄』.

_____. 2013c. 『품격 있는 문화국가 대한민국: 정책자료집 2 문화예술』.

_____. 2014. 『2013 콘텐츠산업 백서』.

박래영. 2001. 「지식기반경제와 노동시장의 변화」. ≪경제연구≫, 16권, 59~79쪽.

박배균. 2006. 「동아시아 발전주의 국가에서 신자유주의화의 공간성에 대한 연구」. ≪공간과 사회≫, 통권 25호, 8~40쪽.

박영일·김주연. 2013. 『국가별 한류 콘텐츠 수출동향과 한국 상품 소비인식 분석』. 한국콘텐츠진흥원.

박정배. 2013. 『예술경영학 개론』. 커뮤니케이션북스.

박준흠. 2004. 「글로벌 시대 음악산업의 변화와 전망」. 김창남 엮음. 『대중음악과 노래운동, 그리고 청년문화』. 한울.

박홍원. 2006. 「칼 마르크스의 이데올로기 개념: 문화연구와 비판적 미디어 연구에 대한 함의」. ≪한국방송학회≫, 20권 2호, 157~196쪽.

방석호. 2007. 『디지털 시대의 미디어와 저작권』. 커뮤니케이션북스.

백승욱. 2006. 『자본주의 역사 강의』. 그린비.

삼성경제연구소. 2005. 『e-스포츠 산업의 현황과 발전방안』.

_____. 2013. 『2012 국가 브랜드지수 조사 결과』.

서동진. 2010. 『자유의 의지, 자기계발의 의지』. 돌베개.

_____. 2011. 「심미적인, 너무나 심미적인 자본주의」. ≪경제와 사회≫, 통권 92호, 10~41쪽.

_____. 2012. 「창의적 일로서의 미디어 노동」. ≪한국언론정보학보≫, 통권 57호, 33~47쪽.

성동규. 2006. 『사이버 커뮤니케이션』. 세계사.

손석춘. 2009. 「신자유주의에 대한 언론과 비판언론학 비판」. ≪한국언론정보학보≫, 통권 45호, 49~76쪽.

손승혜. 2013. 「한국 문화의 수용과 국가 이미지 형성에 관한 탐색적 연구」. ≪문화정책논총≫, 27권 1호, 101~119쪽.

신현준. 2013. 『가요, 케이팝 그리고 그 너머』. 돌베개.

원용진. 1996. 『대중문화의 패러다임』. 한나래.

유장희·김남두. 2001. 『지식기반경제 추진전략』. 이화여자대학교 출판부.

유재웅. 2008. 『국가 이미지: 이론·전략·프로그램』. 커뮤니케이션북스.

윤창번·강인수·서보현·초성운·김도연·김대호·김국진·조신. 1999. 『방송·통신 융합에 대비한 방송발전방안 수립』. 정보통신정책연구원.

윤채근. 2013. 『콘텐츠 시대의 불안 인문학의 생존전략』. 동아시아.

윤호진. 2007. 『디지털 시대 방송인력 운영전략의 쟁점과 해법』. 한국방송영상산업진흥원.

이강수. 2001. 『수용자론』. 한울.

이광석. 2013. 「문화융성 시대 창조산업과 문화콘텐츠 재영역화」. ≪문화연구≫, 2권 2호, 181~213쪽.

이남표. 2007. 『미디어 융합 환경의 시장자유주의 비판』. 성균관대학교 대학원 박사학위 논문.

이동연. 2011. 「케이팝(K-pop): 신자유주의 시대 초국적 국민문화의 아이콘」. ≪내일을 여는 역사≫, 45호, 234~252쪽.

이병민. 2008. 「문화콘텐츠산업의 현황과 발전방향」. 2008~2012년 국가재정운용계획. 공개토론회. 국가재정운용계획 문화·관광 분야 작업반.

이수완. 2006. 「아도르노와 대중음악」. ≪낭만음악≫, 18권 3호, 23~47쪽.

이원재. 2014. 「예술인복지정책의 현재성과 개선방안」. 『예술인복지정책의 평가 및 개선방안 국회토론회』.

이재현. 1993. 『생활방식의 사사화와 텔레비전에 대한 의존』. 서울대학교 대학원 박사학위 논문.

이재호. 2007. 『방송산업 비정규근로의 문제점과 정책과제』. 한국방송영상산업진흥원.

이정구. 2007. 「금융 주도의 축적체제론 비판」. ≪진보평론≫, 33호, 214~238쪽.

이종구·김영·강익희·박승옥. 2006. 『방송산업 비정규직 노동시장 조사연구』. 방송위원회.

이준구. 2004. 『시장과 정부』. 다산출판사.

이진경. 2004. 『자본을 넘어선 자본』. 그린비.

이충한. 2008. 「디지털 복제 시대의 무한경쟁과 음악생산」. 한국문화인류학회 창립 50주년 기념 국제학술대회.

이희은. 2014. 「디지털 노동의 불안과 희망: 대학생의 대외활동에 대한 심층인터뷰」. ≪한국언론정보학보≫, 통권 66호, 211~240쪽.

임성원. 2006. 『미디어 융합시대 방송플랫폼 수용성 연구』. 중앙대학교 대학원 박사학위 논문.

임영호. 2014. 「디지털·컨버전스 시대에 정치경제학의 가능성 탐색」. 한국언론정보학회 가을철 정기학술대회.

임종수. 2010. 「수용자의 탄생과 경험: 독자, 청취자, 시청자」. ≪언론정보연구≫, 47권 1호, 77~120쪽.

장지호·김인철·견진만·권용수·장현주·한승준·이광원·조용현. 2010. 『한국의 국가 이미지 향상 방안에 관한 연구』. 한국정책학회.

재정경제부 외. 2000. 『지식기반경제 발전전략』.

전희상. 2009. 「지식노동과 정보재 가치 논쟁」. ≪마르크스주의 연구≫, 6권 1호, 230~272쪽.

정보통신부. 1999. 『CYBER KOREA 21: 창조적 지식기반국가 건설을 위한 정보화 VISION』.

정성진. 2005. 「21세기 한국 사회성격논쟁: 마르크스주의적 분석은 여전히 유용하다」. ≪역사비평≫, 통권 71호, 91~113쪽.

정인숙. 2009. 「IPTV 도입 과정에 대한 지대추구론적 분석」. ≪한국언론정보학보≫, 통권 47호, 5~22쪽.

조영철. 2008. 「외환위기 이후 한국경제의 구조 변화」. 강남훈·김균 엮음. 『정치경제학과 한국경제』. 박영률출판사.

조원회. 2004. 「신자유주의의 비교학설사적 고찰」. ≪국민경제연구≫, 26집.

_____. 2009a. 「신자유주의 이후의 경제」. ≪진보평론≫, 42호, 250~276쪽.

_____. 2009b. 「침몰하는 신자유주의, 대안은 무엇인가」. ≪국민경제연구≫, 31집.

조정환. 2011. 『인지자본주의』. 갈무리.

조항제. 1994. 「1970년대 한국 텔레비전의 구조적 성격에 관한 연구」. 서울대학교 대학원 박사학위 논문.

_____. 2000. 「전환기 공영방송의 패러다임」. ≪언론과 사회≫, 28권, 72~97쪽.

_____. 2008. 『한국방송의 이론과 역사』. 논형.

지주형. 2011. 『한국 신자유주의의 기원과 형성』. 책세상.

최민재. 2003. 「영상텍스트의 의미구성과 수용자 해독에 관한 연구」. 성균관대학교 대학원 박사학위 논문.

최영묵. 2009. 「저작권 의미와 변화」. 최영묵 엮음. 『미디어 콘텐츠와 저작권』. 논형.

최영화. 2014. 「신한류의 형성과 한국사회의 문화변동」. 중앙대학교 대학원 박사학위 논문.

최용준. 2009, 3월. "콘텐츠 생산에 근본적 도움 줘야." ≪신문과 방송≫, 80~83쪽.

최현주·이강형. 2011. 「방송작가 고용 안정화를 위한 정책 방안에 대한 연구」. ≪언론과학연구≫, 11권 2호, 469~500쪽.

최형익. 2000. 「지식기반사회의 이데올로기와 노동, 그리고 정치」. ≪진보평론≫, 5호, 11~38쪽.

하윤금. 2004. 「금융세계화와 미디어 산업」. ≪한국언론학보≫, 48권 5호, 161~187쪽.

한국방송기술인연합회. 2009. 『디지털방송기술총람』. 커뮤니케이션북스.

한국저작권단체연합회 저작권보호센터. 2014. 『저작권 보호 연차보고서』.

한국저작권위원회. 2010. 『2009 저작권 연감』.

_____. 2013. 『2012 저작권 백서』. 문화체육관광부.

한국콘텐츠진흥원. 2012. 『콘텐츠산업통계』. 문화체육관광부.

_____. 2013. 『콘텐츠산업통계』. 문화체육관광부.

한승헌. 1992. 『정보화시대의 저작권』. 나남.

한윤형·최태섭·김정근. 2011. 『열정은 어떻게 노동이 되는가』. 웅진지식하우스.

한찬희. 2011. 「이동통신사의 콘텐츠 상품으로 전락한 대중음악」. ≪대중음악≫, 통권 7호, 36~74쪽.

_____. 2012. 「언론 노동자들에게 파업 권하는 사회」. ≪노동사회≫, 통권 164호, 93~99쪽.

형태근. 1998.12. "정보화를 통한 창조적 지식기반국가의 건설". ≪나라경제≫, 55~58쪽.

홍태희. 2008. 「맨큐의 경제학의 10대 기본원리와 대안적 재해석」. ≪사회경제평론≫, 30호, 331~358쪽.

황치성·김광재·한승연. 2013. 『미래 성장동력으로서 미디어 리터러시』. 한국언론진흥재단.

〈신문기사 및 보도자료〉

구영식. 2014.10.22. "동화책 〈구름빵〉 저작권, 원작자에게 돌아간다". ≪오마이뉴스≫.

기획재정부. 2012.12.7. "미래 IT통신 인프라 구축사업(Giga KOREA)의 힘찬 시동". 보도자료.

김은형. 2001.7.11. "여차하면 잘리는 '파리랜서'". ≪한겨레21≫.

김정환. 2010.11.6. "고 이진원, 현금 대신 '도토리' 받았나…팬들 분노". ≪뉴시스≫.

김종목. 2013.10.16. "'예술가=사업자'? 최고은은 '최고은법' 혜택 못 받는다". ≪경향신문≫.

민지형. 2014.8.28. "4400억 대박에 저작권료 고작 1850만원 '구름빵' 비극 없앤다". ≪뉴스1≫.

박효재. 2014.4.29. "이용자와 직거래하는 신대철의 음원유통조합 저작권 수익 돌려줄까". ≪경향신문≫.

신용호. 2013.4.4. ""창조경제란…" 직접 개념 정의 나선 박 대통령". ≪중앙일보≫.

신호철. 2005.8.12. "월드컵 응원이 아닙니다. 지역 원정 온라인 게임 대회에 구름 관중". ≪시사저널≫.

양승희. 2014.10.17. "영화 스태프 연봉 고작 1107만 원". ≪머니투데이≫.

유재혁. 2011.2.9. "전국영화산업노동조합 "창작자 생존 위기에 직면했다"". ≪한국경제≫.

이영석. 2000.1.24. "영국 노동계급형성 번역본을 보며". ≪국민일보≫.

전병헌. 2009.11.4. "국가 브랜드 만드는 것보다 키워가는 것이 중요". ≪뉴스원≫.

전해웅. 2014.3.28. "예술가에게도 공짜 점심은 없다". ≪insight≫.

조동주. 2013.1.12. "잘 나가던 프로게이머에서 유흥주점 '영업부장'된 성학승 씨". ≪동아일보≫.

채은하. 2011.2.9. ""최고은 선배 죽음, 설움과 화가 한꺼번에 터지는 것 같다"". ≪프레시안≫.

최지선. 2011.6.18. "아이돌 육성 시스템 이대로 좋은가?" ≪한겨레≫.

2. 번역 및 외국 문헌

아도르노, 테오도어·막스 호르크하이머(Theodor Adorno and Max Horkheimer). 2001. 『계몽의 변증법』. 김유동 옮김. 문학과지성사.

알튀세르, 루이[루이 알뛰세르(Louis Althusser)]. 1997. 『맑스를 위하여』. 이종영 옮김. 백의.

바르트, 롤랑(Roland Barthes). 1997. 『텍스트의 즐거움』. 김희영 옮김. 동문선.

베커만, 제라르(Gérard Bekerman). 1989. 『맑스 엥겔스 용어사전』. 이병수 옮김. 논장.

브레이버맨, 해리(Harry Braverman). 1987. 『노동과 독점자본』. 이한주·강남훈 옮김. 까치.

카스텔, 마뉴엘(Manuel Castells). 2003. 『네트워크 사회의 도래』. 김묵한·박행웅·오은주 옮김. 한울.

드러커, 피터(Peter F. Drucker). 2007. 『Next Society』. 이재규 옮김. 한국경제신문.

뒤메닐, 제라르·도미니크 레비(Gérard Duménil and Dominique Lévy). 2009. 『현대 마르크스주의 경제학』. 김덕민 옮김. 그린비.

엥겔스, 프리드리히(Friedrich Engels). 1997. 「엥겔스가 쾨니히스베르크의 요제프 블로호에게」. 이수혼 옮김. 『칼 맑스 프리드리히 엥겔스 저작 선집』 6권 (507~508쪽). 박종철출판사. (원저 출판연도 1890).

파인, 벤(Ben Fine). 1985. 『요점 자본론』. 박희영 옮김. 한울.

파인, 벤·로런스 해리스(Ben Fine and Laurence Harris). 1985. 『현대 정치경제학 입문』. 김수행 옮김. 한울.

파인, 벤·알프레도 사드-필호[벤 파인(Ben Fine), 알프레도 새드-필호(Alfredo Saad-Filho)]. 2006. 『마르크스의 자본론』. 박관석 옮김. 책갈피.

피스크, 존(John Fiske). 2002. 『대중문화의 이해』. 박만준 옮김. 경문사.

플로리다, 리처드(Richard Florida). 2008. 『도시와 창조 계급』. 이원호·이종호·서민철 옮김. 푸른길.

조지·와일딩(Victor George and Paul Wilding). 1999. 『복지와 이데올로기』. 김영화·이옥희 옮김. 한울.

그람시, 안토니오(Antonio Gramsci). 1993. 『그람시의 옥중수고 2』. 이상훈 옮김. 거름.

그린, 피터(Peter Green). 2006. 『맑스주의 경제학의 기초 개념들』. 최일봉 옮김. 다함께.

홀, 스튜어트(Stuart Hall). 1996. 임영호 편역. 『스튜어트 홀의 문화이론』. 한나래출판사.

하트, 마이클·안토니오 네그리(Antonio Negri and Michael Hardt). 2001. 『제국』. 윤수종 옮김. 이학사.

하비, 데이비드(David Harvey). 1995. 『자본의 한계』. 최병두 옮김. 한울.

쿤치크, 미하엘(Michael Kunczik). 2008. 『국가 이미지 전쟁』. 윤종석·권혁준 옮김. 커뮤니케이션북스.

라차라토, 마우리치오[마우리지오 랏짜라또(Maurizio Lazzarato)]. 2005. 「비물질노동」. 조정환 옮김. 『비물질노동과 다중』, 181~206쪽. 갈무리. (원저 출판연도 1996).

맨큐, 그레고리(N. Gregory Mankiw). 2005. 『맨큐의 경제학』. 김경환·김종석 옮김. 교보문고.

마르크스, 카를[칼 맑스(Karl Marx)]. 1992. 「정치 경제학의 비판을 위하여 서문」. 최인호 옮김. 『칼 맑스 프리드리히 엥겔스 저작 선집』 3권, 474~480쪽. 박종철출판사. (원저 출판연도 1859).

_____[칼 맑스(Karl Marx)]. 1993. 「임금, 가격, 이윤」. 최인호 옮김. 『칼 맑스 프리드리히 엥겔스 저작 선집』 3권, 63~118쪽. 박종철출판사.(원저 출판연도 1865).

_____[칼 맑스(Karl Marx)]. 1999. 『임금 노동과 자본』. 김태호 옮김. 박종철출판사.

_____(Karl Marx). 2001. 『자본론』(I, 제2개역판). 김수행 옮김. 비봉출판사.

_____[칼 맑스(Karl Marx)]. 2002. 「고타 강령 초안 비판」. 이수혼 옮김. 『칼 맑스 프리드리히 엥겔스 저작 선집』 4권, 365~390쪽. 박종철출판사(원저 출판연도 1875).

_____(Karl Marx). 2004. 『자본론』(III, 제1개역판). 김수행 옮김. 비봉출판사.

피케티, 토마(Thomas Piketty). 2014. 『21세기 자본』. 장경덕 옮김. 글항아리.

루빈, 아이작(Isaak I. Rubin). 1988. 『경제사상사 I』. 함상호 옮김. 지평.

셔커, 로이(Roy Shuker). 1999. 『대중 음악 사전』. 이정엽·장호연 옮김. 한나래.

스토리, 존(John Storey). 1994. 『문화연구와 문화이론』. 박모 옮김. 현실문화연구.

스윈지우드, 앨런(Alan Swingewood). 2004. 『문화사회학이론을 향하여』. 박형신·김민규 옮김. 한울.

톰슨, 에드워드(Edward. P. Thompson). 2000. 『영국 노동계급의 형성』. 나종일 외 옮김. 창작과비평사.

윌리엄스, 레이먼드(Raymond Williams). 2001. 『기나긴 혁명』. 성은애 옮김. 문학동네.

_____. 1982. 『이념과 문학』. 이일환 옮김. 문학과지성사.

우드, 엘런 메이킨스(Ellen Meiksins Wood). 1999. 「톰슨과 토대 상부구조 논쟁」. 김기현·이채욱 옮김. ≪Left Reader≫, no.4, 27~48쪽.

자골로프, 니콜라이[니콜라이 짜골로프(Nikolai A. Zagolow)] 외. 1990. 『정치경제학 교과서』 1권 제2분책. 윤소영 엮음. 새길.

Althusser, Louis. 2001. *Lenin and philosophy, and other essays.* translated by B. Brewster. NY: Monthly Review Press.

Bauman, Yoram. 2002. "Mankiw's ten principles of economics, translated for the uninitiated." http://www.smallparty.org/yoram/humor/mankiw.pdf(검색일: 2011.10.1.)

Bettig, Ronald V. 1996. *Copyrighting culture: The Political economy of intellectual property.* Boulder, Colorado: Westview Press.

Brennan, Timothy. 2009. "Intellectual labor." *South Atlantic Quarterly*, Vol.108, No.2, pp.395~415.

Cunningham, Stuart D. 2002. "From cultural to creative industries: Theory, industry and policy implications." *Media International Australia, Incorporating Culture & Policy*, Vol.102, pp.54~65.

Dworkin, Dennis. 1997. *Cultural marxism in postwar britain: History, the new left, and the origins of cultural studies.* Duke University Press. Durham, North Carolina.

Garnham, Nicholas. 1990. *Capitalism and communication: Global culture and the economics of information.* London: Sage.

_____. 2000. *Emancipation, the media, and modernity.* Oxford: Oxford University Press.

Giles, David. 2003. *Media psychology.* NJ: Lawrence Erlbaum.

Gill, Rosalind and Andy Pratt. 2008. "In the social factory? Immaterial labour, precariousness and cultural work". *Theory, Culture & Society*, Vol.25, No.7-8, 1~30.

Golding, Peter and Graham Murdock. 1991. "Culture, communications, and political economy." in J. Curran and M. Gurevitch(eds.). *Mass media and society.* London: Edward Arnold.

Graham, Phil. 2007. "Political economy of communication." *Critical Perspectives* on *International Business*, Vol.3, No.3, pp.226~245.

Harvey, David. 1989. *The condition of postmodernity: An enquiry into the origins of cultural change*. MA: Blackwell.

_____. 2002. "The art of rent: Globalization, monopoly, and the commodification of culture." *Socialist Register*, Vol.38, pp.93~110.

_____. 2005. *A brief history of neoliberalism*. Oxford: Oxford University Press.

Katz, Elihu, Jay G. Blumler, and Michael Gurevitch. 1974. "Uses and gratifications research." *Public Opinion Quarterly*, Vol.37, No.4, pp.509~523.

Krugman, Paul R. and Robin Wells. 2005. *Microeconomics*. NY: Worth.

Lash, Scott and Celia Lury. 2007. *Global culture industry: The mediation of things*. Cambridge, UK: Polity Press.

Lee, Soobum. 1998. "The political economy of the russian newspaper industry." *The Journal of Media Economics*, Vol.11, No.2, pp.57~71.

Liang, Lawrence, Atrayee Mazmdar and Mayur Suresh. 2005. "Copyright/ Copyleft: Myths about copyright." http://www.countercurrents.org/hr-suresh010205.htm(검색일: 2011.9.24.).

Lotz, Amanda D. 2007. *The television will be revolutionized*. New York University Press.

McChesney, Robert W. 1999. *Rich media poor democracy*. University of Illinois Press.

McQuail, Denis. 2000. *Mass communication theory*, 4th ed. London: Sage.

Mosco, Vincent. 2006. "Revisiting the political economy of communication." in L. Artz, S. Macek and D. L. Cloud(eds.). *Marxism and communication studies: The point is to change it*. NY: Peter Lang.

Negus, Keith. 2002. "Identities and industries: the cultural formation of aesthetic economies." in P. du Gay and M. Pryke(eds.). *Cultural economy: Cultural analysis and commercial life*. London: Sage.

OECD. 1996. *The knowledge-based economy* (OECD/GD 96-102). 2 rue André Pascal, 75775 Paris, France.

Pêcheux, Michael. 1982. *Language, sementics, and ideology*. NY: St. Martin's Press.

PKT. 1997. "Ten basics of economics: Mankiw on the facts of economics." https://archives.econ.utah.edu/archives/pkt/1997m09-d/threads.html(검색일: 2011.10.1.).

Poster, Mark. 2008. "Global media and culture." *New Literary History*, Vol.39, No.3, pp.685~703.

Pratt. Andy C. 2005. "Cultural industries and public policy." *International Journal of Cultural Policy*, Vol. 11, No. 1, pp. 31~44.

Riordan. Ellen. 2002. "Intersections and new directions: On Feminism and political economy." in Eileen R. Meehan and Ellen Riordan(eds.). *Sex & money*. Minneapolis: University of Minnesota Press.

Schiller, Dan. 2007. *How to think about information*. University of Illinois Press.

Scholz, Trebor. 2013. *Digital labor: The internet as playground and factory*. NY: Routledge.

Shapiro, Stephen. 2009. "Intellectual labor power, cultural capital, and the value of prestige." *South Atlantic Quarterly*, Vol. 108, No. 2, pp. 249~264.

Smythe, Dallas Walker. 1960. "On the political economy of communication." *Journalism Quarterly*, pp. 461~475.

_____. 1981. *Dependency road: Communication, capitalism, consciousness and canada*. Norwood, NJ: Ablex.

Steeves, H. Leslie. and Janet Wasko. 2002. "Feminist theory and political economy." in Eileen R. Meehan and Ellen Riordan(eds.). *Sex & money*. Minneapolis: University of Minnesota Press.

Tornero, José Manuel. 2013. *ABC... Media literacy white paper: European media literacy*. European Commission.

UNESCO. 2013. *Global media and information literary assessment framework: Country readiness and competencies*.

Wasko, Janet. 1994. *Hollywood in the information age*. UK: Polity Press.

Wayne, Mike. 2003. *Marxism and media studies*. London: Pluto Press.

Webster, James G. 2005. "Beneath the veneer of fragmentation." *Journal of Communication*, Vol.553, No.2, pp.66~382.

Wolff, Edward N. 1996. *Top heavy*. NY: The New Press.

지은이

한 찬 희

1977년 2월 수원에서 태어났다. 학창 시절 공부를 잘 못했거나 안 했다. 다행스럽게 팬덤 문화를 연구하고 석사학위를 받았으며, 문화산업에서 지식과 노동에 관한 내용을 연구하고 박사학위를 받았다. 글 쓰며 직업인으로 살고 있다. 함부로 길을 나서서 길 너머를 그리워하며 10대 시절 심취했던 음악 분야로 탈주를 꿈꾼다. 문화의 표상방식과 이데올로기 비판에 관심을 가지고 있다.

ibanez@hanafos.com

방송문화진흥총서 166
한울아카데미 1897

문화산업의 노동은 어떻게 지식이 되었나

ⓒ 한찬희, 2016

지은이 **한찬희**
펴낸이 **김종수**
펴낸곳 **한울엠플러스(주)**
편집 **조수임**

초판 1쇄 인쇄 **2016년 5월 13일**
초판 1쇄 발행 **2016년 5월 30일**

주소 **10881 경기도 파주시 광인사길 153 한울시소빌딩 3층**
전화 **031-955-0655**
팩스 **031-955-0656**
홈페이지 **www.hanulmplus.kr**
등록번호 **제406-2015-000143호**

Printed in Korea.
ISBN 978-89-460-5897-2 93320

* 책값은 겉표지에 표시되어 있습니다.

✢ 이 책은 MBC재단 방송문화진흥회의 지원을 받아 출간되었습니다.